Über dieses Buch:

In der anhaltenden Auseinandersetzung mit den Strukturalisten legt mit diesem Buch Michel van Esbroeck, Mitarbeiter der Bollandisten in Brüssel, einen wegweisenden Beitrag vor. Er konfrontiert die strukturalistische Interpretation von Mythen, wie sie Claude Lévi-Strauss praktiziert, mit der hermeneutischen Philosophie von Paul Ricœur und entdeckt zwischen diesen Denkern Antinomien, deren Lösung er im Rückgriff auf Henri de Lubacs epochales Werk »Exégèse Médiévale« (Lyon 1959 bis 1964) für möglich hält. In den Interpretationsmethoden der mittelalterlichen Exegeten, die sich eines vierfachen Schriftsinnes, nämlich des historischen, allegorischen, tropologischen und anagogischen, bedienten, sieht van Esbroeck eine allgemeine Hermeneutik am Werk, wie sie heute gerade in der Strukturalismus-Diskussion neu reflektiert wird. Diese verblüffende Konfrontation der mittelalterlichen Exegese und biblischen Theologie mit dem Strukturalismus Lévi-Strauss'scher Provenienz einerseits und mit der Hermeneutik Paul Ricœurs anderseits bringt erhellende Einsichten und hoffnungsvolle Ausblicke für die gegenwärtige Diskussion um ein vertieftes Verständnis von Sprache und Sprechen, von Interpretation und Schweigen nicht nur im Bereich der christlichen Verkündigung und Exegese der Heiligen Schrift. Das Fazit seiner hier vorgelegten Forschungen bezeichnet van Esbroeck selbst als »Versuch einer kerygmatischen Logik«.

VAN ESBROECK · HERMENEUTIK

Michel van Esbroeck

Hermeneutik, Strukturalismus und Exegese

Kösel-Verlag München

ISBN 3-466-20154-3
Deutsch von Karlhermann Bergner. Titel der französischen Originalausgabe: »Herméneutique, structuralisme et exégèse. Essai de Logique kérygmatique«. Printed in Germany. Gesamtherstellung: Graphische Werkstätten Kösel, Kempten. Entwurf des Schutzumschlages: F. P., München, unter Verwendung eines Photos von Bjarne Geiges, München.

INHALT

VORWORT

Diese Arbeit wäre ohne die moralische Hilfe von Albert Chapelle nicht zustande gekommen. Wenn ich ihm für seine Ermutigungen und seine Hilfe danke, dann weniger, um eine Pflicht zu erfüllen, als vielmehr, um Zeugnis von einer aufrichtigen Freundschaft zu geben und eine lebendige Erinnerung an gemeinsam verbrachte Stunden wachzuhalten. Ebenso möchte ich meine Dankbarkeit gegenüber Simon Decloux zum Ausdruck bringen, der im Jahr 1966 die Vorlesung begrüßte, aus der dieses Buch entstanden ist, und der die Mühe auf sich nahm, die Endfassung zu überprüfen.

Michel van Esbroeck

EINLEITUNG

Die Vielfalt und Verschiedenheit der Methoden, mit deren Hilfe die Menschen Zugang zur Erkenntnis der Menschheit gewinnen, steht im Gegensatz zur Einheit der menschlichen Wirklichkeit, die notwendigerweise durch diese Methoden zerstört wird. Diese erweisen sich als um so fruchtbarer und die Forschung damit als um so legitimer, je mehr sie Interferenzen mit benachbarten Forschungsbereichen ausschließen. Daher ist es schon ein Wagnis, die Methoden einander gegenüber zu stellen; wenn man sich dafür entscheidet, darf man nicht übersehen, daß das Bemühen, Beziehungen zwischen mehreren Disziplinen herzustellen, wiederum von einem ganz neuen und anderen Gesichtspunkt her beurteilt werden muß; es entsteht eine neue Methode, die den Willen zunichte macht, die Originalität jeder dieser Methoden zu berücksichtigen.
Diese einleitenden allgemeinen Feststellungen, die in vielen Bereichen gelten, lassen sich vielleicht in dem Fall noch besser anwenden, in dem der Gegenstand der Forschung zugleich ihr Subjekt ist, wie dies in der allgemeinen Hermeneutik oder in der Wissenschaft der Interpretation gegeben ist.
Die folgenden Ausführungen wollen sich mit zwei der bedeutendsten zeitgenössischen Fachleute der Hermeneutik beschäftigen: dem Philosophen Paul Ricœur und dem Ethnologen Claude Lévi-Strauss, die bei vielen Denkern unserer Zeit Anklang und Gehör finden – ein ausreichender Beweis für den Wert und die Bedeutung dessen, was sie zu sagen haben. Die zusammenfassende Betrachtung eines Technikers und eines Philosophen in der Hermeneutik scheint bereits über die unverletzlichen Rechte ihrer jeweiligen Methoden hinauszugehen. Doch stellen ihre in verschiedener Hinsicht gegensätzlichen Positionen – weit davon entfernt, einander zu ignorieren – unüberhörbar die Frage nach dem komplementären Charakter ihrer Methoden, ja selbst nach der Möglichkeit, zwischen beiden eine Beziehung herzustellen, die unter einem neuen Gesichtspunkt eine ihnen gemeinsame Struktur aufdeckt, die für das Verständnis beider von Nutzen ist. Diesen neuen Gesichtspunkt hat, so scheint uns, Paul Ricœur irgendwie vorausgeahnt, wenn er am Anfang seiner Untersuchung »De l'Interprétation« die Scheidewände prüft, die die Exegese von der Hermeneutik trennen [1].

---

[1] Diese Arbeit war bereits abgeschlossen, als Paul Ricœur in seinem Vorwort zu

Auf die Problematik der Interpretation eingehend, befragt Ricœur, um über sie hinauszukommen, die beiden Traditionen, in deren Schoß die Entwicklung der allgemeinen Hermeneutik ihren Anfang genommen hatte: Aristoteles' »Peri Hermeneias« und die Bibelexegese. Die aristotelische Semantik wußte sehr wohl, daß »von irgendeiner Sache irgendeine Sache sagen, im vollen und starken Sinne des Wortes interpretieren ist«[2], aber diese Feststellung spielt bei Aristoteles nur die Rolle einer Einleitung zur Logik der Urteile. Diese gründet sich auf die Eindeutigkeit des Sinnes der Aussage, die eine doppelte Bedeutung ausschließt; sie gibt dem Begriff ihren festen Platz innerhalb des Kategoriensystems des Porphyrischen Baumes, wo seine Funktion ihm direkte Beziehungen zu dem Begriffsreichtum paralleler Systeme verwehrt. Die andere der beiden Traditionen, die der Bibelexegese, sprengt diese Eindeutigkeit des Sinnes, indem sie den Weg zu einer Pluralität von Sinnen betritt: »Speziell hier sind die Ideen der Analogie, der Allegorie und des Symbolsinnes entwickelt worden.«[3] Aber dieser zweiten Tradition fehlen noch die universalen Voraussetzungen, die die Hermeneutik definieren: »Was diese Definition der Hermeneutik von der Exegese abgrenzt, ist zunächst deren Bezugnahme auf eine Autorität, sei sie monarchisch, kollegial oder ekklesial, wie dies der Fall ist für die biblische Hermeneutik und wie sie innerhalb der christlichen Gemeinschaften praktiziert wird. Es ist aber vor allem ihre Anwendung auf einen literarischen Text; die Exegese ist eine schriftgebundene Wissenschaft.«[4] Doch die Renaissance erweitert bereits die Anwendung der exegetischen Verfahren, die bis dahin nur für die heiligen Bücher galten, auf das Buch der Natur. Deswegen schlägt Paul Ricœur vor, die Hermeneutik als die Wissenschaft von den exegetischen Regeln zu betrachten und die Exegese als Interpretation eines Komplexes von Zeichen,

---

R. Bultmanns »Jésus, Mythologie et démythologisation« Paris 1968, die Art und Weise präzisiert hat, in der er die Beziehung zwischen Exegese und Hermeneutik versteht. Diese Präzisierungen berühren mehr die Exegese als die Stellung des hermeneutischen Problems; wir werden daher auf die sich aus diesem Vorwort ergebenden neuen Implikationen in Anmerkungen hinweisen. Sie betreffen vor allem den Aspekt, unter dem Paul Ricœur die vier Schriftsinne betrachtet.

[2] P. Ricœur, De l'Interprétation. Essai sur Freud, Paris 1965, 31 (deutsch: Die Interpretation. Ein Versuch über Freud, Frankfurt 1969)

[3] Ebd. 33

[4] Ebd. 33. Im Jahr 1968 lesen wir: »Die dem Christentum eigentümliche Hermeneutik beruht auf dieser einzigartigen Beziehung zwischen der Schrift und dem ›Kerygma‹, der Verkündigung, auf die sie verweist.« Ebd. 10

die als ein Text betrachtet werden können.[5] Von dieser Ebene aus formuliert Ricœur das Paradox, das die eigentliche Triebfeder seines Forschens darstellt: »Es gibt keine allgemeine Hermeneutik, keinen gemeingültigen Kanon für die Exegese, sondern nur einzelne und zueinander in Gegensatz stehende Theorien über die Interpretationsregeln.«[6]

Wir werden später noch auf diese radikale Infragestellung des absoluten Bezugspunktes bei der Beurteilung des Wertes des Symbols zurückkommen. Hier mag es genügen, eine Theorie der Interpretation zu zitieren, deren besonderen Reichtum Ricœur, wie wir bereits sagten, in eben dem Augenblick vorausahnt, in dem er von der zweiten Traditionslinie handelt: »Es ist unbestreitbar, daß sich das Problem der Hermeneutik zum großen Teil innerhalb dieses Raumes der Interpretation der Heiligen Schrift gebildet hat; was man traditionell die ›vier Schriftsinne‹ genannt hat, bildet das Herzstück dieser Hermeneutik; in dieser Hinsicht kann man nicht nachdrücklich genug darauf hinweisen, daß die Philosophen solchen exegetischen Diskussionen, in denen eine allgemeine Theorie der Interpretation im Mittelpunkt steht, größere Aufmerksamkeit widmen sollten.«[7] Diese zweite Tradition, so erklärt Ricœur weiter, reduziert die Hermeneutik nicht vollständig auf die Definition des Symbols durch die Analogie. Es ist daher nicht untersagt, hier eine Interpretationsarbeit zu erblicken, die von einer intentionalen Struktur ausgeht, welche »in einer Architektur des Sinnes« besteht, »in einer Beziehung des Sinnes zum Sinne, des zweiten Sinnes zum ersten, ob diese Beziehung nun eine Beziehung der Analogie ist oder nicht, ob der erste Sinn den zweiten verdeckt oder enthüllt«[8]. In Wirklichkeit, glauben wir, läßt sich den vier Schriftsinnen mehr abgewinnen.

Nachdem Ricœur die Linie aufgezeichnet hat, die die Bibelexegese nur für eine lokale Schrift in einer gegebenen Gesellschaft als zuständig ansieht, wendet er darauf die Architektur des Symbolsinnes an und skiz-

---

[5] Ebd. 35

[6] Ebd. 35

[7] Ebd. 33

[8] Ebd. 26–27. In seinem Vorwort zu »Jésus« von Bultmann stellt Ricœur die vier Schriftsinne gerade in die Bewegungsvorgänge der christlichen Hermeneutik hinein. Man wird sehen, daß wir uns hinsichtlich der Bedeutung, die der Einheit des ursprünglichen Kerygmas und der verschiedenen hermeneutischen Momente beizulegen ist, am meisten von dem Philosophen der »Interpretation« entfernen.

ziert die Grenze, über die hinaus die Exegese, sich der philosophischen Frage der Hermeneutik entziehend, in das Kerygma einmündet: »Der Gestalt des ersten Adam entsprechen die sukzessiven Gestalten des Königs, des Messias, des leidenden Gerechten, des Menschensohnes, des Herrn, des Logos. Der Philosoph hat als Philosoph nichts zu sagen hinsichtlich der Verkündigung, also des apostolischen *Kerygmas*, dem zufolge diese Gestalten in dem Ereignis des Christus Jesus ihre Erfüllung gefunden haben.«[9] Diese Unzuständigkeit der Philosophie wird in dem Maße verständlich, in dem die allgemeine Hermeneutik gezwungen ist, sich eine historische Bezugnahme zu geben – und zwar hier das Kerygma –, dabei aber einen der Bedeutung des *Cogito* proportional entsprechenden Sinn der Geschichte aufrecht erhält.

Daraus erwächst die von unserem Buch aufgeworfene Frage: Wieweit kann die Philosophie der Interpretation sich auf die Lektüre der Heiligen Schrift einlassen? Um dieses Problem zu lösen, müssen wir uns ganz selbstverständlich zunächst auf das hermeneutische Werk von Paul Ricœur stützen. Dieses sucht seinen Weg zwischen der kerygmatischen Exegese und den philosophischen Grundlagen aller Interpretation. Im Jahr 1963 brach eine Kontroverse zwischen Paul Ricœur und Claude Lévi-Strauss aus[10]. Diese Diskussion ist noch lange nicht abgeschlossen: Sie betraf so sehr die Hermeneutik des Philosophen, daß die sich hier bekundende Meinungsverschiedenheit einer aufmerksamen Prüfung unterzogen werden soll. Und schließlich haben wir uns, wobei wir einer von Paul Ricœur selbst formulierten Anregung folgen[11], die Frage gestellt, ob nicht in der mittelalterlichen Exegese der Schrift eine allgemeine Hermeneutik am Werk gewesen sei, deren Anwendung den philosophischen Sinn des christlichen Kerygmas selbst zu erhellen gestatten würde[12].

---

[9] P. Ricœur, De l'Interprétation, 47

[10] P. Ricœur, Structure et herméneutique; Réponses à quelques questions, in: Esprit 31 (1963), 596–653

[11] P. Ricœur, De l'Interprétation, 33 Anm. 1, wo auf das Werk von P. de Lubac hingewiesen ist.

[12] Unsere Absicht bewegt sich somit in einer Richtung, die dem entgegengesetzt ist, was Ricœur 1968 schrieb: »Wir brauchen ein Denkinstrument, das die Verknüpfung von Sprache und Wort, die Wende vom System zum Ereignis erfaßt. Die Exegese bedarf mehr als jede andere Disziplin, die von ›Zeichen‹ handelt, eines solchen Denkinstrumentes: In Ermangelung objektiven Sinnes sagt der Text nichts mehr; ohne existentielle Appropriation ist das, was er sagt, nicht mehr lebendiges Wort. Es ist die Aufgabe einer Theorie der Interpretation, in einem einzigen Vorgang diese beiden Momente des Verständnisses zu artikulieren.« Ebd. 25–26. Die christliche Appropriation, die hier

Dabei bot sich das Werk von P. Henri de Lubac an, durch das die Diskussion zwischen Ricœur und Lévi-Strauss besser verständlich zu werden versprach. Was wir von den vier Schriftsinnen erwarten, ist das Zeugnis einer gelebten Tradition, zu der sich P. de Lubac bekennt und der auch unser Buch sich in keiner Weise zu entziehen trachtet[13].

Wie kann dieser traditionelle Standort sich heute in hermeneutische Begriffe übersetzen lassen und auf diese Weise den Forderungen des Denkens Genüge leisten? In dieser Richtung wollen wir nach den Beziehungen fragen, die die Heilige Schrift mit der hermeneutischen Logik verbinden.

Mit einiger Überraschung haben wir Entsprechungen zwischen dem alten System des Mittelalters und den logischen Implikationen der Hermeneutik registriert. Die Beziehungen, die wir zwischen diesem alten Schriftsinn und jener zeitgenössischen Begründung der Hermeneutik herstellen wollen, spannen also keinen der drei Fachleute ein, von denen ausgehend wir eine Antwort auf unsere Fragestellung suchen. Sie sind Ausdruck unserer eigenen Überlegung, wenn wir – in Auseinandersetzung mit dem Schriftverständnis – in der Kirche und im Einverständnis mit ihr die Botschaft entgegennehmen, die Gott an uns richtet.

Im Zentrum dieser Botschaft hat das Kerygma seinen Platz, dem wir in dieser Arbeit einen präziseren Sinn gegeben haben als den des einfachen Inhalts der ersten apostolischen Verkündigung. Über die Begriffe hinaus, die die Apostel zur Bezeichnung der Person Christi nach der Auferstehung verwenden, haben wir eine diesen zugrundeliegende Aussage, deren kürzeste Formulierung lauten würde: »Kyrios Jesus«, das heißt nach dem Sprachgebrauch der Septuaginta: Jesus ist derselbe wie der, der sich Moses geoffenbart hat und die ganze heilige Geschichte jenes auserwählten Volkes beherrscht, in das die Apostel hineingestellt sind. Neben dieser Aussage steht eine andere, die ebensosehr historisch belegt ist und deren Archetyp wir der Geschichte der christlichen Liturgie entnehmen: Der Tag des *Sol Invictus* wird mit dem der Geburt Christi, dem 25. Dezember, identifiziert. Das heißt: Jesus ist *Sol Invic-*

---

von Ricœur angesprochen ist, scheint in Wirklichkeit dem dritten Schriftsinn des mittelalterlichen Systems zu entsprechen.

[13] Auch in dieser Hinsicht ist der Gegenstand unserer Untersuchung der Zusammenhang zwischen den Funktionen oder den Wurzeln der Hermeneutik, deren Momente Ricœur am Ursprung des Kerygmas im Mittelalter und heute unterscheidet.

tus. Die Religionen, denen das Christentum zu begegnen gerufen ist, werden so in ihrem zentralen Bereich umgewandelt.
Diese beiden Aussagen sind exakte Verkündigungen, Kerygmen. Aber der Satzgegenstand, die Satzaussage und die Kopula dürfen nicht in jeder dieser Aussagen im gleichen Sinne verstanden werden. Das erste Kerygma ist Bestätigung des Glaubens; das zweite Bestätigung der apostolischen Hoffnung, universales oder missionarisches Kerygma.
Dieses Kerygma ist der Schlüssel für die Interpretation der Schrift. Durch die vier Sinne der Exegese des Mittelalters hindurch bildet es eine zutiefst ursprüngliche Tradition, insofern es universal sein will und das Recht beansprucht, jeglicher Religion die Ergänzung ihrer Verstehbarkeit zu geben. Dieser von P. de Lubac in seiner umfangreichen Arbeit über die Exegese des Mittelalters wiederentdeckte Vorgang impliziert nach unserer Meinung eine Hermeneutik, deren Formalisierung wünschenswert und notwendig erscheint. Gerade das aber ist der Wunsch von Paul Ricœur, wenn er die Philosophen auffordert, der Tradition des Mittelalters mehr Aufmerksamkeit zu widmen. Die eigentliche Schwierigkeit der Hermeneutik Ricœurs in ihrer Konfrontation mit dem Strukturalismus wird sich möglicherweise im größeren Rahmen dieser Tradition und ihrer hermeneutischen Logik auflösen. So möchten wir auf das Interpretationsproblem eingehen, wie Paul Ricœur es seit mehreren Jahren in meisterlicher Form entwickelt. Lévi-Strauss dagegen befragen wir nach den philosophischen Implikationen des Strukturalismus, wenngleich er sich gegen die Absicht verwahrt, daraus eine Philosophie zu machen. Tatsächlich jedoch kann man sich unmöglich in wissenschaftlicher Form mit einem anthropologischen Thema befassen, ohne dabei irgendwie in den Bereich der Philosophie zu geraten. Und Lévi-Strauss läßt selbst am tragenden Stamm des Strukturalismus den Entwurf einer Philosophie aufbrechen.
Die Hermeneutik, die wir vom Kerygma aus entwickeln, hat mehr als einen Aspekt: In gewisser Hinsicht geht sie auf die Logik der Sache selbst zurück; vor allem aber faßt sie innerhalb dieses in der Geschichte einzigartigen Geschehens die Implikationen der Hermeneutik und des Strukturalismus auf einer ihm eigentümlichen Ebene zusammen. Dieses Verfahren dürfte nach unserer Meinung den Untertitel unseres Buches *Versuch einer kerygmatischen Logik* rechtfertigen [14].

[14] Unsere Absicht scheint uns der von Pierre Barthel in seinem Werk »Interprétation du langage mythique et Théologie Biblique« (Leiden 1963, ²1967) nahe zu kommen,

Der Leser darf hier also keine Einführung in das Denken von Paul Ricœur, Claude Lévi-Strauss oder Henri de Lubac suchen. Wir setzen die Werke dieser Autoren voraus, um jeden einzelnen von ihnen nach dem zu befragen, was er uns mitzuteilen hat: Ricœur nach der Stellung des hermeneutischen Problems; Lévi-Strauss nach einem Orientierungspunkt, dem Strukturalismus; und de Lubac nach dem Horizont der Antwort, der traditionellen Bibelexegese.
Über diese drei Ausdrucksformen hinaus, deren Solidität und Reichtum wir uns zu wahren und zu achten bemüht haben, gelangt eine eigenständige Methode und Reflexion zur Anwendung. Mit der kerygmatischen Logik als funktionalem Operator am Schnittpunkt zweier kultureller Welten verbindet sich die lebendige Tragkraft der Kirche, an die sich unser interpretierendes Denken hält. So gesehen stellen sich die hermeneutische Philosophie und der formalistische Strukturalismus als ein doppelter Einwand gegen unseren Glauben dar – insofern er den Anschein erweckt, als mache er die wissenschaftliche Analyse unfruchtbar, – und insofern er unfähig bleibt, die Beweggründe seiner Aussage zu rechtfertigen. Ziel dieser Untersuchung ist es, darzutun, daß der Glaube der Kirche weder menschlicher Erkenntnis gleichzusetzen noch ein Imperialismus auf kulturellem Gebiet ist, wohl aber die Einsicht des Glaubenden erhellt und die Kulturen, in die er Eingang findet, weiter ausdehnt. Indem wir unter de Lubacs Anleitung beobachten, wie und mit welcher Berechtigung das Christentum sich in ihm fremde Kulturen einfügt, machen wir deutlich, worauf wir uns berufen in unserer Einstellung gegenüber einer Hermeneutik und strukturalen Technik, die beide keineswegs den Anspruch erheben, an die katholische Tradition der Kirche gebunden zu sein.
Daraus erklärt sich, inwiefern und wieweit sich unsere Untersuchung von einer eigentlichen Studie über die Werke von P. Ricœur und Lévi-Strauss unterscheidet: Ihre Problematiken interessieren uns vor allem im Hinblick auf den Punkt, den sie am Horizont ihres Denkens anvisie-

---

einer Untersuchung mehrerer Etappen in der Entwicklung des Problems der Interpretation von mythischen Ursprungs- und Strukturdarstellungen des christlichen Glaubens. Nachdem der Autor die Behandlung des Kerygmas bei Bultmann, Tillich, Duméry und Ricœur analysiert hat, schreibt er über das Problem der Interpretation: »Wir unsererseits hoffen, nachdem wir uns darin geübt haben, das Problem aufzuzeigen, eines Tages die Gelegenheit zu erhalten, uns Paragraph für Paragraph der Abfassung dieser kerygmatischen Theologie der religiösen Symbolik widmen zu können, deren Notwendigkeit wir in diesem Werk aufgezeigt zu haben glauben«. Ebd. 981

ren. In eben dem Maße, in dem wir diesen Punkt in die Philosophie der Hermeneutik oder den Strukturalismus einbeziehen, geben wir ihnen einen vollendeten inneren Zusammenhang, von dem wir uns aber andererseits auf keinen Fall täuschen lassen dürfen. Von dieser Einbeziehung aus präsentiert sich die vollständige Konzeption jedes dieser Denkgebäude wie ein homogenes kulturelles Ganzes, dessen Reichtum und Fülle mit dem parallelen Anspruch der Kirche konkurriert, auf den wir uns berufen. Aber gerade in diesem Augenblick haben wir weniger den ausdrücklichen Gedanken des andern vor uns, als die Quintessenz des Einwandes, den er in uns selbst weckt. Was letztlich diese Arbeit legitimiert, ist die *unerläßliche Offenheit des Gläubigen für die Ungläubigkeit, die er selbst in sich trägt*, wenn er sich angesichts der Bibel und der Evangelien befragt. So gesehen *stellen die antinomischen Einwände von Lévi-Strauss und Ricœur die Schwerpunkte und Zusammenhänge der Diskussion zwischen Atheisten und Christen ins volle Licht.*

Auf der Ebene der eigenständigen Reflexion des Christen wird die traditionelle Interpretation der biblischen Botschaft von zwei Seiten her bedroht: auf der einen Seite betrachtet die Technik der formalen Analyse den Glauben als Hindernis für die einzig gültige wissenschaftliche Arbeit; auf der anderen Seite sucht die Frage nach dem Sinn des Textes tastend nach dem Anruf des Jenseitigen in der philosophischen Rechtfertigung der Wiederaufnahme des Sinnes.

Die Vertreter des erstgenannten Standpunktes suchen nicht den Sinn: sie klassifizieren die Elemente, sondieren die Beziehungen, konstruieren die verschiedensten Gitternetze, entwickeln die Kategorien für eine Programmierung, für die das Menschliche allein als Nenner dient. In dem zukünftigen Gehirn, für das sie die Schaltungen drucken, charakterisieren sie die Bibel als einer Reihe umweltbedingter kultureller Modelle zugehörend, von denen sie nur eine lokale Variante bietet. Voll und ganz damit beschäftigt, ihre objektive Gestalt aufzubauen und fasziniert von der objektiven Harmonie ihrer Zusammenhänge und Verflechtungen, deren grundlegende Eigenart sie achten, schöpfen sie aus ihren Konstruktionen einen Glauben an die Menschheit, bei dem kein Aspekt übersehen wird außer jenem Glauben selbst, dessen Einwirkung auf ihre Methode sie sich zu bestimmen hüten, weil er die Objektivität ihrer Ergebnisse bedroht. So gesehen erscheint die biblische Tradition als versunken im Synkretismus der benachbarten Religionen. Die man-

däischen und gnostischen Texte werden maßgeblich und bestimmend für das Verständnis der Evangelien, und das Verständnis des Alten Testaments läßt sich allein von den mesopotamischen Gesetzessammlungen und der Archäologie des mittleren Orients aus erhellen.
Diesem blinden Glauben an die Technik stellt sich eine Technik des Glaubens entgegen, die praktisch jener entspricht. Wenn die Texte ihre Botschaft nicht mehr in deutlicher und gültiger Weise hergeben, wenn die Mythologie das Wunder auf eine literarische Gattung reduziert und das Christentum nur eine Religion unter tausend anderen ist – was rechtfertigt dann noch unser Festhalten an ihm? Wenn wir glauben, obwohl das Fundament unseres Glaubens nicht mehr im objektiven Bestand der Tradition vorhanden ist – wie soll dann für uns der Wert unserer Bindung an das Christentum wiederhergestellt werden? Weil diese sich im Wesensgehalt unserer Worte verkörpert, in unserer mittelmeerischen Zivilisation Gestalt angenommen hat, konnten griechisches und semitisches Denken gemeinsam fruchtbar werden und zwar in solchem Maße, daß wir, wenn wir den echten Etymologien nachgehen, durch das Sakrament der Sprache hindurch die Trunkenheit des Begreifens erfahren. Wir sind Söhne Abrahams und Sokrates', wie wir auch Kinder Descartes' sind. Wir begreifen, daß wir verstehen müssen, um zu lieben, und lieben, um zu verstehen. Aus jener ständig neuen Begegnung mit den Vorvätern unseres Denkens nehmen wir jenen Glaubensgrund, jenes Sich-Einlassen[14a] des Verstandes, das uns dahin bringen soll, Gottes totales Anderssein zu akzeptieren. Bei der Lektüre der Schrift wird dann der Kommentar erhellender als der Text. Die Schrift offenbart und enthüllt die Verstandeseinsicht sich selbst. Ihre Worte wiederholen in Rätselform, was der Hermeneut in Klarschrift beschreibt. Wert und Bedeutung der Exegese werden gemessen an der Achtung und rechten Einschätzung der Ideen und Absichten, wie sie uns vorangegangene Autoren zum Ausdruck bringen. Das Heil liegt in einer Verbindung der Problematik innerhalb des Denkphylums, in das wir einbezogen sind. Und in eben diesem Stammbaum des Geistes kreuzen wir effektiv die Offenbarung des Moses und die Jesu Christi

14a Hinter diesem Bild steht zweifellos das Pascalsche Verständnis des Glaubens als einer Wette des Verstandes. Ohne gegen seine Prinzipien zu verstoßen, ohne aber auch Anhaltspunkte für seine Entscheidung zu besitzen, wählt der Verstand, vor die Alternative von Glauben oder Unglauben gestellt, den ersteren. Von diesen Überlegungen ausgehend, habe ich hier für »pari« die Übersetzung »Sich-Einlassen« gewählt. (Der Übersetzer)

als objektiven Ausdruck der Radikalität und Tiefgründigkeit unserer Befragung.
Diese doppelte Perspektive hat uns ganz in ihren Bann geschlagen. Auf dem Weg über den Aufbau eines universalen Humanismus, in dem die rudimentäre Kost sich mit menschlicher Bedeutung anreichert, haben wir ebenso wie bei der inneren Beteiligung an der Intention der Meister der Fragestellung allzuwenig verwendete Komponenten für eine Exegese des Alten und Neuen Testaments erkannt. Diese Erfahrung möchte unser Buch wiedergeben. Es bringt eine Überzeugung zum Ausdruck, die um so fester ist, als die hermeneutische Philosophie keiner der wesentlicheren Kontestationen unserer Zeit ausgewichen ist: So ist in ihr das abendländische Denken seit Descartes in bewundernswerter Weise einbegriffen und berücksichtigt, gleich wie die Psychoanalyse und der Raum der Mythologie darin integriert und reflektiert sind. Ebenso wird der Strukturalismus seinerseits den Forderungen der mathematischen Wissenschaften in dem Maße gerecht, in dem er einen strengen Kodex aufbaut auf der Grundlage von Gegensatzpaaren und der erschöpfenden Aufzählung von Elementen in Gruppen, in denen die Operationen sich streng definieren lassen. Hier in dieser Perspektive begegnen wir, ungeachtet der Gefahr zu extrapolieren, einem impliziten Glauben an die psychologische Wirklichkeit des materiellen Unterbaus dieses Verfahrens. Die Kodifizierung, in der die Operatoren definiert werden, liegt noch vor der Durchfühung der Operationen selbst. Dadurch entspricht der Strukturalismus dem wissenschaftlich-technischen Ideal der heutigen Welt. Das kollektive Denken folgt natürlichen Entwicklungsgesetzen, die formalisiert werden müssen und deren Realität die von der Religionsgeschichte in den verschiedensten Gesellschaften beobachteten globalen Ähnlichkeiten begründet.
Unter den konvergierenden Strahlenbündeln dieser neuen Disziplinen erhält die Botschaft des Evangeliums ein neues Profil und ungeahnte Farben. Sie gibt dem Geist und der Seele eine völlig erneuerte Technik und Erkenntnis. Dieses Licht verdankt sie vor allem ihrer wunderbaren Fähigkeit, das Menschliche zu beachten; sie schöpft diese aus der überlegenen Gelassenheit, mit der Christus in Freiheit dem Henker verzieh, dessen Eigenständigkeit und relative Freiheit er im strengen Sinne achtete.
In der Mitte dieses Buches aber treffen wir auf ein seltsames Paradox. Zwischen den beiden Disziplinen – der einen, die dahin tendiert, die für

den Geist natürliche Notwendigkeit zu begreifen, und der anderen, die die Botschaft der Person hört – scheint die Scheidung vollendet. Selbst auf der Ebene der den Humanwissenschaften eigenen Objektivität zerstören sie einander gegenseitig auf dem Gipfel ihres Vorhabens. Aber selbst da, wo die eine wie die andere auf ihre Beziehung zur Botschaft des Evangeliums zu schauen begann, konnte keine von ihnen etwas anderes darin finden, als eine besondere Anwendung. Das gilt soweit, daß die beiden Disziplinen, wenn sie einander wirklich zerstören, die Realität der Botschaft des Evangeliums und den Wert des apostolischen Kerygmas entwurzeln oder lähmen.

Wenn man dagegen folgerichtig die Erfordernisse beider Perspektiven zu Ende führt und mit der Entmythologisierungsoperation des Philosophen einen milieubedingten formalen Operator verbindet, so definiert man die elementare Phase des Werdens von Kultur, von der keine einzige ausgeschlossen ist. Durch diese doppelten Präliminarien gewinnen die einzigartigen Ansprüche des Christentums auf Universalität eine strukturale Bedeutung im philosophischen Sinne, nämlich einer in der Bildung der Kulturen am Werk befindlichen natürlichen Notwendigkeit. Das größere Problem, welches das Christentum der Evangelien aufwirft, ist nicht das der Entmythologisierung, sondern das einer Verwendung der natürlichen Mythologie im Dienste der Verkündigung. Das Christentum ist nicht so sehr Ausgangspunkt für einen Zugang zu dem Ganz-Anderen, dessen Manifestation willkürlich in Jesus Christus ihren privilegierten Ort gefunden hätte, es ist vielmehr Ausgangspunkt eines Strukturierungsvorgangs für alle Kulturen, deren Operator speziell das apostolische Kerygma des KYRIOS CHRISTOS ist, oder, um das Wort des Zenturio am Fuß des Kreuzes zu wiederholen: »Das ist wahrhaft der Sohn Gottes.«

Nun ist aber Bibelexegese gestern wie heute nichts anderes als Wiederholung dieses Apostelwortes und dieses überraschenden Ausrufs eines Heiden. Die vorliegende Arbeit möchte zeigen, daß die vom Strukturalismus gegen die hermeneutische Philosophie erhobenen Einwände – und die dieser Philosophie gegen den Strukturalismus – dieselben sind, die uns veranlassen, an die gesamte Überlieferung der traditionellen Schriftexegese heranzutreten. Die Philosophie bestreitet die These des Strukturalismus, daß jeder Signifikationswert[14b] außerhalb des for-

---

[14b] Hier wie im weiteren operiert der Autor direkt wie im Zitat immer wieder mit den Begriffen »signification, signaficatif«. Die übliche Übersetzung mit den deutschen

malen Netzes, in das er einbezogen ist, fehle. Überdies wirft sie ihm ein allzu leichtfertiges Zurückgreifen auf exotische Verhaltensformen vor: Wie vermag das Verhalten eines Primitiven vom Orinoko den Sinn eines von Aristoteles oder dem Buch Job übernommenen Wortes entscheidend zu klären? Der Strukturalist erwidert: Worin besteht der wissenschaftliche Wert einer philosophischen Interpretation? Oder noch radikaler: Ist die vom Philosophen der jüdisch-christlichen Tradition entnommene Botschaft nicht ebenso strukturiert wie die einer australischen Primitivreligion? Diese Fragen ohne Ausweg betreffen unmittelbar den Sinn, der der Gegebenheit der biblisch-evangelischen Tradition beizulegen ist. Anerkennt man, daß eine Gesellschaft den sie umgebenden anderen Gesellschaften eine Botschaft auszurichten haben kann, so wird man den Aposteln das Recht auf die Entwicklung einer universalen Kirche einräumen und die Verkündigung des Evangeliums aus der Kategorie der unberechtigten Verstöße streichen. Aber im Verständnis des Evangeliums selbst wird man den Exotismus verwerfen, durch den die Gesellschaft der Zeit Christi in ihren Vorstellungen von denen der heutigen Welt entfernt ist. Was bei der Entmythologisierung übrig bleibt, droht nur noch über die Schaltstellen gewisser privilegierter Begriffe und Ideen mit der apostolischen Tradition in Verbindung zu bleiben, und der Glaube wird seinen Grund und seine Stütze außerhalb der Botschaft des Evangeliums suchen.

Andererseits besitzt die philosophische Interpretation einen strukturellen Wert den Kulturen gegenüber, deren Sinn sie aufgreift und in denen sie wirkt wie ein diachronisches Akzidens einer Struktur. Wenn wir dem Wiederaufgreifen des Sinnes diesen wissenschaftlichen Wert zuerkennen, so können wir uns nicht mehr der Achtung des positiven Rechts auf Interpretation der anderen Kulturen entziehen, das das Christentum beansprucht. Aber die von der Bibel und von den Evangelien berichtete Geschichte folgt einer mythologischen Entwicklung, deren Struktur sich nicht von den historischen Archetypen entfernt, auf die irgend-

---

Worten »Bedeutung, bedeutend« u. ä. trifft hier *in vielen Fällen* nicht das tatsächlich Gemeinte. Da wir uns in sprachphilosophischen und linguistischen Kategorien bewegen, habe ich, entsprechend den ins Deutsche übernommenen Termini »der Signifikant (le signifiant)« und »das Signifikat (le signifié)«, in den meisten Fällen »Signifikation (signification) und signifikativ (significatif)« stehen lassen. Was den Sinn anbetrifft, so lassen diese Wörter deutlicher erkennen, daß »signification« zunächst einmal »Geben von Zeichen« bedeutet, »Geben von Zeichen als Bedeutungsträger«, das heißt etwas, das *vor* den Begriff »Bedeutung« zurückgeht. (Der Übersetzer)

eine beliebige religiöse Tradition Bezug nimmt. So wirkt das christliche Bestreben, seine Botschaft anderen Kulturen zu bringen, wie die Äußerung eines Kulturimperialismus, da es keinen Unterschied gibt zwischen der gleichermaßen absurden Willkür des Kultus dieser oder jener Gesellschaft. So wirken die beiden Perspektiven zusammen – entweder zur Aufhebung der Originalität der christlichen Botschaft oder zur Entleerung ihres materiellen Unterbaues.

Aber – und das ist der Schwerpunkt dessen, was dieses Buch zeigen möchte – wenn man im Raume des Christentums selbst – und in diesem steht ja der Exeget, die einander widersprechenden Forderungen der hermeneutischen Philosophie und des Strukturalismus annimmt, so bemerkt man hernach, daß die beiden Perspektiven dieselbe Wirklichkeit zum Ausdruck bringen und daß ihre striktesten Forderungen befriedigt sind. Dieser Platz des Bibelexegeten im Christentum läuft auf eine Erneuerung der Erklärung hinaus, der zufolge das Alte Testament auf Jesus bezogen ist. Sie gibt dem Handeln Jesu seine Bedeutung als logischer Operator in der materiellen Erfüllung des jüdischen Kults (kein Jota wird vergehen, ohne erfüllt zu sein!) und der Ablehnung seiner kulturellen Partikularität. Hinfort ist jeder Heide erwählt, wie Abraham erwählt war: Es gibt keinerlei Privileg mehr für diesen oder jenen Traditionsstamm. In die Verkündigung des Evangeliums bricht ein neuer Universalismus ein, aus dem die Kirche unaufhörlich ihre Fähigkeit schöpft, sich in Zeit und Raum anzupassen, ungeachtet des Neu-Judaismus und Neu-Paganismus, denen sie nicht selten Raum gegeben hat.

Als solche enthüllt sich auch die Struktur der traditionellen Exegese. Wenn diese den Vorgang stillschweigend übergeht, daß das Neue Testament im Alten gelesen wird, verfällt sie einem Monismus des einen oder des anderen Testaments. Das Alte Testament für sich allein genommen, unterscheidet sie nicht mehr von einer anderen Tradition. Wenn andrerseits das Neue Testament sich unter Verzicht auf seine Bezugnahme auf das Alte als direkte Offenbarung des Jenseitigen darstellt, dann assimiliert es sich den kosmischen Systemen der Gnosis seiner Umwelt, seien sie nun jüdisch, iranisch oder griechisch. Das Evangelium wird so zur Chiffre des Universums und ist als solche äquivalent auf jede Gesellschaft übertragbar.

Neu-Paganismus und Neu-Judaismus erwachsen aus derselben Spaltung der zentralen Botschaft der Apostel. Mehr noch als eine altertumskundliche Untersuchung der Bedeutung der geistigen Strömungen zur

Zeit Jesu rücken die antinomischen Interpretationen von Hermeneutik und Strukturalismus diese fundamentale Bedeutung des Christentums für die gesamte menschliche Gesellschaft erneut ins Licht. Der Verkündigung Jesu Christi gegenüber wirkt ein verstümmelter Strukturalismus wie ein Neu-Paganismus: Indem er die technische Sondierung der partikulären christlichen Gesellschaft ablehnt, versperrt der Mann der technischen Methode sich den Zugang zum Schlüssel des Strukturalismus zusammengesetzter Kulturen, obwohl die Frage nach ihnen sich ständig an der Grenze seines Forschungsbereichs abzeichnet. Entsprechend und parallel dazu bestreitet eine ausschließlich westlich orientierte hermeneutische Philosophie jeder außerhalb ihres Raumes liegenden »exotischen« Idee und Konzeption die Fähigkeit, als Trägerin jüdisch-christlicher Reflexion aufzutreten. So gesehen stellt das Christentum sich dann dem Neugetauften nicht dar als Taufe seines sprachlichen Ausdrucks und seiner Existenz, sondern als eine Form von Neu-Judaismus, nach dessen Konzeption das Aufgeben der eigenen kulturellen Werte Vorbedingung für den Zugang zum Christentum ist. So läßt sich die Haltung des außerhalb der Kirche stehenden Ungläubigen auf zweierlei Weise erklären: entweder hat er nicht die Gelegenheit gehabt, der Botschaft zu begegnen, oder er ist, am Besten seiner selbst beraubt, Opfer ihrer neu-judaistischen Aggression geworden.

Auch der innere Unglaube seinerseits nimmt seine Rechtfertigung aus dieser Exegese der Schrift. Der Akt des Glaubens hebt in der Verkündigung nicht die Notwendigkeit der Technik auf; sie bedeutet ihre Antizipation, indem sie sie aufbaut. Der Heide im Gläubigen bietet für die Taufe des Glaubensgeistes tagtäglich neues Material, nämlich dadurch, daß er in der Praxis der natürlichen Notwendigkeit des Geistes entsprechend handelt. Der einsichtsvolle Glaube entgeht der Gefahr eines Kulturimperialismus oder einer neu-judaistischen Selbstgefälligkeit, indem er bei seiner Verkündigung die anderen Kulturen anspricht. Er vermag dem Heiden von außen her zuzuhören dank seiner Geöffnetheit für den inneren Unglauben: Auf dem Boden der so entstehenden Gemeinsamkeit kann sich der Dialog entfalten; er gelingt in dem Maße, in dem der Heide im Innern mit dem Urteil über seinen Mitmenschen bis zum Ende zurückhält, nach dem Vorbild dessen, der die menschliche Selbständigkeit so sehr achtete, daß er denen verzieh, die ihn auf grausame Weise töteten. In der gemeinsamen Sprache wird dann das Wort wirksam, ebenso wie sich in dieser Achtung die Botschaft des Wortes verkündet. Indem man das Wort interpretiert, das Jesus Christus ist, und indem man die Bedeutung auf das Wort konzentriert, das Er ist, relativiert man jedes menschliche Wort in seiner Eigenart und verwurzelt seine Signifikation im Leib des Wortes, der der Schöpferakt der Interpretation ist.

I

DIE HERMENEUTISCHE PHILOSOPHIE VON PAUL RICŒUR

In der Zeit zwischen dem Erscheinen von »Eidétique des mythes« im Jahr 1960 und »De l'Interprétation« im Jahr 1965 hat sich in der hermeneutischen Frage bei Paul Ricœur eine Verschiebung der Perspektive vollzogen. Diese betrifft nicht allein das Äußere[1], sie erfaßt und modifiziert auch den anfänglichen Entwurf der »Philosophie de la Volonté«, deren große Linien bereits im Jahr 1950 gezogen worden sind, auf die »Finitude et Culpabilité« noch zehn Jahre später verweist. 15 Jahre trennen das erste und das letzte Werk, von dem wir hier handeln. Bevor wir die verschiedenen Ebenen ins Auge fassen, auf denen sich die hermeneutische Philosophie ausdrückt, müssen wir diesen Zeitraum durch einen Gesamtüberblick des anfänglichen Entwurfs überbrücken.

1. Von der Philosophie des Willens zur Interpretation

Die Philosophie des Willens entwickelte sich in drei Etappen: einer empirischen, einer eidetischen[2] und einer poetischen, die zusammengenommen die Erarbeitung einer Ontologie der Subjektivität rechtfertigen sollten. Aus dieser Perspektive heraus nahm Ricœur im Jahr 1950 am Wollen eine Art phänomenologischer Reduktion vor und folgte dabei einer der von Husserl zur Analyse des Erkennens verwendeten ähnlichen Methode. Um das eigentümliche Objekt des Empirischen herauszukristallisieren, mußten zwei wesentliche Gegebenheiten des menschlichen Wollens ausgeklammert werden: die Schuld und die Transzendenz. So ließ sich eine phänomenologische Deskription des Wollens entwickeln, deren Hauptanliegen darin besteht, den Begriff des »corps

---

[1] Philosophie de la Volonté erschien in zwei Bänden: »Le Volontaire et l'Involontaire« im Jahr 1950 und »Finitude et Culpabilité« im Jahr 1960. »De l'Interprétation« erschien im Jahr 1965 (deutsch: Die Interpretation. Ein Versuch über Freud, Frankfurt 1969)

[2] Wie wir sehen werden, bezeichnet dieser Begriff in der Motivation des Wollens das Wesen der Dinge und ihre Betrachtung im Gegensatz zu ihrer Präsenz in der gewöhnlichen Erfahrung.

propre« zu wahren, den gewisse wissenschaftliche Tendenzen der Philosophie zu verdunkeln drohten: »Le Volontaire et l'Involontaire« ist Gabriel Marcel gewidmet.

In »Finitude et Culpabilité« wird eine eidetische Methode angewandt, um die Klammern zu beseitigen, zwischen denen auf der Ebene der Deskription des Wollens die Schuld bis dahin geblieben war. Die Analyse erfolgt auf zwei gegensätzlichen und komplementären Wegen: »L'homme faillible« bestimmt die Bedingungen der Möglichkeit der Schuld; dabei wird vorgegangen »nach einer Art transzendentaler Deduktion, das heißt einer Rechtfertigung der Begriffe durch ihre Fähigkeit, einen gewissen Objektivitätsbereich möglich zu machen«.[3]

Aber die eigentliche Schwierigkeit, den Begriff des Bösen herauszukristallisieren, erfordert eine andere Methode. Das Rätsel, »das ist der eigentliche Sprung des Fehlbaren in das bereits Gefallene; unsere anthropologische Reflexion ist nicht bis zu diesem Sprung vorgestoßen, doch die Ethik kommt zu spät; damit man diesen Sprung selbst zu fassen bekommt, muß man ganz von neuem anfangen, eine Reflexion neuer Art aufnehmen, die sich auf das *Eingeständnis* dieses Sprunges von seiten des Bewußtseins bezieht und auf die *Symbole* des Bösen, unter denen es dieses Eingeständnis zum Ausdruck bringt«[4]. »Die Symbolik des Bösen macht nun einen großen Umweg, an dessen Ende es vielleicht möglich sein wird, den unterbrochenen Gedankengang wieder aufzunehmen und die Lehren dieser Symbolik in einer wahrhaft *philosophischen* Anthropologie neu zu integrieren.«[5]

Die *Symbolik des Bösen,* in die sich die Eidetik der Mythen einfügt, bildet eine Unterbrechung des reflexiven Denkvorgangs; die Signifikation der Symbole unterliegt einer konzeptuellen Klärung, durch die an den Denkvorgang die Aufforderung ergeht, in sich selbst das Eingeständnis des bereits Gefallenseins wieder zu erlangen. Am Zielpunkt der Symbolik des Bösen präzisiert sich die Beziehung zwischen dem mythischen Denken und seiner begrifflichen Aufarbeitung, indem es sich in einen Mittelweg zwischen der Sinngebung des Symbols und dem Eid des Philosophen, alles zu tun, um zu verstehen, auflöst. Das Mittelglied dieses Vorgangs aber ist speziell die Hermeneutik. Die beiden Denkweisen sind schon nicht mehr heterogen: »Was bereits – wenn

---

[3] P. Ricœur, Finitude et Culpabilité, I: L'homme faillible, 151
[4] Ebd. 159
[5] Ebd. 159

auch unzusammenhängendes – logisches Denken war, wird von der Hermeneutik auf zusammenhängendes logisches Denken zurückgeführt.«[6]

Diese Feststellung grenzt den hermeneutischen Kreis ab. »Die Hermeneutik geht aus von dem Vorverständnis eben dessen, was sie interpretierend zu begreifen sucht.«[7] Oder einfacher gesagt: »Man muß begreifen, um zu glauben, aber man muß glauben, um zu begreifen.«[8]

Diesen Glauben, den die Interpretation erfordert, findet Ricœur in einer »zweiten Naivität (seconde naïveté)«, die den Mythos in der Nacktheit akzeptiert, in der die wissenschaftlichen Methoden der Geschichte ihn belassen.

Diese Sicht enthält im Ansatz Ricœurs Buch »De l'Interprétation«[9], und sie macht den Abstand zu der ursprünglichen Konzeption einer Poetik des Willens, die die Transzendenz berücksichtigte, sichtbar. Gewiß, die notwendige Einbeziehung der Transzendenz ist vorhanden, sowohl in den Gedankengängen über die Dynamik der Mythen – hier ganz besonders in der Option für den Adamsmythos –, als auch in »De l'Interprétation«, in dem mehrere Absätze den Beziehungen zwischen Kerygma und Philosophie gewidmet sind. Wir werden noch darauf zu sprechen kommen. Aber was sich von 1950 bis 1965 modifiziert hat, ist die eigentliche Analyse des *Cogito* und die phänomenologische Reduktionsmethode, die für eine künftige Ontologie des wollenden Subjekts offen ist. Die philosophische Anthropologie erscheint in der Erarbeitung der existentiellen Begriffe, die sie sich als Programm setzt, aber bereits 1960 schreibt Ricœur: »Das Symbol legt den Gedanken nahe, daß das *Cogito* innerhalb des Seins liegt und nicht umgekehrt; die zweite Naivität wäre somit eine zweite kopernikanische Wende.«[10]

Und: »Wenn wir also die Erarbeitung einer Erfahrungslehre des unfreien Willens transzendentale Deduktion nennen, muß die transzendentale Deduktion sich selbst in eine Ontologie der Endlichkeit des Bösen einfügen, die die Symbole in den Rang existentieller Begriffe erhebt.«[11] In Wirklichkeit ist das Symbol der eigentliche Ort der Wandlung der anfänglichen Anthropologie zur hermeneutischen Philosophie.

[6] P. Ricœur, Finitude et Culpabilité, II: Symbolique du mal, 325–326

[7] Ebd. 327

[8] Ebd. 326

[9] P. Ricœur, De l'Interprétation, 534

[10] P. Ricœur, Symbolique du mal, 331

[11] Ebd. 332

So kann man im Jahr 1965 lesen: »Die Reflexion wird hermeneutisch; das ist die einzige Art und Weise, auf die sie konkret werden und Reflexion bleiben kann.«[12]

Der Abstand zwischen der ersten Perspektive und dem, wohin sie führt, zeigt, daß wir vom Standpunkt der Hermeneutik aus mit zwei Interpretationsebenen zu rechnen haben. Jede von ihnen definiert die Beziehung zur Transzendenz und die Möglichkeit einer Poetik des Willens auf eine andere Weise.[13] Die erste Ebene bleibt in der Optik einer rationalen Reduktion der Kundgebungen der Fehlbarkeit im Mythos; die zweite führt bedeutend weiter: Es geht darum, im *Cogito* die Arbeit der psychoanalytischen *Katharsis* als eine von der eidetischen Phänomenologie, mit der der Autor sich in einem ersten Schritt befaßte, und zugleich von der anthropometrischen Psychologie verschiedene wiederherzustellen. Diese sehr tief reichende Ebene findet Ricœur gewissermaßen ebenso beim späten Husserl wieder, der jegliche Konstitutionsforschung nach einer passiven Genese des Objekts artikuliert als auch in der Dynamik des Begehrens bei Hegel. Während er zunächst auf dem Weg der Signifikation der Fehlbarkeit dem Symbol begegnet, entdeckt er anschließend die Symbolisationskraft als integrierendes Element der Reflexion in einer Archäologie und Teleologie des denkenden Subjekts. Das Symbol wirft nach seiner Auffassung in seiner ganzen Schärfe das zutiefst doppeldeutige Problem des sprachlichen Ausdrucks auf, der fähig ist, sowohl das Zurückgehen auf die Archäologie des Subjekts wie auch das Fortschreiten des Bewußtseins zu einem Jenseits zu artikulieren, dagegen unfähig ist, sich selbst als Bezugszentrum für andere sprachliche Ausdrücke anzubieten. An dieser Stelle ist schließlich das hermeneutische Problem aufgeworfen.

Wir haben den Gesamtkomplex des Entwurfs einer hermeneutischen Philosophie dargestellt. Nun können wir die einzelnen Etappen darin einordnen – zunächst die der Eidetik der Mythen, danach die der Interpretation des Symbols und schließlich die der Transzendenz und der Poetik des Willens, soweit sie bereits skizzenhaft vorliegt.

---

[12] P. Ricœur, De l'Interprétation, 478

[13] Das Erscheinen des Werkes »De l'Interprétation« hat das Erscheinen der noch nicht veröffentlichten »Poétique de la Volonté« verzögert. Was wir über die Poetik sagen, stützt sich auf die verheißungsvollen Hinweise der ersten Bände.

2. Die Eidetik der Mythen

Der Mythos ist der privilegierte Ort für den Ausdruck des Symbols: »Ich werde den Mythos als eine Art Symbol verstehen, als ein in Berichtsform entfaltetes Symbol, ein Symbol, das in einer Zeit und in einem Raum artikuliert ist, die nicht mit Zeit und Raum der Geschichte und der Geographie nach der kritischen Methode koordinierbar sind.« [14]
Bei der Ausarbeitung seiner Mythentypologie schreibt Paul Ricœur: »Ich möchte gern wie Claude Lévi-Strauss in »Tristes Tropiques« annehmen, daß die ›Gestalten‹, welche die schöpferische Vorstellungskraft und institutionelle Aktivität des Menschen realisieren können, nicht in unendlicher Zahl vorhanden sind und daß es möglich ist, zumindest in Form einer Arbeitshypothese eine Art Morphologie dieser Hauptgestalten zu entwerfen.« [15] So gesehen zeichnen sich aus den Gegebenheiten der jüdisch-griechischen Geschichte vier Typen von Mythen ab: Wir wollen sie zunächst mit Hilfe von Paul Ricœurs eigenen Termini charakterisieren.

Der erste, der sogenannte *theogonische* Mythos, stellt die Schöpfung nach Art eines Dramas dar. »Der Ursprung des Bösen ist koextensiv mit dem Ursprung der Dinge; er ist das *›Chaos‹, mit dem der Schöpferakt des Gottes kämpft.* Das Gegenstück zu dieser Sicht der Dinge besteht darin, daß *das Heil identisch ist mit der Schöpfung selbst;* der Akt der Gründung der Welt ist zugleich ein Akt der Befreiung; ... der Kult kann nur eine *rituelle Repetition* der Kämpfe am Ursprung der Welt sein.« [16]

Der zweite Typ ist der *adamische Mythos* des Falles: Dieser Fall »erhebt sich wie ein irrationales Ereignis in einer *vollendeten Schöpfung*... Das Heil ist eine neue Peripetie im Verhältnis zur ursprünglichen Schöpfung; das Heil entwickelt eine eigene, geöffnete, vor dem Hintergrund einer gegebenen Schöpfung stehende und in diesem Sinne geschlossene Geschichte« [17].

Der dritte Typ ist der *tragische* Mythos. Paul Ricœur betrachtet ihn als ein Mittleres zwischen den beiden erstgenannten Typen: »Hinter der tragischen Sicht des Menschen werden wir eine implizite Theologie su-

---

[14] P. Ricœur, Symbolique du mal, 25
[15] Ebd. 162–163
[16] Ebd. 163
[17] Ebd. 163

chen, eine Theologie, die vielleicht nicht eingestanden werden kann: die tragische Theologie des Gottes, der als Versucher wirkt, blendet, in die Irre führt. Dann aber erscheint die Schuld als ununterscheidbar von der Existenz selbst des tragischen Heros; er handelt nicht schuldhaft, er ist schuldig. ... Dennoch gibt es ein tragisches Heil, das in einer Art ästhetischer Erlösung besteht, die aus dem Schauspiel des Tragischen selbst hervorgegangen, in der Tiefe der Existenz verinnerlicht und in Erbarmen mit sich selbst umgewandelt ist. Ein solches Heil läßt die Freiheit mit der als solcher erfaßten Notwendigkeit zusammenfallen.«[18]

Zu dieser mythischen Dreizahl fügt Ricœur einen *orphischen* Mythos hinzu: den Mythos der in der Verbannung befindlichen Seele, der den Menschen in Leib und Seele zerreißt. Auf dieses letztgenannte Schema möchten wir nicht weiter eingehen.

Diese Eidetik der Mythen darf nicht »in einem Klassifizierungsvorgang untergebracht werden; eine solche Statik muß über sich selbst hinausgehen in einer Dynamik, die die Aufgabe hat, das latente Leben der Mythen sowie das Spiel ihrer geheimen Verwandtschaften zu entdekdecken«[19]. Die Dynamik der Mythen soll nach Ricœur ein »Wiedererfassen« des Symbols vorbereiten, und dieses Wiedererfassen vollzieht sich auf zwei Ebenen: die eine ist der Philosophie und der Theologie gemein, die andere führt bereits in die Theologie.

Auf der einen Seite schreibt der Philosoph: »Die Voraussetzung meines Beginnens besteht darin, daß der Ort, an dem man die Unterweisung der Mythen *in ihrer Gesamtheit* am besten vernehmen, aufnehmen und begreifen kann, der Ort ist, an dem noch heute der Vorrang eines dieser Mythen, des adamischen Mythos, verkündet wird.«[20] Die Scheidung der Geister, von der Paulus als dem inneren Zeugnis des Heiligen Geistes sprach, ist nichts anders, »als die Auswahl des besseren Mythos, des signifikantesten, des aufschlußreichsten und zugleich für eine Koordinierung mit dem Kommen des Heiles als Prolegomenon des Glaubens geeignetsten«[21]. Mit anderen Worten »verifiziert der Philosoph bis zu einem gewissen Punkt die Einlassung auf seinen Glauben«[22].

---

18 Ebd. 164

19 Ebd. 165

20 Ebd. 285

21 P. Ricœur, Symbolique du mal, 287

22 Ebd. 287

Im übrigen werden die Gestalten, die die christologische Lösung ankünden – der Theologe weiß dies –, bevor sie in den adamischen Mythos einmünden, von dem tragischen Mythos angezogen, der eine Art Kehrseite des Aufstiegs zu dem absoluten Opfer, Christus, bildet: »Es gibt eine Theologie der Versuchung, die sehr nah bei der tragischen Theologie der Blendung liegt. Daher hat die Tragödie niemals aufgehört zu sterben. Nachdem sie zweimal getötet worden ist, durch den philosophischen Logos und das jüdisch-christliche Kerygma, überlebt sie immer noch ihren zweifachen Tod.«[23] Auf dieses ständige Wiederauferstehen der Tragödie antwortet Ricœur im weiteren Verlauf seines Werkes: »Die Antwort gehört in den Bereich einer Poetik der Freiheit und des Menschseins, die über die Möglichkeiten einer philosophischen Anthropologie hinausreicht; ... man muß also sagen, daß der Vorrang des adamischen Mythos den Gedanken nahelegt, daß das Böse keine Kategorie des Seins ist; aber weil dieser Mythos eine Kehrseite oder einen Hintergrund hat, sind die übrigen Mythen unbesiegbar; eine Anthropologie des Bösen vermag daher das Recht einer absoluten Genese des Seins, wozu von Anfang an das Böse mit gehören würde, weder zu setzen noch aufzuheben.«[24]

Diese hier angesprochene Poetik der Freiheit präzisiert sich der christologischen Option gegenüber: »Daß das absolute Geschick auch das absolute Geschenk ist, das ist die vollendete und aufgehobene Tragik. ... Die vollendete und aufgehobene Tragik der Christologie entzieht sich der Fähigkeit einer philosophischen Anthropologie... Alles, was zugunsten der nicht zugebbaren und undenkbaren Theologie des »bösen Gottes« spricht, ist zugleich ein Ruf in Richtung auf eine denkbare und zugebbare Onto-Theologie, in der das Böse Mittler des Seins wird. Unsere ganze weitere Überlegung bleibt diesseits dieser letzten *Alternative:* entweder Konsolidierung des Tragischen in einer Logik des Seins oder seine Umkehrung in eine Christologie. Die Wahl zwischen diesen beiden Möglichkeiten fällt in den Bereich einer *Poetik* der Freiheit, die noch außerhalb unseres Zugriffs liegt.«[25]

Unsere Frage nach dem Denken von Paul Ricœur bezieht sich auf zwei miteinander in Verbindung stehende Punkte:

---

[23] Ebd. 302
[24] Ebd. 304
[25] Ebd. 305–306

1. Weshalb genießt der tragische Mythos zusammen mit dem adamischen Mythos das Sondervorrecht, die Freiheit im Verhältnis zur Notwendigkeit ins Spiel zu bringen? Verkennen die übrigen Mythen diese anthropologische Komponente?

2. Wie läßt sich Art und Bedeutung der der jüdisch-christlichen Linie eingeräumten Bevorzugung exakt erklären?

a) Man muß »L'Homme faillible« zumindest diagonal gelesen haben, um zu begreifen, daß für die Analyse der Begriff des Bösen unreduzierbar ist. Ausgehend von diesem Fehlschlag drängt sich der Mythos dem Philosophen auf als signifikatives Material. Im theogonischen Mythos wird die Schuld auf die Gottheit übertragen, die für die Weltschöpfung verantwortlich ist: Der Kampf findet statt, und der Mensch nimmt daran teil in dem Wissen, daß die Verantwortung dafür ihm entzogen ist. Er ist unmittelbar beteiligt an der Spaltung der Welt, die ihm auf immer feindlich bleibt. Aber bei der Beteiligung am Repetitionsritus bringt der Zusammenhang die Freiheit des Initiierten ins Spiel. Ein typisches Beispiel für diesen theogonischen Zusammenhang ist der Kampf Marduks mit Tiamat. Äquivalente dazu könnte man generell in den dualistischen Auffassungen und Vorstellungen wiederfinden. Der tragische Mythos ist subtiler: Das Opfer wird nicht mehr in Mitleidenschaft gezogen durch direkte Beteiligung; es ist der Mensch selbst, der in dem Bemühen, einer ihm zur Kenntnis gebrachten Schicksalsbestimmung zu entrinnen, alle die Handlungen setzt, die eben dieses Schicksal effektiv werden lassen. Der Mensch ist Opfer seiner Verantwortung durch sein Unwissen von der Welt. Dabei kommen der unwissend Verantwortliche oder der klarsehende Nichtverantwortliche beide in den Genuß der denkbar besten Entschuldigung durch die Schuld Gottes oder in Gott.
In dem adamischen Mythos verbindet die Geschichte von Adam im Paradies ebenfalls die theogonischen und die tragischen Aspekte, aber sie fügt einen charakteristischen Zug hinzu, den die übrigen nicht kennen: Der von Gott gewarnte Mensch ist für sein Handeln verantwortlich. Wenn der Mensch seine Schuld wieder gutmacht, kann sie verschwinden, aber dieser Mensch muß zugleich Gott sein, der hier Opfer seiner Schöpfung in seinem Geschöpf wird. An dieses Herabsteigen Gottes in das Diesseits knüpft sich der orphische Mythos, der sich zwei-

fellos am deutlichsten greifen läßt in dem iranischen Mythos des erlösten Erlösers, des geretteten Retters. Ein Teilchen des Jenseits ist tatsächlich hienieden vergraben und sucht den Offenbarer, der es freimacht, mag es sich nun um eine individuelle Bestimmung oder um die Gründung von Gemeinschaften um einen Propheten herum handeln.

Diese Eidetik verdient unsere Überlegung. Man könnte die christologischen Irrtümer nach den Fehlverständnissen der adamischen Funktion herausisolieren: Gott-Vater, der Gott-Sohn leiden läßt, oder der Sohn, der das Geschick nicht kennt, das der Vater ihm hienieden auf Erden auferlegt. Ewiger gnostischer Masochismus oder historischer Sadismus. Was hier als Gegenstand der Hermeneutik auftritt, ist also nicht speziell eine bestimmte Religion, sondern vielmehr hinsichtlich eines Gesamt verschiedener Religionen ein natürliches mythisches Kriterium der wahren und der falschen Religion.

In Wirklichkeit kann es eine orthodoxe Intuition der heidnischen Mythologie geben, ebenso wie es eine heidnische Interpretation der Christologie gibt. Indem sie Freiheit und Determiniertheit in dem tragischen Heros zusammenfallen läßt, könnte die ästhetische Befreiung, die dabei die Annahme oder Verweigerung bewirkt, praktisch einem adamischen Mythos unterworfen sein. Ebenso bringt die Teilnahme des Initiierten am theogonischen Mythos sein Heil mit sich, während eine eventuelle Weigerung ihn von der Gemeinschaft und dem Leben abschneiden würde. Die religiösen Formen und ihre Riten der Bezugnahme auf den Archetyp der Fehlbarkeit können in der Tat als Träger für eine wahre Religion dienen. Wenn man die Ausübung der aktuellen Freiheit in der Theorie der Eidetik der Mythen einschließt, erscheint die bevorzugte Signifikation des adamischen Mythos von beiden Seiten her anfechtbar.

Diese Feststellungen nehmen jedoch Ricœurs Aussage nichts von ihrer Bedeutung und Tragweite: Jeder Mythos, der das adamische Drama ausschließt, wird unvollständig bleiben, denn Adams Erlebnis enthält eine irreversible Bezugnahme auf die Freiheit des Menschen für die Zukunft, ohne indessen die Mitschwingungen der anderen Mythen, den Dämon als Nebenprodukt des theogonischen Schemas und die vielfältigen Unglücksfälle der Geschichte für das tragische Schema aufzuheben. Von diesen dreien aber ist die Adamsgeschichte allein ein historischer Mythos in dem Sinne, daß die Signifikation des Archetyps eine historische Auswirkung besitzt, da sie *durch die Verheißung* einer der

Verfehlung entsprechenden Erlösung seine volle Verantwortung in die Hände des Menschen legt. Als Herr seines Geschicks entzieht der Mensch sich der Determiniertheit und tritt in eine Geschichte ein, die nicht mehr in die göttliche Sphäre versetzt wird, sondern jene konkrete, aktuelle Geschichte seiner eigenen Freiheit ist.

b) So kommen wir zur zweiten Frage, die wir an die Eidetik der Mythen stellen: Wie weit reicht die Bedeutung der Entscheidung, durch die sich die Poetik der Freiheit begründen muß? Ist die Alternative zwischen der Konsolidierung des Tragischen in einer Logik des Seins und ihre Umkehr in einer Christologie erschöpfend? Wählt man mit Notwendigkeit die Christologie als adamische Lösung eines unvermeidlich tragischen Problems? Wer wird uns sagen, ob die christliche Entscheidung zwischen dem Christus am Kreuz und dem gefesselten Prometheus, der in der Trilogie der Befreiung in seinen alten Stand wieder eingesetzt ist, mit Sicherheit die Oberhand besitzt?
Aber diese Frage nach der Motivierung der Wahl impliziert die Analyse des Symbols, wie sie auf der Ebene von »De l'Interpretation« entwickelt wird. Die ausdrückliche Beschäftigung mit dieser Frage, so wie sie sich bei Ricœur stellt, wird somit dem Studium dieses Werkes nachgestellt.

3. Die Interpretation des Symbols

Die Hermeneutik der Mythen der Schuld bleibt noch auf der eidetischen Ebene der eine Ontologie vorbereitenden Schemata. Sie werden gewissermaßen in der Unbeweglichkeit wahrgenommen, in der sie eine Erfahrung fixiert hat, von der bisher noch nichts angesprochen worden ist. Das Symbol hat etwas von seinem Gehalt hergegeben, hat aber noch nicht seine eigenen Ursprünge erklärt. Hier tut Paul Ricœur den Schritt zur Psychoanalyse, indem er in das *Cogito* hineinnimmt, was es im Werk von Freud sein kann.
Es sei kurz daran erinnert, von wo Freud im Jahr 1895 ausgegangen war. Was den hervorragenden Neurologen nach und nach zur Erforschung des Unbewußten geführt hatte, waren die neurotischen Symptome bei seinen Patienten. Seine erste Überraschung erlebte er, als er

feststellte, daß die Syndrome seiner Kranken sich nicht auf das klinische Bild einer organischen Krankheit reduzieren ließen. Es gelang ihm, die Symptome der Krankheit in Hypnose auszuschalten durch die Erregungsabfuhr des Affekts in der Reproduktion der Anfangsszene, die für die Fixierung verantwortlich war; auf diese Weise wurde er sich klar darüber, daß die erste Aufgabe darin bestand, die unbewußten Mechanismen wiederherzustellen, deren erste Analysen nur ein völlig unverständliches Material zutage förderten. Eine Logik *sui generis* in auf den ersten Blick so wenig rationalen Themen wie den Traumvorgängen herausfinden, das ist das hermeneutische Problem für Freud. Indem er bei dem Kranken das Bewußtsein und die explizite Darstellung der Emotion wiederherstellte, die dieser vergessen hatte oder vergessen zu haben glaubte, bewirkte er eine Wiederherstellung des Individuums und seiner Selbstherrschaft. Die Verallgemeinerung dieser Phänomene auf die gesamte menschliche Infrastruktur, vor allem hinsichtlich der frühkindlichen Sexualität, bildet die grundlegende Triebkraft des Freudschen Systems. Im Rahmen einer Ausdehnung der klinischen Diagnose auf jede Kultur kann die Lehre Freuds zu einer gewissen Form von Atheismus führen: Die Ausdrücke der Religion sind dann nur noch Schutzschirm, dazu bestimmt, die Wirklichkeit des Komplexes, unter dem die Menschheit leidet, zu verdecken. Moses erklärt sich durch Ödipus, und der von seinem Vater der Todesqual ausgesetzte Jesus Christus ist die Sühne des zur kollektiven emotionalen Abfuhr gelangten Ödipus. Es braucht hier nicht eigens gesagt zu werden, daß für Freud die Exegese niemals beansprucht hat, die Schrift zu kommentieren, und daß seine exegetische Methode von seiner psychoanalytischen Lehre abhängig ist.

Ricœur knüpft seine Aufmerksamkeit an zwei von Freud kaum andeutungsweise skizzierte positive Werte. Nach ihm wäre in zwei Punkten seines Systems der Begründer der Psychoanalyse Gefangener seiner eigenen Gedankenentwicklung. Zunächst beruft er sich auf ein *Realitäts*prinzip, im Namen dessen der wahre Wert des Symboldenkens auf den Ausdruck des unbewußten Unterbaues der – individuellen oder kollektiven – frühen Kindheit zurückgeführt wird. Die psychoanalytische Behandlung hat keinen anderen Sinn als zu diesem expliziten Bewußtsein Zugang zu schaffen durch folgerichtige Vertreibung aller mit den Schutzbesetzungen verknüpften Phobien. Ricœurs zweiter Ansatzpunkt bei Freud betrifft die Bedeutung der *Sublimierung*. Freud hat offenbar der Überwindung in der künstlerischen Übertragung, die den Komplex verhüllt, nicht jeden Wert abgesprochen. Leonardo da Vincis »La Gioconda« und der »Moses« von Michel-Angelo enthalten mehr als unbewußte Projektion frustrierter Kindheitswünsche; sie übertragen sie in eine Identifizierung mit dem Vaterbild, über dessen Wesen Freud nicht das letzte Wort gesprochen hat.[26]

Von diesen beiden auffallenden Punkten der Freudschen Lehre aus, nämlich dem Realitätsprinzip, in das die Behandlung mündet, und der Bedeutung der Sublimierung, versucht Ricœur eine psychoanalytische Kritik des *Cogito* wieder aufzugreifen. Das Suchen nach dem Unbewußten scheint ihm alle Züge eines Transzendentalismus mit umgekehrten Vorzeichen zu besitzen. Es ist damit wie mit der negativen Wahrnehmung dessen, was bei Hegel das Werden des Bewußtseins bringt, von dem jede einzelne Gestalt ihre Wahrheit nur in der nachfolgenden Gestalt gewinnt. Wie Freud eine Archäologie des Subjekts annimmt, die es zu sich selbst wiederherstellt, so bringt Hegel es in einer Teleologie zur Eroberung des absoluten Wissens des Ich. Wenn man sich bereit findet, von Freud fortzugehen, um die kulturelle Sublimierung in eine reale Transzendenz hinein zu verlängern, dann würden diese beiden Bewegungen der Progression und der Regression, in einer komplementären Form in dem Symbol der Sprache verbunden, die es übersetzt: »Die Symbolik ist der Ort der Identität von Progression und Regression. Das begreifen, würde bedeuten, zur konkreten Reflexion selbst Zugang zu gewinnen.«[27]

Diese konkrete Reflexion eröffnet neue Perspektiven zur Stellung der hermeneutischen Philosophie gegenüber der Einzelkultur, in die sie sich einschaltet. Im übrigen schließt sie auf eine ursprüngliche Weise das Eingreifen anderer in die Entwicklung der Symbolfunktion ein. Und schließlich wird in diesem neuen Rahmen der Interpretation des Symbols das Problem der Transzendenz von sich aus wirksam, ohne daß man auf die alte Idee einer Poetik der Freiheit zurückkommen müßte.

In einer Gegenüberstellung der »Symbolique du mal« mit der hermeneutischen Philosophie schreibt Ricœur: »Von einer bereits vorhandenen Symbolik ausgehen, so möchte ich einwenden, bedeutet, sich vor-

---

[26] Man erkennt hier zwischen den Zeilen die am tiefsten liegende Ebene der Analyse des tragischen Mythos und der möglichen Wandlung in eine Christologie. Vgl. P. Ricœur, De l'Interprétation, 471

[27] Ebd. 475

geben, worauf man sein Denken richtet; zugleich bedeutet es aber auch, eine radikale Kontingenz in die Gedankengänge einführen, nämlich die Kontingenz der Kulturen, denen man begegnet ist. Ferner möchte ich erwidern, daß der Philosoph nicht von nirgendwoher spricht: Jede Frage, die er stellen kann, steigt empor vom Grunde seines griechischen Geisteserbes. Von dem Augenblick an aber hat das Feld seines Forschens eine unentrinnbare Ausrichtung. Seine geistige Erinnerung umfaßt den Gegensatz von nah und fern. Durch diese Kontingenz der historischen Begegnungen hindurch müssen wir vernünftige Abfolgen der zerstreuten kulturellen Themen erkennen. Heute füge ich hinzu: Nur abstrakte Überlegung spricht von nirgendwo aus. Um konkret zu werden, muß Reflexion ihren unmittelbaren Anspruch auf Universalität verlieren, bis sie die Notwendigkeit ihres Prinzips und die Kontingenz der Zeichen, durch die hindurch sie sich erkennt, miteinander verschmolzen hat. Und gerade in der Bewegung der Interpretation kann diese Verschmelzung sich vollziehen.«[28] Bei dieser neuen Stellung geht es um etwas Beachtliches: Der absolute Wert des *Cogito* als Bezugspunkt der abstrakten Reflexion weicht dem Druck der Vielfalt und Verschiedenheit der Zeichen.

Vielleicht könnten wir diese Enteignung des *Cogito,* wie sie von Ricœur in der konkreten Reflexion gefordert wird und die durch die Interpretation die Aufgabe erhält, dem Gehalt des *Cogito* neue Substanz zu geben, um den Vollzug der »Verschmelzung« zu gestatten, noch weiter treiben. Wenn aber diese Reflexion abstrakt ist, spricht sie von nirgendwo her. Dient sie dann aber wirklich als einigendes Prinzip? Und wenn sie konkret ist, gibt sie dann nicht alten mythologischen Formulierungen eine Bedeutung zurück, die sie nicht mehr braucht, sobald sie in dem *Cogito* eingeschlossen ist? Wie unterscheidet sich tatsächlich die in dem *Je pense, je suis* wurzelnde Denkweise von dem Ausdruck einer mythischen Religion wie der des Orpheus oder des Zoroaster?

Das ist dieselbe Frage, die nach unserer Meinung »De l'Interprétation« aus dem Bereich der Philosophie des Willens herausgezogen hat, denn sie zwingt zur Anerkennung des Platzes des Andern und des Ganz-Andern in der Reflexion. Gerade das aber ist nach Ricœur die Ebene der Übertragung und des psychoanalytischen Diskurses in der Hermeneutik.

---

[28] Ebd. 55

Die Rolle, die der Andere in dem neuen Gleichgewicht angenommen hat, hat ihre Auswirkungen bis in den Geschichtsbegriff hinein: »Eine hermeneutische Methode, gekoppelt mit der Reflexion, geht bedeutend weiter als eine eidetische Methode nach Art der von mir damals praktizierten«, schreibt Paul Ricœur unter Bezugnahme auf »Symbolique du mal«: »Die Abhängigkeit des *Cogito* in ihrem Verhältnis zur Bestimmung des Begehrens wird nicht direkt erfaßt aus unmittelbarer Erfahrung, sondern *wird* interpretiert durch ein fremdes Bewußtsein anhand scheinbar sinnloser Zeichen, die sich im Gespräch darbieten.«[29]
Auf diesem Umweg psychoanalytischer Behandlung vollzieht sich das Werk der Exegese des nicht benennbaren Begehrens[30]. Diese Bezugnahme auf den sprachlichen Ausdruck des Andern und die anschließende Reflexion über das Anderssein des sprachlichen Ausdrucks führen die Dimension der Geschichte ein. Die Kunst des Interpretierens wird ärztliche Kunst, Kunst, die Widerstände des andern in die Hand zu bekommen. »In dieser Hinsicht«, sagt Ricœur, »halte ich die Freudsche Metapsychologie für eine *ausgezeichnete Disziplin der Reflexion.*«[31]
Das Hineinführen der Hermeneutik in die Reflexion erzeugt unvermeidlich eine Spannung zu dem Geheiligten (sacré) der Hoffnung oder der Ahnung des Unterbewußten. Sowohl im individuellen Bewußtwerden wie auf der kollektiven Ebene »ist der Geist Geschichte und das Unbewußte Geschick«[32]. In dieser Spannung des sprachlichen Ausdrucks zwischen Teleologie und Archäologie findet man die Ambivalenz des Tragischen wieder, die so geartet ist, daß sie in der Christologie Erfüllung finden und aufgehoben werden kann: Der Ort, an dem der Sinn aufbricht, das ist die konkrete Reflexion des Hermeneuten. Jeder Mythos ist dies immer für einen anderen, früheren: »Gerade weil das *Typische* in der Geschichte Verständnis bewirkt, wie auch die Regelhaftigkeit in den Naturwissenschaften Verständnis bewirkt, kann man Geschichte eine Wissenschaft nennen.«[33] Daher ist der Interpret

---

[29] Ebd. 443
[30] Diese Exegese vollzieht sich also auf einer metonymischen Achse, wo die mythischen Namen die Realität des Diskurses an ihre eigene Stelle setzen, ohne sie jemals auszuschöpfen. Siehe im weiteren die Analyse des Austausches in der kerygmatischen Aussage, S. 77
[31] P. Ricœur, De l'Interprétation, 410
[32] Ebd. 453
[33] Ebd. 365

aufgerufen, »unaufhörlich den erschöpften Leib des Symbols neu zu beleben«. Durch die Arbeit der Entmythologisierung und ausgehend von der toten Masse (gangue) der unbewußten Determinismen, kristallisiert er den reinsten Ausdruck seiner Geburt zu einem neuen Selbstbewußtsein heraus. Der Philosoph begreift Geschichte – die seine und die der andern – und macht sie möglich durch den Sinn, den er dem Nicht-Sinn des Determinismus gibt, auf dem er aufbaut.

Auf der Ebene der Eidetik der Mythen hat der Kreis der Hermeneutik den Philosophen gefangengehalten beim Suchen nach einer rationalen Aufarbeitung des archaischen Mythengehalts, in dessen Schoß ein spezieller Mythos, der adamische Mythos, sich wegen seiner größeren Signifikation bei der Wahl aufdrängte; auf der Ebene der Interpretation des Symbols ist es im Gegenteil der am Werk befindliche Hermeneut, der die Botschaft aus dem Gefängnis der Sprache befreit. Die Transzendenz liegt nicht mehr auf der Linie einer Poetik der Freiheit, sie inkarniert sich vielmehr in der Sprache des Andern und ihrer Interpretation: »Die Frage des Glaubens wird zu einer hermeneutischen Frage, denn was sich in unserem Fleisch entäußert, ist der Ganz-Andere als Logos. Eben dadurch aber wird er Ereignis des menschlichen Wortes und kann nur in der Bewegung der Interpretation dieses menschlichen Wortes erkannt werden. Der ›hermeneutische Zirkel‹ ist geboren: Glauben heißt den Anruf hören, aber um den Anruf zu hören, muß man die Botschaft interpretieren. Man muß also glauben, um zu begreifen, und begreifen, um zu glauben.« [34] Anstatt am Ende der Eidetik die Bildung der existentiellen Begriffe zu sehen, erlebt man die philosophische Inkarnierung des Tätigwerdens des Theologen: »Hier kann eine Phänomenologie des Heiligen (sacré) im Sinne van der Leeuws und Eliades, verbunden mit einer kerygmatischen Exegese im Sinne von Barth und Bultmann (die ich hier jedoch keineswegs als Gegensätze einander gegenüberzustellen gedenke), das Reflektieren ablösen und einem meditierenden Denken neue symbolische Ausdrücke anbieten, die an der Bruch- und Nahtstelle zwischen dem Ganz-Anderen und unserem Diskurs liegen.« [35] So wird die christliche Interpretation gerade im Namen der reflexiven Methode zum Schlußstein für die Sinngebung an alle Religionen auf dem Weg über die kerygmatische Exegese [36].

---

[34] Ebd. 505

[35] Ebd. 505

[36] Wenn wir anhand eines aus der Liturgiegeschichte entnommenen Beispiels paraphra-

Das führt uns zu der vorher auf der Ebene der Eidetik der Mythen offen gebliebenen Frage über die Bedeutung und Auswirkung der Option für den adamischen Mythos und die Christologie zurück. Das Problem hat sich nun ausdrücklicher gestellt, weil offenbar wird, daß es zugleich an die Poetik des Willens und an den absoluten Bezugspunkt rührt, durch den das Symbol seinen Wert gewinnt. Muß dieser Punkt in dem Kopf eines bestimmten Hermeneuten wie Karl Barth oder Rudolf Bultmann gesucht werden? Wirkt der Interpret selbst sein Heil in der Exegese der Schrift und der Option für die Überlegenheit dieser Schrift gegenüber den Botschaften der übrigen Religionen? Das fortschreitende Abrücken der Philosophie des Willens, verstanden als eine Ontologie der Subjektivität, erscheint uns hier erhellend; die Transzendenz, die in dem Willensakt impliziert ist, und ihre Bedeutung für eine Ontologie sind nach und nach dem Eindringen der noetischen Klärungen der Sprachen gewichen.

Der initiale Wille wird zunächst im Sich-Einlassen auf den hermeneutischen Zirkel in Anspruch genommen. Aber ist dieses Sich-Einlassen selbst nun Geschick oder Geschichte? Die rationale Grenze für den Ausdruck des Bösen nötigt den Philosophen, sich hier zu unterwerfen. Eine entsprechende Unzuständigkeitserklärung des Rationalen erfordert anschließend die Option für die bedeutungsvollste Mythik nur als mögliche Bedingung, deren Anwendung auf eine konkrete Tradition problematisch bleibt: Das Christentum läßt sich durchaus durch eine tragische Brille lesen. In Ermangelung einer völligen Verwurzelung in der konkreten Reflexionslinie und in Abhängigkeit von einem absoluten Bezugspunkt richtet sich die Wahl der Poetik außerdem auf eine abstrakte diskursive Linie, die sie der Realität ihrer Option zu berauben droht. Und schließlich verknüpft die Hermeneutik das Kommen des Ganz-Andern mit einer besonderen kerygmatischen Exegese.

Unsere Frage bleibt also: Wie ist es möglich, dem Christentum ein so hohes Privileg zuzuerkennen, daß man ihm das Monopol der Offenbarung des Ganz-Andern vorbehalten muß, während allein die Arbeit

---

sieren wollen, könnten wir sagen, daß Jesus Christus der *Sol Invictus* des 25. Dezember ist, während das Umgekehrte blasphemisch wäre, weil die Sinnfülle in dem christologischen Symbol liegt, durch das Appollo nur eine Übertragung ist, vielleicht durch die Auswahl in der Eidetik der Mythen eine falsche und sicherlich eine vorläufige für das meditierende Denken. Die Zuweisung des Prädikats ist hier Funktion des Verständnisses des Subjekts. Wir werden an einer späteren Stelle auf die Analyse dieser fundamentalen Aussage zurückkommen (S. 77). Vgl. Einleitung, S. 15–16

des Interpreten dieselbe Botschaft durch eine korrekte Verwendung des adamischen Mythos in einer anderen Tradition ausfindig machen könnte? Wird man – umgekehrt –, wenn man sich auf diesen Mythos als einzigen gültigen Ahnen für eine abendländische Reflexion bezieht, nicht dazu geführt, jegliche Möglichkeit einer adamischen Interpretation der religiösen Ausdrücke anderen Ursprungs zu verwerfen? Diese zweifache Frage veranlaßt uns erneut, genauer zu prüfen, welches der Anfangsentwurf der Poetik gewesen ist.

4. Die Transzendenz und die Poetik des Willens

1950 konnte man lesen: »Der Ausbau der Ontologie des Subjekts erfordert eine neue Änderung der Methode, das *Herantreten an eine Art Poetik des Willens,* die auf die neu zu entdeckende Realität abzustimmen ist. Im grundlegenden Sinne des Wortes ist Poesie die Kunst, die Welt der Schöpfung zu beschwören. Tatsächlich wird durch die Schilderung die gesamte Schöpfungsordnung in einem labilen Gleichgewicht gehalten. Konkret gesehen kann diese Schöpfungsordnung uns nur als ein Sterben und Auferstehen erscheinen. Sie bedeutet für uns *den Tod des Ich* als Illusion der Setzung seiner selbst durch sich selbst, und *das Geschenk des Seins* als Heilung der verletzten Freiheit.«[37] Das methodische Absehen von der Transzendenz hängt irgendwie zusammen mit dem Absehen von der Schuld: »Die Bestätigung der Transzendenz und die Vorstellung der Unschuld sind durch eine geheime Verwandtschaft verbunden... Die Freiheit erinnert sich ihrer Integrität in dem Maße, indem sie ihre totale Befreiung erwartet. Das Heil der Freiheit durch die Transzendenz ist also die geheime Seele der Vorstellung der Unschuld. Eine Genesis gibt es nur im Lichte der Apokalypse.«[38]
Wir fühlen uns hier versucht, hinzuzufügen: Es gibt umgekehrt keine Apokalypse ohne die Verheißung der Genesis. Die Unschuld des Menschen vor der Sünde impliziert die Tatsache, daß er keinerlei Verantwortung trägt für die Präexistenz des Bösen. Nun ist diese relative Unschuld in dem adamischen Mythos gleichsam bestätigt durch die Ver-

[37] P. Ricœur, Le Volontaire et l'Involontaire, 32–33
[38] Ebd. 32

heißung des Heiles; und gerade das finden wir bei Ricœur in keiner Weise erwähnt[39].
Tatsächlich findet sich diese Rechtfertigung und Motivierung nicht nur im Begriff der Eschatologie als einem Terminus. Sie ist dank der Verheißung in der Genesis bereits von jeher gegenwärtig. Doch für Ricœur erweist und wirkt sich die Transzendenz allein an der Sünde aus. Was ist aber nun am Ende von »Finitude et Culpabilité« aus der Sünde geworden? Nachdem die Bedingungen für ihre Möglichkeit bestimmt sind, kann man an sie herantreten – weniger in einem vollen Willensakt als auf der Ebene des sprachlichen Ausdrucks. Der Ausdruck des bereits Gefallenen fällt zusammen mit dem hermeneutischen Problem des Symbols des Bösen. Die Schuld ließe sich auf die Entscheidung für einen weniger signifikanten Mythos reduzieren.
Im übrigen wird diese noch virtuelle Poetik angefochten durch die noetische Ausweitung des unentrinnbaren hermeneutischen Zirkels: Das Heil wird zum Sich-Einlassen des interpretativen Verständnisses. Der Anruf des Ganz-Andern bewirkt hier eine ganz neue Beziehung zur Transzendenz, welche die Verantwortung einschließt, in der die Freiheit für ihre eigene Realität optiert. Praktisch wandelt sich die Transparenz des Verlangens für sich selbst in seinem tiefsten Streben dank der Vermittlung des Andern in Offenbarung des Ganz-Andern: Die Sprache der Poetik identifiziert sich mit der hermeneutischen Antwort des Symbols des Andern, das unmittelbar als Theophanie oder Wort Gottes interpretiert wird[40]. Der hermeneutische Zirkel bewirkt in der kerygmatischen Theologie seine Entsprechung.
Und doch muß die Poetik immer noch das Beste ihrer selbst hergeben:

---

[39] 1968 scheint Ricœur in seiner Entwicklung so weit gekommen zu sein, daß er diesen Punkt erreicht, und zwar in dem Augenblick, in dem er die Implikation des Ursprungskerygmas darlegt: »Weshalb hat die christliche Verkündigung sich dafür entschieden, hermeneutisch zu sein; indem sie sich an eine Relektüre des Alten Testaments band? Im Wesentlichen, um das Ereignis selbst sichtbar zu machen – nicht als Einbruch des Irrationalen, sondern als Erfüllung und Vollendung eines bis dahin unerfüllt gebliebenen früheren Sinnes. Das Ereignis selbst erhält eine zeitliche Dichte, indem es sich in ein signifikantes Verhältnis der ›Verheißung‹ zur ›Erfüllung‹ hineinstellt«. Vorwort zu R. Bultmann, Jésus, 11

[40] 1968 scheint dieses Anderssein von dem positiven Charakter des Bibeltextes bei Bultmann überholt: »Der Akt Gottes hat seine erste Transzendenz in der Objektivität des Sinnes, den er für uns ankündigt. Allein die Idee der Ankündigung, der Verkündigung, des Kerygmas setzt, wenn ich so sagen darf, eine Initiative des Sinnes voraus, ein Zu-uns-Kommen des Sinnes, das aus dem gesprochenen Wort ein Gegenüber zur existentiellen Entscheidung macht.« Vorwort zu R. Bultmann, Jésus, 34

»Die Untersuchung der Begegnungen, die nicht immer Mißverständnisse sind, wird uns auch später noch dazu dienen, die Poetik der Freiheit in Angriff zu nehmen: Das Individuum im Netz der gegenseitigen Anregungen gesehen – und hier wollen wir es als Person ansprechen –, das Individuum also, über das bereits das Wir hinausgreift, gehört schon in den Bereich eines Enthusiasmus, einer Großmut, die eine Art gegenseitiger Erschaffung ist.«[41] Hier haben wir mehr als in der Rolle, die der Interpret bei der Lektüre des Mythos übernimmt.

Von dieser künftigen Poetik entwirft Ricœur eine verheißungsvolle Skizze, indem er sie in eine Beziehung setzt zu Maurice Blondels »L'Action«. Der Abstand zwischen den beiden Philosophen entsteht offenbar aus der Ausgangsperspektive, aus der Ricœur die eigene Subjektivität betrachtet: »Zunächst muß ich lernen, den Leib als Ich zu denken, das heißt als anderen Terminus der Wechselbeziehung eines Wollens, das ich bin. Dieses Hinausschreiten über das Objekt wird weder durch die Lehre von der Knechtschaft noch von der der Transzendenz wieder in Frage gestellt. Diese Sorge, nicht stehenzubleiben im Stadium des Ich, läßt zweifellos erkennen, daß wir Begriff und Idee der Aktion, wie Maurice Blondel sie seit 1893 verwendet hat, nicht übernehmen.«[42] Wenn indessen das Symbol den Gedanken nahelegt, daß das hermeneutische *Cogito* im Innern des Seins liegt, und nicht umgekehrt, so besteht aller Anlaß sich zu fragen, ob damit der Abstand zwischen der »L'Action« und der »Philosophie de la volonté« nicht verringert ist. Schließlich führt die Poetik zu einer Ontologie des Subjekts, und dieses wird als ein spirituelles Ich gedacht.

Seine Einleitung von 1950 hat Paul Ricœur folgendermaßen weitergeführt: »Wir haben es für nötig gehalten, uns ausführlich bei der Durchforschung der Grundlagen der Subjektivität aufzuhalten, ehe wir skizzenhaft darstellen, wie sie durch das Innere und gewissermaßen durch ein Übermaß an Immanenz überflügelt wird. Diese Methode hat uns veranlaßt, den Akzent auf den Sprung von der Freiheit zur Transzendenz und auf den Hiatus zwischen der Methode der Bewußtseinsdarstellung und der Methode einer Poetik der Freiheit zu legen. Der so umfassende und doch so präzise Begriff der Aktion hat nach unserer Auffassung seinen vollen Sinn auf der Ebene einer Poetik oder besser noch einer Pneumatologie des Willens, wie man sie bei Pascal,

---

[41] P. Ricœur, Le Volontaire et l'Involontaire, 34
[42] Ebd. 33

bei Dostojewski, bei Bergson und Gabriel Marcel findet. Auf dieser Ebene herrschen ihrem Wesen nach *unitive* Begriffe und Vorstellungen, jenseits der Verschiedenheit und Vielfalt der Handlungen und vor allem jenseits der Dualität von Erkennen und Handeln, deren Divergenz in der Blickrichtung und im Objekt wir zu berücksichtigen gezwungen waren. Die Aktion ist einer dieser unitiven Begriffe. Aber vielleicht unterschätzt Maurice Blondel die Schwierigkeiten dieser Immanenzmethode, vor allem jene von ihnen, die aus dem Sündenfall hervorgehen; die schuldig gewordene, zwischen einer ohnmächtigen ethischen Inspiration und einer seltsamen Wirksamkeit des Nichts im innersten Kern aller ihrer Werke zerrissene Freiheit verschließt den Zugang zu ihrer eigenen Überholung. Infolgedessen ist das Aufgreifen der Immanenzmethode untrennbar von einer Befreiung der Freiheit durch eine Transzendenz, die in dem Maße wieder immanent wird, wie das Wollen sich reinigt, indem es sich aktiv seiner eigenen Befreiung anschließt. – Vielleicht ist alles in allem das Werk von Maurice Blondel nicht nur eine Immanenzmethode, sondern eine Innozenzmethode. Bisweilen habe ich den Eindruck auf dem Umweg über die Eidetik, die Empirik und die Poetik des Willens wird eine beschwerliche Sicherheit gesucht, die dem Meister von Aix gleich gegeben ist...«[43]

Bei den beiden Philosophen liegt die »unitive Idee« jenseits und diesseits der Dualität von Erkennen und Handeln. Aber während bei Blondel die Aktion diese in Anspruch genommene Einheit realisiert, ist es bei Ricœur der symbolische Diskurs, der sie als realisiert heraufbeschwört. Die Aktion zielt auf die noetische Realität hin, in der der spirituelle Wille gerufen ist, ein einzelnes Gut auszuwählen, um es sich anzueignen; das Symbol schließt in seine Sprache selbst die pneumatische oder spirituelle Arbeit ein, die ihm seinen Wert für die vom Willen getroffene Wahl verleiht. Ricœurs Perspektive setzt noetisch gesehen die bestimmten Kriterien des Übernatürlichen voraus, das bei Blondel in notwendiger – und damit in abstrakter – Weise unbestimmt in der einigenden Schau der Aktion in Erscheinung tritt[44]. Dafür impliziert die Aktion spirituell gesehen die tatsächliche Assimilation dieses symbolischen Wertes an das definitive Stadium des Denkens, während das Symbol in einer meditierenden Interpretation, deren Bezugnahmen auf die Sprache der Geschichte in Freiheit undeterminiert blei-

[43] Ebd. 33–34
[44] M. Blondel, L'Action, Paris 1893, 389–404

ben, dem Denken Aufgaben stellt. Die Reihe der abstrakten Determinierungen der Sprache bildet keinen Ersatz für die Indeterminiertheit der Wahlentscheidung. Für Blondell zeigen sich die Kriterien des Übernatürlichen durch die Formen der Freiheit hindurch; für Ricœur finden sie sich in der Sprache der Geschichte. Diesem historischen Wort bietet sich die hermeneutische Meditation, aber das *crede ut intelligas* des Hermeneuten vermag in logischer Hinsicht nicht das *fac et videbis* aufzuarbeiten, das er spirituell gesehen voraussetzt. Zwischen der Archäologie und der Teleologie gibt es tatsächlich nur einen einzigen Mittler: den Diskurs des Interpreten, und der Diskurs ist auf diese Weise den Zufälligkeiten der einzelnen Exegesen ausgesetzt. Dasselbe Symbol kann das Verlangen erfüllen und entfremden. Identifiziert mit der wunderbaren Bereicherung der Mythen, in denen sie sich erkennt, ist die philosophische Darlegung der Ableitung des linguistischen Materials unterworfen, dessen Doppeldeutigkeit seine Mitteilung herauszufinden bemüht ist.

An dieser Stelle dürfte es nützlich sein, eine andere Konzeption der Hermeneutik anzuhören: die von Claude Lévi-Strauss.

II

DIE STRUKTURALISTISCHE INTERPRETATION VON CLAUDE LÉVI-STRAUSS

Der Sprung von der aus Descarteschem Erbe lebenden Philosophie zur Technik des Anthropologen kann überraschen. Ist diese Verbindung zwischen zwei heterogenen Disziplinen nicht willkürlich vorgenommen? Immerhin mag man sich erinnern, daß Paul Ricœur ganz am Anfang der Eidetik auf die »Tristes Tropiques« Bezug nimmt [1]. Die Eigenart der strukturalistischen Methode interessiert auch den Philosophen; dieser Stand der Dinge hat im Jahr 1942 eine bemerkenswerte Konfrontation herbeigeführt, deren Protokoll ein Jahr später in einem Band der Zeitschrift »Esprit«, der speziell dem Strukturalismus gewidmet war, veröffentlicht worden ist [2].

Wenn auch beide Seiten die gegenseitige Ergänzung auf verschiedenen Ebenen einräumen, so erweisen sich die von jeder der beiden Seiten zutage geförderten Schwierigkeiten als gewichtig genug, um die Reflexion anzuregen. Denn der Philosoph bedient sich, ob er will oder nicht, einer Technik, und der Techniker erweist sich als Denker von Format, weil in ihm Technik und diskursives Denken zur Koinzidenz tendieren. Auf diese Weise trifft der Strukturalismus auf philosophischem Boden frontal auf die hermeneutische Meditation und stellt ihr einige Fragen, die denen entsprechen, welche wir im vorausgegangenen Kapitel aufgeworfen haben. Jede der beiden Methoden beansprucht, die andere vollkommen in sich zu schließen. Aber verrennt sich die allgemeine Hermeneutik nicht in eine Aporie, wenn wir einmal die Philosophien betrachten, die beide ins Spiel bringen?

Unsere Hypothese hält den Rückgriff auf eine andere Methode für notwendig, die ihrerseits auf eine bestimmte Hermeneutik zurückgreift, deren Anspruch universal ist, das heißt in unserem konkreten Falle: auf die traditionelle Exegese der vier Schriftsinne. Es wäre also keineswegs unmöglich, auf diese Weise eine Interpretationsebene herauszuarbeiten, die nicht allein gestattet, die Aporie der früheren Methoden aufzuheben, sondern zugleich die Einlassung zu verifizieren, die für

---

[1] P. Ricœur, Symbolique du mal, 159–160

[2] P. Ricœur, Structure et herméneutique, gefolgt von C. Lévi-Strauss, Réponses à quelques questions, in: Esprit 31 (1963) 593–653

eine hermeneutische Philosophie der Zugang zur kerygmatischen Exegese des Ganz-Anderen darstellt. Die Ablösung der Philosophie durch die Theologie erklärt sich dann durch die Wiedereinführung des *Cogito* und des *Sum* in das konkrete Wesen der meditierenden Tradition.

1. Die Ähnlichkeiten in der hermeneutischen Konzeption

Obwohl die beiden Verfahrensweisen von vornherein geradezu bestimmt sind zu divergieren, nehmen die Hermeneutik von Ricœur und die von Lévi-Strauss im Tiefsten Bezug auf zwei Grundprinzipien: auf die *Objektivität* und auf die *Totalität*[3]. Diese Formulierung erscheint ausdrücklich nur bei Lévi-Strauss; aber wir werden sehen, wie sich darin die philosophische Methode gleichermaßen wiedererkennen kann.
Der Objektivitätstyp, um den sich die strukturale Anthropologie bemüht, reicht weiter als der der sozialen Wissenschaften: »Es geht hier nicht allein darum, sich über die der Gesellschaft oder der Gruppe des Beobachters eigentümlichen Werte zu erheben, sondern durchaus um seine *Denkmethoden:* es geht darum, eine gültige Formulierung zu erreichen – nicht allein für einen ehrlichen und objektiven Beobachter, sondern für alle möglichen Beobachter«.[4] In »De l'Interpretation« bringt Paul Ricœur ebenfalls die Gültigkeit des Gedankens an eine Entäußerung ins Spiel: Noch bevor man an das »Ich denke, Ich bin« herantritt, »muß man wirklich das Bewußtsein und seinen Anspruch verlieren, den Sinn in der Hand zu haben, um die Reflexion von ihrer unüberwindlichen Selbstsicherheit zu retten«[5]. Man bemerkt, daß das, was »verloren geht«, beim einen nicht gleicher Art ist wie beim andern. Zwischen den Methoden des Denkens des »Beobachters« und dem aktiven »Bewußtsein« des Philosophen, das bereit ist, den Sinn des Symbols zu bestimmen, besteht ein Verhältnis, das auf den ersten Blick gleich dem des Werkzeugs zum Handwerker wirkt. Aber das negative Verfahren beim einen wie beim andern zeigt eine gewisse Analogie.
Zu welchen neuen Vorteilen soll nun diese Denkmethode führen? Die

[3] C. Lévi-Strauss, Anthropologie structurale, Paris 1958, 397–398 (deutsch: Strukturale Anthropologie, Frankfurt 1967)
[4] Ebd. 398
[5] P. Ricœur, De l'Interprétation, 410

Antworten weichen voneinander ab: »Der Anthropologe«, schreibt Lévi-Strauss, »läßt doch nicht allein seine Gefühle schweigen: Er bildet neue geistige Kategorien, hilft mit, Begriffe und Vorstellungen von Raum und Zeit, von Opposition und Kontradiktion einzuführen, die dem traditionellen Denken ebenso fremd sind wie diejenigen, denen man heutzutage in gewissen Zweigen der Naturwissenschaften begegnet... Und doch kann sich dieses unerbittliche Streben nach einer totalen Objektivität nur auf einer Ebene abspielen, auf der die Phänomene eine Bedeutung für den Menschen bewahren und – intellektuell wie gefühlsmäßig – für ein individuelles Bewußtsein verständlich bleiben. Dieser Aspekt ist von großer Bedeutung, denn er gestattet, den Objektivitätstyp, nach dem die Anthropologie strebt, von dem zu unterscheiden, der andere soziale Wissenschaften interessiert und von dem man berechtigterweise sagen kann, daß er nicht weniger streng ist als der ihre, obwohl er sich auf eine andere Ebene stellt... Die Anthropologie nähert sich vielmehr den Humanwissenschaften. Sie versteht sich als *semiologische Wissenschaft* und stellt sich entschieden auf die Ebene der Signifikation. Für die Anthropologie ist das ein Grund mehr, ... engen Kontakt mit der Linguistik zu pflegen, in der man, im Hinblick auf die soziale Gegebenheit der Sprache, dasselbe Anliegen findet: nicht die objektiven Grundlagen der Sprache auseinanderzureißen, nämlich ihren *lautlichen* Aspekt und ihren *signifikativen* Aspekt.«[6] Die Entäußerung des Anthropologen tendiert also zu einer neuen Welt von Kategorien, die aus signifikantem Material hervorgeht. Die des Philosophen dagegen geht darauf aus, in der progressiven und regressiven Doppeldeutigkeit des Symbols die Aktualität des hermeneutischen Denkens wiederherzustellen und zu assimilieren, das einerseits von einer Archäologie, andrerseits von einer Teleologie des Ich oder im erweiterten Sinne des Kollektiv-Ich in der Religionsphänomenologie gefordert wird.

»Die zweite Ambition der Anthropologie«, fährt Lévi-Strauss fort, »ist die *Totalität*. Sie erblickt im sozialen Leben ein System, von dem alle Aspekte organisch miteinander verknüpft sind.«[7] Dieser Forderung entspricht die ursprüngliche Eigentümlichkeit anthropologischer Forschung nach Bereich und Reichweite der Signifikation: »Man behauptet gern – und die Bezeichnung der Lehrstühle bestätigt es geradezu –, daß der eigenste Bereich der Anthropologie die *nicht*-zivilisierten, *nicht*-

---

[6] C. Lévi-Strauss, Anthropologie structurale, 398–399

[7] Ebd. 399

schriftlichen, *vor-* oder *nicht*-technischen Gesellschaften bilden. Aber all diese negativen Einzelqualifikationen verhüllen eine positive Wirklichkeit: Diese Gesellschaften sind in einem wesentlich bedeutenderem Umfang als die übrigen gegründet auf persönliche Beziehungen, auf konkrete Beziehungen zwischen Einzelmenschen.«[8] In der Einführung in die Eidetik der Mythen beruft Paul Ricœur sich gleichfalls auf das Prinzip der Totalität: »Die Totalität des Sinnes und des kosmischen Dramas bilden die beiden Schlüssel, die uns dazu dienen werden, die Mythen des Anfangs und des Endes aufzuschließen.«[9] Aber die Totalität findet hier ihren Ursprung in der Phänomenologie der Religion. Die mythische Struktur kennzeichnet »die innige Harmonie des Menschen, des Kultes und des Mythos mit der Totalität des Seins; sie würde eine unteilbare Fülle bezeichnen, innerhalb derer das Übernatürliche, das Natürliche und das Psychologische noch nicht voneinander geschieden sind. Aber *wie und auf welche Weise* bezeichnet (signifie) der Mythos diese Fülle? Wesentliche Tatsache ist, daß sowohl diese Intuition eines kosmisch Umfassenden, von dem der Mensch nicht getrennt wäre, als auch jene vor der Scheidung von Übernatürlichem, Natürlichem und Menschlichem liegende ungeteilte Fülle nicht *gegeben*, sondern schlicht und einfach *erstrebt* sind.«[10] Gerade weil sie nicht gegeben sind, müssen sie aber *ausgesprochen* (dites) und *getan* (agies) werden. So schreibt Paul Ricœur bereits 1960: Die »Totalität, die sosehr signifikant ist (signifie) und sowenig gelebt und erlebt wird, kann nur verfügbar werden, wenn sie sich in geheiligten (sacrés) Wesenheiten und Gegenständen verdichtet, die zu konkreten Zeichen (signes) jenes totalen Signifikanten werden«[11]. Man sieht, die Totalität, welche die beiden Denker meinen, ist nicht dieselbe[12]. Man wird sich leicht davon überzeugen, wenn man beachtet, auf welche Weise Claude Lévi-Strauss den Tote-

---

[8] Ebd. 400

[9] P. Ricœur, Symbolique du mal, 162

[10] Ebd. 158–159

[11] Ebd. 160

[12] Ricœur hat diesen Gegensatz nicht immer erkannt: Die von uns zitierte Stelle schließt sich unmittelbar an eine Bezugnahme auf folgenden Gedankengang von Lévi-Strauss an: »Das Universum«, schreibt er, »hat, lange bevor man zu wissen begann, was es bedeutete (signifiait), etwas bedeutet (signifié); es hat von Anfang an die Totalität dessen bedeutet (signifié), was die Menschheit davon zu erkennen erwarten kann. Der Mensch verfügt von Anfang an über eine Vollständigkeit des Signifikanten, von der er beeinträchtigt wird bei der Zuweisung zu einem Signifikat, das als solches gegeben ist, ohne indessen erkannt zu werden.« Ricœur identifiziert die strukturale Inter-

mismus in diese strukturale Totalität einschließt: »Im Unterschied zu den übrigen Klassifikationssystemen, die vor allem *vorgestellt* und *ausgedacht* sind (wie die Mythen) oder *vollzogen* (wie die Riten), ist der Totemismus fast immer *erlebt und gelebt*, das heißt er hängt an festen Gruppen, weil er ein *erbliches Klassifikationssystem* ist.«[13]
Beim einen ist die Signifikation der Totalität im Mythos *angestrebt*, beim andern ist sie *gelebt* in Verwandtschaft, *vollzogen* in Riten und *vorgestellt und ausgedacht* in Mythen. Diese beiden Totalitäten, die einander einschließen, müßten zusammenfallen. Die soziale, animalische, vegetative und geographische Umwelt ist die Totalität, die den Anthropologen interessiert, während der Philosoph das Zusammenspiel der gleichen Realitäten in den Riten und in den Mythen durch das Hinzielen auf die gegenwärtige Totalität als eine Archäologie oder eine Teleologie zu begründen sucht, die noch jenseits des Dramas selbst liegen, an dem das meditierende Denken teil hat. Will man also im Strukturalismus nur ein für den Philosophen unerläßliches Werkzeug erblicken, dann heißt das leugnen, daß es die reale Absicht jeder der beiden Perspektiven ist, die andere zu beherrschen; die strukturale Anthropologie erhebt tatsächlich Ansprüche, bei denen die Philosophie fürchtet, ihre Funktion usurpiert zu sehen.

2. Die Originalität des Strukturalismus

Nachdem wir – ungeachtet der Unterschiedlichkeit der Methoden – die vorhandene Verwandtschaft in der Objektivitäts- und Totalitätsidee betont haben, müssen wir nun den eigenständigen Beitrag des Strukturalismus näher untersuchen. Die Kühnheit und der Reiz des Denkens von Lévi-Strauss liegt darin, daß er erkannt hat, wie alles im Menschen sich auf die Sprache zurückführen läßt aufgrund der Tatsache, daß Sprechen die Eigentümlichkeit des Menschen ist. Die Notwendigkeit einer Untersuchung im Bereich der Linguistik überfordert

pretation des Signifikanten mit einer Totalität intelligibler Reflexion: Er läßt allzu leicht die Sinnzuweisung an ein Signifikat zusammenfallen mit der Einfügung des einzelnen *Cogito* in das ontologische Symbol.

[13] C. Lévi-Strauss, La Pensée sauvage, Paris 1962, 307 (deutsch: Das wilde Denken, Frankfurt 1968)

die Ethnologie. Die Geste, das Geschenk, speziell in seiner elementaren Form im Frauentausch, und von daher die Struktur des Stammes, sein Recht, seine Satzungen, seine Tabus, kurzum das Bewußtsein, das der Stamm von sich selbst besitzt durch die Vermittlung seiner Umwelt – das alles ist in synchronischer Form organisiert[14]. Es handelt sich hier nur um einen Bewußtseinsinhalt und nicht um ein kollektives Ich (moi) und noch weniger um ein subjektives Ich (je) als Handlungsträger. Die Natur spricht früher als der Mensch, der von ihr seine Sprache empfängt. Die Signifikation liegt zunächst bei den Dingen; das symbolische Material ist Ursprung von Sinn; das erklärt auch die Vorliebe des Anthropologen für eine genau umrissene Primitivgesellschaft, in der zwischen Natur und Kultur noch nicht die zahllosen Schaltstellen einer städtischen Gesellschaft von heute eingedrungen sind. Die strukturalistische Methode bietet Lévi-Strauss durch Einführung von Gegensatzpaaren zur Gewinnung von Sinn aus einem unmittelbar gegebenen, aber unmittelbar disparaten Gesamt einen doppelten Vorteil: Sie gestattet einerseits eine mathematisch-wissenschaftliche Analyse und gewährt andererseits eine Garantie durch die Physiologie des menschlichen Gehirnes. Indem der Mensch das Buch der Natur liest, bekundet er die Signifikation der kombinatorischen Systeme seines eigenen Wesens. Diese Koinzidenz von Denken und Materie bestimmt das strukturale Verständnis, das über die Kombination und die Anordnung der gegebenen Sinngehalte vorgeht. Die Kritik des alten Totemismus erhellt die Originalität dieses Strukturalismus.

Da, wo Frazer von Identifizierung des Eingeborenen mit dem Tier spricht, das der Sippe seinen Namen gibt, oder gar von Befruchtung auf dem Weg über sein Emblem, sieht der Strukturalismus nur noch die organische Vermittlung des ordinierenden Zeichens: Die Aktion, die *Praxis*, »bildet für die Wissenschaften vom Menschen die grund-

---

[14] In der Sprache ist nach Saussure zu unterscheiden zwischen einer Wissenschaft der Zuständlichkeiten des Systems oder der synchronischen Linguistik und einer Wissenschaft der Veränderungen oder der diachronischen Linguistik. Diese Analyse ordnet die zweite Methode der erstgenannten unter: Bevor betrachtet wird, wie ein Wort sich entwickelt hat, muß man dieses Wort unter seinem synchronischen Aspekt kennen, das heißt aufgrund seiner Funktion, die es im Verhältnis zu allen übrigen Elementen der jeweils betrachteten Sprache erfüllt. Nur dann bietet sich eine wissenschaftliche Basis, von der aus gültige Umwandlungsgesetze das Wort für ein neues Ganzes in der Diachronie neu definieren können. Vgl. F. de Saussure, Cours de linguistique générale, Paris [4]1960, 129–134 (deutsch: Vorlesungen über allgemeine Sprachwissenschaft, Berlin [2]1967)

legende Totalität. Der Marxismus – wenn auch nicht Marx selbst – hat allzu häufig so argumentiert, als würden die praktischen Handlungsweisen unmittelbar aus der Praxis erwachsen. Ohne den unbestreitbaren Primat der Infrastrukturen in Frage zu stellen, glauben wir, daß zwischen Praxis und einzelne praktische Verhaltensweisen stets ein Mittler eintritt, nämlich das konzeptuelle Schema, durch dessen Wirksamkeit eine Materie und eine Form, die beide keine unabhängige Existenz besitzen, sich als Strukturen vollenden, das heißt als zugleich empirische und intelligible Wirklichkeiten. Zu dieser von Marx kaum skizzierten Theorie der Suprastrukturen möchten wir einen Beitrag leisten und zugleich der Geschichte – unterstützt von der Demographie, der Technologie, der historischen Geographie und der Ethnographie – die Sorge um die Entwicklung des Studiums der Infrastrukturen im eigentlichen Sinne überlassen, denn diese kann nicht in erster Linie unsere Aufgabe sein, weil die Ethnologie zunächst eine Psychologie ist.«[15] So gesehen ist der Totemismus nicht mehr als ein Klassifikationssystem: »Wir haben bereits dargetan, daß die willkürlich unter der Etikette des Totemismus zusammengetragenen heterogenen Glaubensvorstellungen und Gebräuche keineswegs auf der Vorstellung einer wesenhaften Beziehung zwischen einer oder mehreren sozialen Gruppen und einem oder mehreren Bereichen der Natur beruhen. Sie verbinden sich mit anderen Glaubensvorstellungen und Praktiken, die direkt oder indirekt an Klassifikationsschemata gebunden sind, die ihrerseits gestatten, das natürliche und soziale Universum unter der Form organisierter Totalität zu erfassen.«[16]

Nun besitzt aber unter den Klassifikationsreihen die Idee der Art »eine innere Dynamik: Als zwischen zwei Systemen schwebende Ansammlung ist die Art der Operator, der von der Einheit einer Vielfalt zur Mannigfaltigkeit einer Einheit überzugehen gestattet (ja geradezu zwingt)«.[17] Und zwar so sehr, daß die »Mannigfaltigkeit der Arten dem Menschen das intuitivste Bild liefert, über das er verfügt; und sie bildet die direkteste Manifestation der letztlichen Diskontinuität des Realen, die er wahrnehmen kann: Sie ist sinnlich wahrnehmbarer Ausdruck einer objektiven Übertragung in einen Code.«[18] Weil es vorher

[15] C. Lévi-Strauss, La pensée sauvage, 173–174
[16] Ebd. 178
[17] Ebd. 180
[18] Ebd. 181

ein bestimmtes Gesamt gibt, empfängt jedes einzelne Element hier eine spezielle Signifikation: Außerhalb dieser Strukturierung aber ist die Verwendung des Totemtieres buchstäblich bedeutungslos und materiell ohne jeden Sinn. Ein solches System von Mannigfaltigkeit und Diskontinuität widerspricht radikal der Idee der Partizipation an einem Archetyp. Diese in der Religionsphänomenologie ständig gebrauchte Idee wird von Lévi-Strauss nicht akzeptiert. Doch wird sie in seiner Anthropologie unter einer anderen Form wirksam, nämlich über das System des Opfers. Denn dieses steht im Widerspruch zum totemistischen System, wie ein durch Kontinuität bestimmtes Ganzes in Widerspruch tritt zu dem generellen formalen Ganzen, in dem die Struktur sich, ebenso durch ihre Vielfalt wie durch ihre Einheit, in mathematischer Weise definiert.

Claude Lévi-Strauss hat dieses Opfersystem in den Termini einer fortlaufenden Kodifizierung zu formalisieren gesucht: »Wenn ich Mitglied der Bärensippe bin, kann ich nicht der Adlersippe angehören, weil, wie wir gesehen haben, die einzige Realität des Systems in einem Netz sondernder Abstände zwischen zwei als diskontinuierlich gesetzten Termini besteht. Im Falle des Opfers ist es umgekehrt: Obwohl unterschiedliche Dinge häufig in bevorzugter Weise für diese und jene Gottheiten oder diese und jene Opfertypen bestimmt sind, ist das Grundprinzip das der Substitution: In Ermangelung des vorgeschriebenen Dinges kann jedes beliebige andere das fehlende ersetzen, vorausgesetzt die Intention, die allein von Bedeutung ist, bleibt bestehen, wenn dabei auch der Eifer selbst variieren kann. Das Opfer stellt sich also unter die Herrschaft der Kontinuität.«[19] Hier zitiert der Autor ein Beispiel aus dem Stamme der Nuer, nach E. E. Evans-Pritchard; es handelt sich dabei um Ersatzleistungen für das Opfertier beim Stieropfer: »Die Ähnlichkeit ist konzeptuell, nicht perzeptorisch; das ›ist‹ gründet sich auf eine qualitative Ähnlichkeit, die keineswegs den Ausdruck einer Symmetrie einschließt: Eine Gurke ist ein Stier, aber ein Stier ist nicht eine Gurke.«[20] »Zwischen dem System des Totemismus und dem des Opfers bestehen also zwei grundlegende Unterschiede: das erste ist ein quantifiziertes System, während das zweite einen ständigen Übergang zwischen seinen Termini gestattet – als sakrifizielle Opfergabe ist eine Gurke ein Ei wert, ein Ei ein Küken, ein Küken

---

[19] Ebd. 296

[20] Ebd. 296

ein Huhn, ein Huhn eine Ziege, eine Ziege einen Stier; auf der anderen Seite aber hat dieser schrittweise Übergang eine einzige Verlaufsrichtung: In Ermangelung des Stieres opfert man eine Gurke, das Umgekehrte jedoch wäre eine Absurdität.«[21] Der natürlichen Rolle der Arten für die Klassifikation stellt der Strukturalismus formell die Künstlichkeit einer Kontiguität im System des Opfers gegenüber: »Der Totemismus beruht auf einer postulierten Gleichförmigkeit zweier paralleler Reihen – der der natürlichen Arten und der der sozialen Gruppen –, deren jeweilige Termini, wie wir nicht vergessen wollen, sich keineswegs paarweise gleichen; nur die globale Relation zwischen den Reihen ist homomorph: eine formale Korrelation zwischen zwei Systemen von Unterschieden, von denen jedes einen Gegensatzpol bildet. Im Opfer spielt die (kontinuierliche und nicht mehr diskontinuierliche, in einer bestimmten Richtung verlaufende und nicht mehr reversible) Reihe der natürlichen Arten die Vermittlerrolle zwischen zwei polaren Termini, von denen der eine der Vollzieher des Opfers und der andere die Gottheit ist. Zwischen beiden ist zunächst keine Homologie vorhanden, ja nicht einmal eine auch nur irgendwie geartete Beziehung: Besteht doch das Ziel des Opfers eben darin, eine Beziehung herzustellen, die nicht auf Gleichheit, sondern auf Kontiguität beruht, und zwar vermittels einer Reihe sukzessiver Identifikationen, die in beiderlei Richtung erfolgen können, je nachdem, ob das Opfer einer Sühne dient oder einen Kommunionritus darstellt: also entweder vom Opfernden zum Darbringer des Opfers, vom Darbringer zur Opfergabe, von der sakralisierten Opfergabe zur Gottheit, oder in umgekehrter Reihenfolge. Doch das ist nicht alles. Ist einmal die Beziehung zwischen dem Menschen und der Gottheit durch die Sakralisierung der Opfergabe gesichert, zerbricht das Opfer selbst sie durch die Zerstörung eben jener Opfergabe. Eine Auflösung der Kontinuität ergibt sich so aus der Gegebenheit des Menschen; und da dieser zuvor eine Kommunikation zwischen dem menschlichen Gefäß und dem göttlichen Gefäß hergestellt hatte, wird das letztgenannte automatisch die Leere durch Auslösung der genossenen Wohltat füllen müssen. Das Schema des Opfers besteht in einer irreversiblen Handlung (der Zerstörung der Opfergabe) mit dem Ziel, auf einer anderen Ebene eine gleichfalls irreversible Handlung (die Gewährung der göttlichen Gnade) auszulösen, deren Notwendigkeit von

---

21 Ebd. 296–297

der vorherigen Herstellung der Kommunikation zwischen zwei ›Gefäßen‹ herrührt, die nicht auf derselben Ebene stehen.«[22]

Im kulturellen Übergang zu den Opferpraktiken erscheint die *Praxis* von dem gültigen semantischen Feld entfernt: »Die totemistischen Klassifizierungen haben ein zweifaches objektives Fundament: Die natürlichen Arten existieren wahrhaft, und sie existieren in der Form der diskontinuierlichen Reihe; die sozialen Segmente existieren ihrerseits auch. Der tatsächliche oder vorgebliche Totemismus beschränkt sich auf die Vorstellung einer Gleichförmigkeit der Struktur zwischen den beiden Reihen – eine vollkommen berechtigte Hypothese, da die sozialen Segmente auf Institution beruhen, und es in der Macht jeder Gesellschaft liegt, die Hypothese einsichtig zu machen, indem sie ihre Regeln und Repräsentationen ihr anpaßt. Das System des Opfers läßt dagegen einen nicht existenten Terminus auftreten: die Gottheit; und es nimmt eine objektiv falsche Konzeption der natürlichen Reihe an, denn wir haben gesehen, daß es sich diese als kontinuierlich vorstellt. Um den Abstand zwischen Totemismus und Opfer zum Ausdruck zu bringen, genügt es also nicht, wenn wir sagen, daß der erstere ein System von Bezugnahmen ist, während das zweite ein System von Operationen darstellt; daß jener ein Interpretationsschema erarbeitet, während dieses eine Technik anbietet (oder anzubieten vermeint), um bestimmte Ergebnisse zu erzielen: Das eine ist wahr, das andere ist falsch. Genauer gesagt verlegen die Klassifikationssysteme sich auf die Ebene der Sprache (langue): Es sind mehr oder weniger gut entwickelte Codes, aber stets in der Absicht, Sinngehalte auszudrücken, während das System des Opfers einen besonderen Diskurs darstellt, der, wenngleich er auch häufig vorkommt, ohne vernünftigen Sinn ist.«[23]

Die Schwierigkeit dieser Reduzierung des Sakrifiziellen auf Sinnlosigkeit rührt daher, daß in den Mythen wie in den Riten die beiden Reihen ihre Elemente in unentwirrbarer Form vermischen, und zwar gerade um die Totalität eines jeden der beiden zu bezeugen. So wirkt auf der Ebene des Ursprungsmythos für die Gesamtheit der totemistischen Institutionen bei den Ojidwa die Achse des Opfers mit der der Klassifikation zusammen[24], so wie die metonymische Kontinuität der Substitution sich notwendig mit der metaphorischen Diskontinuität der

[22] Ebd. 297–298

[23] Ebd. 301–302

[24] Bei den Ojibwa schließen die fünf Grund-Klans 16 Untergruppen ein, die aufge-

Klassifikation verbindet[25]. Etwas von dem alten Totemismus bleibt in dem totemistischen Operator impliziert, wenn man die anthropologische Intention berücksichtigt, in den Institutionen – zu denen auch die Riten und Mythen gehören – die signifikante Totalität wiederzufinden. In diesem Punkt wäre ein Eingreifen der Hermeneutik von Ricœur zur Ergänzung der Analyse von Lévi-Strauss nicht unnütz.

Wir haben versucht, die Originalität der jeweiligen Sicht der beiden Hermeneuten auch auf dem ihnen gemeinsamen Gebiet, dem der Analyse einer Tradition, zu erfassen. Nun gilt es aufzuzeigen, wie und inwiefern der latente Konflikt ihrer jeweiligen Standpunkte in ihren Augen den ergänzenden Charakter der Methoden nicht ausschließt. Im Anschluß daran wollen wir aufzeigen, wie diese beiden Interpretationen sich aufeinander reduzieren lassen, wobei jede von beiden sich in der Lage wähnt, der anderen ihren Platz anzuweisen und sie zu umreißen[26]. Wir werden schließlich sehen, wie Paul Ricœur in der letzten Phase seiner Entwicklung die philosophische Situation des Strukturalismus zu interpretieren beabsichtigt, ohne daß es ihm jedoch gelingt, ihm die Möglichkeit einer umgekehrten Interpretation zu verbieten[27]. Diese gegenseitige Reinterpretation eröffnet somit eine Aporie, die nach unserer Meinung den Rückgriff auf eine noch umfassendere Hermeneutik erfordert[28].

---

teilt sind zwischen Fisch, Kranich, Haubentaucher, Bär und Elch. Neben diesen totemistischen Klassifizierungen gibt es eine vertikale Achse, die von dem großen Manido bis zu den chtonischen Schlangen reicht und dabei über sieben Zwischenkategorien geht. Nun gibt es aber eine den beiden Bezugsachsen gemeinsame Klasse: *die Wassergeister* des Klanes der Fische, die an siebter Stelle unter den neun Stufen der sakralen Hierarchie stehen. Der Mythos berichtet, daß die fünf Urklane auf sechs übernatürliche Wesen zurückgehen, die dem Ozean entstiegen seien, um sich mit den Menschen zu vermischen; eines der Sechs, das mit seinem Blick einen Indianer getötet hat, ist im Meer zurückgehalten worden. Die fünf anderen bilden den Ursprung der fünf großen Klane. Unter all diesen Gruppen fielen tatsächlich die sazerdotalen Funktionen den *Wassergeistern* zu. Vgl. C. Lévi-Strauss, Le Totémisme aujourd'hui, Paris 1962, 25–32 (deutsch: Das Ende des Totemismus, Frankfurt 1965)

[25] Die Metonymie ist ein Ausdrucksvorgang, während die Metapher ein stilistisches Verfahren darstellt; in der ersteren wird der Gegenstand mit Hilfe eines Begriffes genannt, der einen anderen Gegenstand bezeichnet, welcher durch eine logische oder ganz einfach habituelle Beziehung mit dem ersteren verbunden ist. In der Metapher wird das Wort von einem Gegenstand auf einen anderen übertragen durch einen stillschweigend vorgenommenen Vergleich. Die Metonymie verändert den Namen willkürlich, die Metapher weitet seinen Anwendungsbereich aus.

[26] Vgl. unten S. 61–63

[27] Vgl. unten S. 83–97.

[28] Vgl. unten S. 97–102

3. Gegenseitige Anerkennung der Methoden

Paul Ricœur schrieb im Jahr 1963: »Es ist keineswegs meine Absicht, die Hermeneutik dem Strukturalismus entgegenzustellen und damit die Historizität der einen der Diachronie des andern. Der Strukturalismus gehört dem Bereich der exakten Wissenschaft an, und ich sehe gegenwärtig[29] auf der ihm eigenen Verständnisebene keine strengere und fruchtbarere Methode als den Strukturalismus; die Interpretation der Symbolik verdient die Bezeichnung Hermeneutik nur in dem Maße, in dem sie ein Teil des Selbstverständnisses und des Verständnisses des Seins ist; außerhalb dieser Leistung der Sinnaneignung ist sie nichts; in diesem Sinne wäre die Hermeneutik eine philosophische Disziplin.«[30] Dieser heterogene Charakter der Disziplinen fordert die Einschließung der einen in die andere: »Würde man die Lehre der Linguistik nicht ebensogut berücksichtigen, wenn man die Sprache und alle Vermittlungen, denen sie als Modell dient, als das instrumentale Unbewußte ansehen würde, mit dessen Hilfe ein sprechendes Subjekt sich vornimmt, das Sein, das, was ist, und sich selbst zu verstehen?«[31] und noch genauer: »Das Verständnis der Strukturen liegt nicht außerhalb eines Verständnisses, das die Aufgabe hätte, von Symbolen ausgehend zu denken; es ist heute notwendiger Mittler zwischen der Naivität des Symbols und dem hermeneutischen Verständnis.«[32] So bedient der Philosoph sich zu seinen Zwecken der Technik. Aber im konkreten Bereich der strukturalistischen Analyse wird auch das entgegengesetzte Verfahren wirksam. Lévi-Strauss kann sagen: »Für vollkommen legitim halte ich das Forschen von innen her, durch den Rückgriff auf den Sinn; nur behandle ich diesen Rückgriff, diese Interpretation, die die Philosophen oder die Historiker von ihrer eigenen Mythologie geben, ganz einfach als eine Variante eben dieser Mythologie selbst. Für meine Analyse wird sie also wieder zur Materie, zum objektivierten Gedanken.«[33]

Der Kreis, der sich hier um die beiden Methoden schließt, geht über den hermeneutischen Zirkel von Paul Ricœur hinaus. Hier geht es

---

[29] 1963. Eine knappere Kritik der linguistischen Methode ist im Jahr 1967 erschienen, vgl. unten S. 80–81

[30] P. Ricœur – C. Lévi-Strauss, Structure et herméneutique, in: Esprit 31 (1963) 596

[31] Ebd. 620

[32] Ebd. 627

[33] Ebd. 643

nicht mehr um das Sich-Einlassen im Vorverständnis, sondern darüber hinaus um die Unmöglichkeit für die Hermeneutik, sich in der Vielfalt der konkreten Symbolvorstellungen einen absoluten Bezugspunkt zu geben. Das Symbol bleibt ursprunghaft, das Material, in dem es sich inkarniert, ebenfalls, woran Lévi-Strauss sehr richtig erinnert. Handelt es sich nun um eine einfache Komplementarität der Methoden oder um eine Doppelpoligkeit innerhalb eines größeren, umfassenderen Ganzen, das die Implikationen der Sinngebung nicht allein auf der Ebene des Symbols, sondern genereller auf der seines materiellen Charakters berücksichtigt? Gibt es zwischen Signifikat und Signifikant tatsächlich keine Überschneidung, die die Gewähr für einen Zusammenhang und Zusammenhalt der beiden von ihr abhängenden Reihen bietet? Wenn Natur und Kultur nicht in der Praxis unlöslich miteinander verbunden wären, um ihr einen Sinn zu geben – könnte dann das Symbol überhaupt noch eine Denkaufgabe stellen? Hat die im Mythos bezeichnete (signifiée) Totalität irgendeinen Wert außerhalb der unmittelbaren Gesamtheit der Strukturen derjenigen Einzelgesellschaft, die diese Mythologie annimmt?
Um über diese Etappe des Rückgriffs auf einen neuen, weiteren und umfassenderen Gesichtspunkt hinauszukommen, muß notwendig untersucht werden, ob bei der Annahme einer gegenseitigen Einschließung der beiden Methoden die Einwände inhaltlich voll berücksichtigt sind, oder ob diese etwa so sind, daß sie die andere Theorie in eine echte Sackgasse führen können. Wir wollen also im Folgenden die von der einen wie von der anderen der beiden Seiten erhobenen Einwände betrachten: Rechtfertigen sie die Reduzierung des Strukturalismus auf ein notwendiges Instrument oder die Umwandlung des reflexiven Denkens in einen Grundstoff? Die Frage läuft vielleicht hinaus auf die nach dem Gegensatz – nicht mehr zwischen einer Philosophie und einer exakten Wissenschaft, sondern zwischen zwei Philosophien.

4. Wechselseitige Rückführbarkeit der Methoden

Paul Ricœurs Kritik am Strukturalismus gliedert sich in zwei Gruppen. Die erste betrifft die Hypothesen des Strukturalismus, sowohl was die Verallgemeinerung vom »wilden Denken« auf das gesamte Denken betrifft, als auch die Aussagen, die von philosophischer Bedeutung sind.

Die andere Gruppe besteht darin, daß die inneren Erfordernisse des Strukturalismus einer hermeneutischen Analyse unterzogen werden: Das ist das Denkniveau, das Ricœur hernach in »De l'Interprétation« erreicht. Während wir den Einwänden des »Philosophen« folgen, werden wir zugleich die entsprechenden Erwiderungen des »Technikers« hören.

Was sind also in P. Ricœurs Augen die Grenzen des Strukturalismus? »Auf der einen Seite scheint mir, als erfolge der Übergang zum ›wilden Denken‹ unter der Gunst eines allzu vorteilhaften Beispiels, das aber doch vermutlich eine Ausnahme darstellt. Auf der anderen Seite erscheint mir der Übergang von einer strukturalen (exakten) Wissenschaft zu einer strukturalistischen Philosophie wenig befriedigend, ja sogar wenig einsichtig und logisch zusammenhängend. Indem sie ihre Auswirkungen addieren, verleihen diese beiden Übergänge am Ende dem Buch »La pensée sauvage« einen besonderen, reizvollen und provozierenden Akzent, der es von den vorhergehenden unterscheidet.«[34] Denn der Übergang zur Philosophie liegt nicht in der strukturalen Ordnung als solcher beschlossen: »So überzeugend mir die strukturale Anthropologie vorkommt, soweit und solange sie sich selbst als Schritt für Schritt erfolgte Ausweitung einer Erklärung versteht, die zunächst in der Linguistik erfolgreich zum Zug gekommen ist, sodann in den verwandten Systemen, und schließlich nach und nach auf dem Weg über verwandtschaftliche Beziehungen zu dem linguistischen Modell in allen Formen des sozialen Lebens, sosehr erregt sie meinen Argwohn, sobald sie sich als Philosophie aufspielt. Eine als unbewußt bestimmte Ordnung kann nach meinem Empfinden niemals etwas anderes sein als eine in abstrakter Form losgelöste Etappe einer Erkenntnis seiner selbst durch sich selbst.«[35] Das Verständnis des Sinnes der Struktur bildet für Ricœur die zwangsläufige Ergänzung, deren Zurückweisung den Strukturalismus unter die hybriden Formen der Philosophie verweist: »In Ermangelung dieser Aufnahmestruktur, die ich meinerseits als gegenseitige Artikulation der Reflexion und der Hermeneutik auffasse, scheint mir die strukturalistische Philosophie dazu verurteilt, zwischen einer Mehrzahl philosophischer Entwürfe hin und her zu schwanken. Man könnte bisweilen an eine Kantsche Philosophie ohne transzendentales Subjekt, ja selbst an einen absoluten Formalismus denken, der die Kor-

[34] P. Ricœur – C. Lévi-Strauss, Structure et herméneutique, 611
[35] Ebd. 617

relation selbst von Natur und Kultur begründete.«[36] Paul Ricœur nennt noch weitere Interpretationsmöglichkeiten des Strukturalismus, wobei er sich auf andere Ausdrücke von Lévi-Strauss stützt: »Er behauptet, daß die Strukturen vor den praktischen Durchführungen kommen, gibt aber zu, daß die *Praxis* vor den Strukturen da ist... Wir haben also in »La pensée sauvage« außer dem Entwurf eines Transzendentalismus ohne Subjekt den Ansatz einer Philosophie, in der die Struktur die Rolle des Mittlers spielt, der eingeschaltet ist zwischen *Praxis* und praktischen Handelnsweisen.«[37] Allein die Tatsache, daß der Fächer möglicher strukturaler Philosophien so weit geöffnet ist, bestätigt hinreichend, wie sehr der Strukturalismus sich in gewissen Hinsichten dagegen sträubt, sich zu einer Philosophie zu entwickeln. Nichtsdestoweniger ist es die philosophische Position, die am Ende der Konfrontation die Diskussion abschließt: »Ich meine vielmehr, daß diese implizite Philosophie in Ihrem Arbeitsbereich auftritt, in der ich eine extreme Form von modernem Agnostizismus erblicke. Für Sie gibt es keine *Botschaft*, hier nicht im Sinne der Kybernetik verstanden, sondern im *kerygmatischen* Sinne: Sie verzweifeln am Sinn; aber Sie retten sich durch den Gedanken, daß, auch wenn die Leute nichts zu sagen haben, sie das wenigstens so gut sagen, daß man ihre Rede dem Strukturalismus unterwerfen kann. Sie retten den Sinn, aber es ist der Sinn des Nicht-Sinnes, das bewundernswerte syntaktische Arrangement einer Rede, die nichts sagt.«[38]

Die nuancierten Antworten von Claude Lévi-Strauss schwächen weder das anfängliche Zögern gegenüber einer vom Strukturalismus implizierten Philosophie ab, noch die schließliche Behauptung, daß es eine solche gibt: »Und nun die philosophischen Einwände, über die ich schnell hinweggehen möchte, da Herr Ricœur sie vorläufig ausklammert: Er hat ihre ›Skizzenhaftigkeit‹, ihre Ungewißheit betont. Ich stimme vollkommen mit ihm überein. Ich habe keine Philosophie aufbauen wollen. Ich habe nur versucht, mir für mich persönlich Rechenschaft zu geben über die philosophischen Implikationen gewisser Aspekte meiner Arbeit. Doch möchte ich in diesem Zusammenhang einfach und ganz beiläufig sagen, daß ich nur zwei Etappen einer und derselben Reflexion sehe, wo Herr Ricœur zwei vielleicht sogar einander

---

[36] Ebd. 618

[37] Ebd. 619

[38] Ebd. 652–653. Das Wort »*kerygmatique* (kerygmatisch)« haben wir hervorgehoben.

widersprechende Philosophien erblickt, nämlich, auf der einen Seite die, welche sich an den dialektischen Materialismus hält und den Primat der *Praxis* anerkennt und auf der anderen Seite die des Materialismus schlechthin. Aber ich messe all dem nur eine sekundäre Bedeutung bei, und ich bin bereit, mich in diesem Punkt von den Philosophen tadeln zu lassen. Ferner weiß ich mich in voller Übereinstimmung mit Herrn Ricœur, wenn er – zweifellos, um daran Kritik zu üben – meinen Standort als eine Kantsche Philosophie ohne transzendentales Subjekt definiert.« [39] Aber am Schluß dieser Diskussion sagt Lévi-Strauss dann: »Ich bekenne, daß die Philosophie, die mir durch meine Forschungsarbeit impliziert erscheint, die allergewöhnlichste, die allersimpelste von den Philosophien ist, die Sie in Ihren Ausführungen an der Stelle skizziert haben, wo Sie sich nach der philosophischen Ausrichtung des Strukturalismus gefragt und festgestellt haben, daß es mehrere gibt, die denkbar wären. Ich wäre also nicht erschreckt, würde man mir beweisen, daß der Strukturalismus auf die Restauration einer Art Vulgärmaterialismus hinausläuft. Im übrigen weiß ich jedoch nur zu gut, daß eine solche Ausrichtung der zeitgenössischen Bewegung philosophischen Denkens zuwiderläuft, so daß ich mir selbst eine Haltung des Mißtrauens auferlege: Ich lese, was auf dem Wegweiser steht, und verbiete mir selbst, den Weg weiterzugehen, den er mir anzeigt.« [40] Diese philosophische Implikation des Strukturalismus verbietet, die Antinomie der beiden Denkformen als einfache methodische Komplementarität anzusehen. Sie stehen zueinander in einem Gegensatz wie zwei Philosophien.

Genauer gesagt: Sie stehen zueinander im Verhältnis einer symmetrischen Umkehrung. Auf der von Lévi-Strauss vorgeschlagenen synchronischen Ebene läßt in den Augen von Paul Ricœur die Partikularität der der strukturalen Analyse unterzogenen Gesellschaft Zweifel an der universalen Gültigkeit der Methode aufkommen; dagegen wird nach Meinung von Lévi-Strauss durch die Singularität der Änderung die Einfügung ihres Wirkens in eine bestimmte Gesellschaft geleugnet. Beide Kritiken sind jeweils in dem Maße stichhaltig, in dem der Beobachter als Zeuge der Universalität sich nicht innerhalb, sondern außerhalb der jeweils betrachteten systemhaften Gesamtheit befindet [41]. Befindet sich

---

[39] Ebd. 633

[40] Ebd. 652

[41] Vgl. oben die Analyse der beiden Totalitäten, S. 52–53

der Beobachter zusammen mit Ricœur außerhalb der Synchronie, so erscheint diese ihm nicht als universal; steht er aber zusammen mit Lévi-Strauss innerhalb der Synchronie, besitzt sie für ihn Gewicht und Gültigkeit, bezogen auf das Ganze der beobachteten Gesellschaft. Umgekehrt verlangt die Diachronie von dem Hermeneuten, der in ihr seinen Standort bezieht, eine Wiedererfassung des Sinnes; aber für den Strukturalisten, der außerhalb von ihr liegt, löst sie sich auf in der Synchronie. Die Antinomie liegt in der Notwendigkeit, zugleich innerhalb und außerhalb der betrachteten Gesellschaft zu bleiben, um die im Namen der Diachronie und der Synchronie vorgebrachten antithetischen Argumente insgesamt zur Geltung zu bringen. So liegt der Gesichtspunkt der hermeneutischen Philosophie innerhalb der Diachronie, die sie aufwertet, aber außerhalb der Synchronie, die sie abschwächt, während der des Strukturalismus außerhalb der Diachronie bleibt, die er resorbiert, aber innerhalb der Synchronie, deren universale Implikationen er aus der Ganzheit einer einzelnen, besonderen Gesellschaft herauslöst.

Das ist, wie wir glauben, die doppelte Triebkraft für die Konfrontation der beiden Denkrichtungen. Wenn Paul Ricœur die Synchronie von außen her angreift, so beschwört Lévi-Strauss die Einfügung in die Synchronie zur Rechtfertigung ihrer Universalität. Wenn aber Paul Ricœur die Implikationen der Wiedererfassung des Sinnes analysiert, hat er seinen Standort innerhalb der Diachronie bezogen, und sein Gesprächspartner antwortet ihm von außen her[42].

»Ich für meinen Teil«, lautet Ricœurs Kritik, »bin davon betroffen, daß alle Beispiele aus dem geographischen Bereich genommen sind, der von jeher als der des Totemismus gilt, und niemals aus dem semitischen, vorhellenischen oder indogermanischen Denken, und ich frage mich, was aus dieser von vornherein gegebenen Begrenzung des ethnographischen und menschlichen Materials als Implikation folgt. Hat der Autor sich nicht eine allzu gute Ausgangsposition geschaffen, indem er das Geschick des Denkens der Wilden an einen kulturellen Raum geknüpft hat – nämlich an den der totemistischen Illusion –, in dem die Anordnungen mehr bedeuten als die Gehalte, in dem das Denken effektiv Bastelei und Gelegenheitsarbeit ist, ausgeführt an einem seltsamen Material und an Sinntrümmern? Niemals aber ist in diesem Buch die Frage

[42] Die Veranschaulichung dieser beiden Bewegungen folgt jeweils auf S. 65–66 und 73

nach der Einheit des mythischen Denkens gestellt. Die Verallgemeinerung der Gültigkeit für das gesamte Denken der Wilden wird für erwiesen angesehen.«[43] Zweifellos gibt es eine Einheit des mythischen Denkens in dem Maße, in dem es zugleich von dem totemistischen System und dem System des Opfers abhängt, wie wir oben schon erwähnt haben. Aber das Fragezeichen steht nicht an dieser Stelle: »Es stellt sich heraus, daß ein Teil der Zivilisation, und zwar gerade der, aus dem unsere Kultur nicht hervorgeht, sich besser als irgendein anderer für die Anwendung der aus der Linguistik übertragenen strukturalen Methode eignet. Doch beweist das keineswegs, daß die Erkenntnis der Strukturen anderswo ebenso erhellend wäre, und vor allem, daß sie sich ebensosehr selbst genügte... Ich frage mich, ob sein Beispiel ... beispielhaft oder ob es nicht vielmehr Ausnahme ist.«[44] Die Betrachtungsweise von außen her erreicht ihren äußersten Höhepunkt in der Rückführung des Strukturalismus auf eine exakte Wissenschaft: »Die linguistischen Gesetze bezeichnen eine unbewußte und in diesem Sinne unreflexive, unhistorische Ebene des Geistes; dieses Unbewußte ist nicht das Freudsche Unbewußte der Triebe, des Verlangens (der Lust) in seiner Symbolisierungskraft; es ist mehr ein Kantsches als ein Freudsches Unbewußtes, ein kategoriales, kombinatorisches Unbewußtes.« Dieses Prinzip »schafft zwischen dem Beobachter und dem System eine Beziehung, die selbst wiederum unhistorisch ist. Begreifen bedeutet nicht, den Sinn wieder aufgreifen. Im Unterschied zu Schleiermachers Ausführungen in ›Hermeneutik und Kritik‹ (1828) und Diltheys Gedanken in seinem großen Artikel ›Die Entstehung der Hermeneutik‹ (1900) sowie der Konzeption Bultmanns in ›Die Probleme der Hermeneutik‹ (1950) gibt es hier keinen hermeneutischen Zirkel, keine Historizität der Verstehensbeziehung. Diese Beziehung ist objektiv und unabhängig von dem Beobachter; daher ist die strukturale Anthropologie exakte Wissenschaft und nicht Philosophie.«[45]

Gewiß drängt sich die Notwendigkeit einer komplementären Hermeneutik für diese Objektivation des Strukturalismus tatsächlich auf. Aber wir können uns aufgrund der Antworten von Claude Lévi-Strauss fragen, ob die philosophischen Implikationen von dieser Kritik vollkommen erreicht werden. Auf den ersten Einwand ist bereits eine posi-

---

[43] P. Ricœur – C. Lévi-Strauss, Structure et herméneutique, 607
[44] Ebd. 608
[45] Ebd. 599–600

tive Antwort gegeben worden hinsichtlich der Bevorzugung derjenigen Gesellschaften, in denen der Abstand zwischen Natur und Kultur gering genug ist, um hier die Komponenten zu finden, welche die größere Komplexität höher entwickelter Gesellschaften für gewöhnlich verdunkelt. Eine negative Antwort legt sich aber nahe, die es ablehnt, den Strukturalismus, so wie er sich hier zeigt, auf semitische oder indogermanische Zivilisationen anzuwenden. Claude Lévi-Strauss macht hier auf eine der ernsthaftesten Schwierigkeiten aufmerksam, denen der Exeget alter Schriften und besonders des Alten Testaments begegnet: »Man müßte mit einer Vorarbeit beginnen, die darauf abgestellt ist, den der biblischen Literatur zugrunde liegenden mythologischen und archaischen Rückstand herauszufinden, eine Arbeit, die natürlich nur von einem Spezialisten getan werden kann. Ferner scheint mir, daß ein Unternehmen dieser Art einen circulus vitiosus impliziert. Er rührt daher, daß, in meinen Augen, ... die Symbole niemals eine ihnen selbst innewohnende Signifikation darbieten. Ihr Sinn kann nur aus ihrer Stellung kommen. Folglich ist er uns in den Mythen selbst überhaupt nicht zugänglich, sondern nur durch Bezugnahme auf den ethnographischen Kontext, das heißt auf das, was wir von der Lebensweise, den technischen Fertigkeiten, den Riten und der sozialen Organisation der Gesellschaften wissen, deren Mythen wir analysieren wollen.«[46] Dennoch können wir uns fragen, ob das System des Opferns nicht eine Eigenbedeutung enthält: Der hermeneutische Einwand bewahrt so seinen Wert. Aber wir gehen dennoch einig mit Lévi-Strauss, daß die Bedeutung der Achse des Opfers weithin von seiner Stellung innerhalb der Gesamtheit des betrachteten sozialen Systems abhängt. Wir möchten sogar hinzufügen, daß ein solches soziales System uns heute in der zugleich semitischen und indogermanischen abendländischen Tradition vorhanden zu sein scheint: Die gegenwärtige kirchliche Gesellschaft stellt in der Tat ein Netz von Riten, Mythen und sozialen Verhaltensweisen dar, die sich für eine strukturale Analyse als gültiges Material anbieten. Diese soziale Wirklichkeit beansprucht im übrigen seine synchronische Zugehörigkeit zur biblischen Tradition.

Ricœurs Einwand präzisiert sich: Weshalb ist die strukturale Methode gerade auf eine Zivilisation, aus der die unsere nicht hervorgeht, anwendbar? Die vorhergehenden Antworten gestatten bereits eine Fest-

---

[46] Ebd. 632

stellung: Da unsere Kulturen die direkte Beziehung zwischen Natur und Kultur verdunkelt haben, können sie nur unter Verwendung spezialisierter Methoden dafür herangezogen werden[47]. Doch eine Schwierigkeit bleibt bestehen: »Handelt es sich um einen inneren Unterschied zwischen zwei Denk- und Zivilisationsarten oder nur um ihre Stellung dem Beobachter gegenüber, der seine eigene Zivilisation nicht aus derselben Perspektive betrachten kann, die ihm gegenüber anderen Zivilisationen als völlig normal erscheint?«[48] Dieser Einwand besagt einschlußweise nicht nur, daß man sich ohne die entsprechende eigene Erfahrung keine Vorstellung davon machen kann, wie ein südamerikanischer Indio eine Gruppe der westlichen Zivilisation struktural analysieren würde; er läuft darauf hinaus, daß man auf einem anderen Weg das Problem der Gewinnung von geeigneten Schemata aufwirft, worin ja gerade die Originalität des Strukturalismus besteht.

Um Ricœur zu antworten, gibt Claude Lévi-Strauss am Beispiel der Verfahrensweise der Religionsgeschichte eine ausgezeichnete Beschreibung von diesem Eindringen des Beobachters: »Alles in allem handelt es sich um eine Übertragung des Kantschen Forschens auf das ethnologische Gebiet, mit dem Unterschied, daß man, anstatt sich der Selbstbeobachtung zu widmen oder über die Lage der Wissenschaft in einer bestimmten Gesellschaft, in der der Philosoph selbst sich befindet, zu reflektieren, sich an die Grenzen begibt: durch das Forschen nach dem, was es an Gemeinsamkeit geben kann zwischen einer Menschheit, die uns weit von uns entfernt erscheint, und der Art und Weise, wie unser eigener Geist arbeitet, und damit in dem Versuch, grundlegende und zwingende Eigentümlichkeiten für jeden Geist, gleich welcher Zeit und welchen Ortes, herauszukristallisieren.«[49]

Hier haben wir den entscheidenden Punkt: Ricœur sucht nach einem einheitlichen Sinn (sens) des Mythos, indem er innerhalb einer bestimmten Tradition zeitlich zurückgeht, ohne indessen den Raum zu entfalten, in dem das Symbol sich materiell darstellt. Umgekehrt postuliert Lévi-Strauss diese Signifikation, die er außerhalb des eigenen Raumes entdeckt, bis in die äußersten Bezirke der Fremdheit, in die ihn das völlige Fehlen jeglicher historischen Verwurzelung hineindrängt. An dieser

---

[47] Als Typ einer spezialisierten Methode bietet sich die an, welche Georges Dumézil beispielsweise für die indogermanischen ethnologischen Substrate verwendet.

[48] P. Ricœur, Structure et herméneutique, 633

[49] Ebd. 631

räumlichen Grenze der Zeit erscheint die Universalität nicht mehr als die formale Einheit eines Sinnes (sens), sondern als Einheit einer materiellen Signifikation. Zweifellos könnte nun Paul Ricœur dagegen einwenden, bleibt der Strukturalismus ein diachronisches Kettenglied in der Deutung des Denkens der Wilden. Es ist unvermeidlich, genügt aber andrerseits nicht, Lévy-Bruhls Primitivismus abzulehnen, um der Realität der Geschichte zu entrinnen. Selbst dann, wenn man die Herauslösung der geeigneten Schemata bis zum äußersten treibt, sind die grundlegenden und zwingenden Eigentümlichkeiten für jeden menschlichen Geist nur das Produkt eines Schrittes, durch den der Strukturalist eine Neuinterpretation des Denkens der Wilden unternimmt, wobei der Beobachter seinerseits die Beweggründe der bereits konstituierten Sprache neu erfindet. Trotz des Gewichts dieser Kritik ist der Strukturalismus ihr, wie uns scheint, nicht vollends ausgesetzt. Denn indem er ein für jeden Geist gültiges Fundament sucht, vollbringt der Strukturalist in Wahrheit ein Bemühen um Selbstentäußerung, um ohne Vorurteil zum Innern einer bestimmten Gesellschaft Zugang zu gewinnen. In dem Maße, in dem er Mensch ist, gelingt ihm dies: Aus dieser Reduktion gewinnt er die Universalität, die ihn über das Funktionieren seiner eigenen Kultur aufzuklären vermag.

Doch kann er dies erfolgreich tun, ohne die Achse des Opfers zu berücksichtigen? Die von Lévi-Strauss in dem seiner Analyse unterworfenen Material erkannten Implikationen des sakrifiziellen Systems scheinen uns eine unvermeidliche Gegebenheit jeden ethnologisch gültigen Strukturalismus zu sein. Denn in den Humanwissenschaften konvergiert die Vorstellung der Gesellschaft von dem, was sie ist, in nach einer willkürlichen Hierarchie überdeterminierten Symbolen. Von dem Bild, das als Ausdruck der Gottheit dient – oder aber als Ausdruck der Gesellschaft selbst als konstituierter Ganzheit – bis zu dem, das die bewegliche Infrastruktur des Unbewußten bezeichnet, kann die Sukzessivität nur willkürlich sein. Diese Abfolge der Bilder und diese Wertgebung hat ihren Ursprung im Kult, und ihr Ergebnis ist die Kultur. Müßte man die Achse des Opfers bei einer Primitivgesellschaft als falsch oder irreal ansehen, so müßte man gleichzeitig zugeben, daß die Entfremdung des Menschen ihren Kulminationspunkt in der Unreduzierbarkeit seiner Kulturen findet. Das aber ist das genaue Gegenteil der anfänglichen Absicht der strukturalistischen Ethnologie, die versucht, die alte Auffassung von einer primitiven Unter-Menschheit abzubauen, um in der

Morgenfrühe der Zivilisation Werte wiederzufinden, die mit denen identisch sind, aus denen sich, wenngleich unbewußt, noch unsere heutige Zivilisation nährt. Zweifellos sucht die strukturalistische Forschung die den Kulturen eigene Ursprünglichkeit in der tatsächlichen Gegebenheit der sozialen Beziehungen in dieser Gesellschaft zu erfassen. Aber gerade das freie Ermessen in der kultischen und kulturellen Invention trägt dazu bei, diese materielle Differenzierung der Sprachen (langues) und des Antlitzes der Gesellschaften zu begründen[50]. Der volle Erfolg eines Strukturalismus der Kulturen ist daher von Anfang an mit einer schwerwiegenden Hypothek belastet: Da der Geist letztlich nicht mit der Materie zusammenfallen kann, gibt er ständig nach eigenem Ermessen einer Vorstellung den Vorzug vor der anderen, ohne daß solche noetische Proliferationen immer mit einer materiellen Organisationsfunktion der betrachteten Gruppe sichtbar zusammenhängen.

Die kulturellen Eigenarten der Gesellschaften müßten sich als für das Gesamt der Kulturen ohne Signifikation erweisen, wenn der Ermessenscharakter ihrer Konventionen aus dem Bereich der strukturalistischen Analyse ausgeschlossen wäre. In Wirklichkeit entzünden sich die kulturellen Konflikte nicht auf der Basis der wirtschaftlichen Strukturen, wo die gemeinsamen Bedürfnisse eine gemeinsame Sprache (langue) schaffen, sondern gerade auf der Ebene des freien Ermessens der Sprache (langue). Besiegelt man aber, wenn man dieser kulturellen Achse, die von der kultischen Achse des Opfers abhängt, jeglichen Wert abspricht, nicht das radikale Scheitern einer gültigen Kommunikation zwischen den Kulturen? Dieser Feststellung, die auf das genaue Gegenteil der strukturalistischen Betrachtungsweise hinausläuft, fehlt eine nähere Erklärung zum Thema des Ursprungs des Konflikts zwischen den Kulturen. Dieser Konflikt, der sich klar und deutlich im menschlichen Verhalten kundtut, hat seinen Ursprung weniger in dem Irrtum, aus dem heraus eine bestimmte Gesellschaft sich eine Achse des Sakralen (sacré) nach ihrem Ermessen gibt, wie Lévi-Strauss andeutet, als in der Weigerung, das Verhältnis zu berücksichtigen, das diese fremden Kulturen gegenüber haben kann und muß.

---

[50] Parallel dazu, auf der Ebene des Individuums, könnte man sagen, daß die – wenngleich möglicherweise falsche – Vorstellung, die jemand sich von einem Ereignis macht, in der Tatsächlichkeit seiner Illusion bedeutsamer ist als in dem Irrtum seiner Vorstellung. So handelt in der Politik die öffentliche Meinung für gewöhnlich ohne gültige Bezugnahme auf die Fakten, wie die etatistische Propaganda oder der liberale Realismus seit langem festgestellt haben.

Eine Sprache lernen bedeutet nicht allein strukturelle Beziehungen zwischen zwei komplexen Gesamtheiten herstellen, es bedeutet gleichermaßen, auf der Ermessensachse der Kultur durch die Gewohnheit geheiligte Konventionen opfern im Namen einer gemeinsamen Partizipation an einer erweiterten Einheit. Dieser Akt des Glaubens an eine vorgegebene Gemeinsamkeit zweier Gesellschaften ist bereits Herstellung eines neuen sakrifiziellen Ganzen, bei dem das Einzelermessen in eben dem Maße verschwindet, wie es sich auf eine größere Gesellschaft ausdehnt. Die Gesamtheit progressiver Zunahmen dieses Typs wäre nach unserer Auffassung nichts anderes als das Einmünden in eine einzige Gesellschaft, in der der kulturelle Wert der Ideen und der Symbole die Wahrheit dessen bildet, was Lévi-Strauss als eine Kombination innerhalb des Mentalitätsbestandes der universalen Gesellschaft betrachten würde. Eine solche Perspektive liegt natürlich außerhalb der konkreten Möglichkeiten und theoretischen Ambitionen des Strukturalismus, doch scheint uns die praktische Durchführung der Methode diese Generalisierung am Horizont der einzelnen Formalisierungsetappen zu implizieren. Nun ist aber dieser Signifikationswert des Strukturalismus für eine philosophische Aufarbeitung offenbar nicht durch die Betätigung der hermeneutischen Philosophie beim Suchen nach einer Sinnerfassung zustandegekommen. Diese quasi-materielle Signifikation erwächst aus einer vollständigen Annahme der strukturalen Koordinaten.

Die Zweiheit von totemistischen und sakrifiziellen Systemen scheint uns, trotz Lévi-Strauss, das strukturale Anzeichen einer Universalität und eines Selbstbewußtseins zu sein, und zwar sogar innerhalb jener materiellen Effektivität, die Ricœurs Hermeneutik nicht in signifikativer Form wiederherstellt. Die Achse des Opfers scheint uns nämlich in metonymischer Form das Denken, als dessen Offenbarer sich in ganz natürlicher Weise das totemistische Symbol erweist, neu hervorzubringen und durch kulturelle Substitution zu reflektieren. Doch das geben wir Lévi-Strauss zu: Die anfängliche Exteriorität des Beobachters ist ebenso notwendig wie sein späterer Zugang zum Innenraum einer bestimmten Gesellschaft. Auf die wiederholte Frage von Paul Ricœur: »Wenn der Sinn (sens) kein Teil des Selbstverständnisses ist, dann weiß ich nicht, was er ist«, erwidert Claude Lévi-Strauss mit vollem Recht: »Aber weil wir hier Gefangene der Subjektivität sind, können wir nicht versuchen, die Dinge zugleich von draußen und von innen her zu begreifen. Und wir können sie nur dann von innen her begreifen, wenn wir drinnen geboren, wenn wir effektiv drinnen sind.«[51] Weil wir nicht in der Gesellschaft geboren sind, die sich erstmals den adamischen Mythos gegeben hat, verfehlt daher jede diachronische Hermeneutik die effektive Bedeutung der materiellen Signifikation des Symbols. Damit zeigt Lévi-Strauss, daß es unbedingt berechtigt ist, die totemistische Gesellschaft synchronisch und von innen her zu verstehen. Auf dem gleichen Weg bestätigt er seine Stellung als Beobachter außerhalb jeder Synchronie, als Beobachter, der somit von Rechts wegen verpflichtet ist, jede Wiederergreifung des Sinnes der sinnlosen Achse der sakrifiziellen Substitution abzulehnen und zurückzuweisen.

Und doch erscheint uns diese Weigerung und Ablehnung unhaltbar – nicht daß wir zusammen mit Ricœur die hermeneutische Bedeutsamkeit der soziologischen Strukturen ablehnten, sondern weil die Einheit der grundlegenden Eigentümlichkeiten des Denkens ein Tendieren des Strukturalismus zu einer universalen Wiedererfassung des Sinnes impliziert. Die Diachronie des Opfers ist in dieser Perspektive, struktural betrachtet, nicht sinnloser als die totemistische Synchronie. Eins wie das andere läuft notwendig auf eine Neusituierung der Realität jeder Einzelgesellschaft in der der Menschheit hinaus, mit der sie schließlich und letztlich koextensiv ist. An dieser Grenze ist in die Analyse der Einzelgesellschaften ein konkretes Element von Universalität verwickelt, dessen Entwicklung aber eine derartige Komplexität enthüllt, daß niemand in der Lage ist, sie richtig und erfolgreich durchzuführen. Diese prinzipielle Universalität wirft in aller Schärfe das Problem der Exteriorität des Beobachters auf. Denn in ihm fallen schließlich das Innen und das Außen zusammen. Die Exteriorität der Zeit ist koextensiv mit der Exteriorität des Raumes. Die Achse des Opfers spiegelt in adäquater Weise das totemistische System als eine vollkommene Wiedererfassung des Sinnes wieder, und jede konkrete gesellschaftliche Übereinkunft enthält die Fülle der Signifikation. An dieser asymptotischen Grenze ist die strukturale Totalität vollkommen identifiziert mit der historischen Totalität des Symbols. Lévi-Strauss lehnt diese Antizipation natürlich ab, doch sein System scheint sie uns gerade zu fordern. Seine Unfähigkeit, der Achse des Opfers einen vernünftigen Sinn abzugewinnen, ist ein Zeichen dafür. Die Einwurzelung der strukturalen Ver-

---

[51] P. Ricœur – C. Lévi-Strauss, Structure et herméneutique, 636–637

flechtungen in der natürlichen Verschiedenartigkeit trägt effektiv den Gedanken: Die Materialität der Struktur erscheint so wie eine konkrete und wirkende Präsenz, die aus der Ganzheit stammt, deren reales Verständnis sie objektiviert[52]. Allein der Umweg über die materielle Exteriorität eröffnet den Zugang zu dieser Totalität und zu dieser strukturalen Objektivität. Die gleiche Exterioritätsstellung gestattet Lévi-Strauss auch, auf den Einwand Paul Ricœurs gegen die strukturale Auflösung der Diachronie zur Synchronie zu antworten. Denn das synchronische Feld schafft den Signifikation tragenden Raum, in dem der Beobachter von der historischen Diachronie Abstand nimmt.
Ricœur wendet gegen die strukturale Unterordnung der Diachronie unter die Synchronie ein: Sie ist »fraglich im hermeneutischen Verständnis; die Diachronie ist signifikant nur durch ihre Beziehung zur Synchronie und nicht umgekehrt«[53]. Dieser aus dem Inneren der Diachronie heraus erhobene Einwand drängt zu folgenden Fragen: »Welchen Ort hat eine allgemeine Theorie der Beziehungen in einer allgemeinen Theorie des Sinnes? Wenn es sich um Kunst und um Religion handelt – was begreift man da, wenn man eine Struktur begreift? Und wie informiert das Verständnis der Struktur das Verständnis der Hermeneutik, das sich einer Wiedererfassung der signifikanten Intentionen zuwendet?«[54] Tatsächlich trifft sich die Frage Ricœurs mit unserer Kritik hinsichtlich des sakrifiziellen Systems im Verhältnis zum totemistischen, die wir bereits formuliert haben. Die mythische Totalität, die zum Ausdruck des konkreten soziologischen Ganzen dient, impliziert nach unserer Meinung eine Hierarchie sakrifizieller Substitutionen, deren willkürliche Aufreihung nicht mehr von der Natur herrührt, sondern aus der Kultur[55]. Lévi-Strauss schreibt: »Der Anthropomorphismus der

---

[52] In diesem Zusammenhang mag ein Beispiel klärend wirken: Der mathematische Symbolgebrauch erfährt eine zwangsläufige stetige Erweiterung seines Zeichenbestandes, wobei die Entwicklung der Zeichen nicht allein von einer Sinnübernahme abhängig ist. Die Funktion des Zeichens im Gesamtzusammenhang einer Axiomatik, die es definiert, trägt bei zur Eigenschaft und Eignung für seine Wiederverwendung in neuen Strukturen. Allein die Unmöglichkeit, ein eigenständiges axiomatisches System zu schaffen, stößt unbewußt die Symbole aus, die provisorisch in ständig erneuerten Systemen entstanden sind. Der Sinn des Symbols ist wesenhaft gebunden an seine Einfügung in das Ganze, das ihm einen neuen Beginn aufprägt; und darauf beruht das natürliche Mitwirken der Struktur an der Sinngebung.

[53] Ebd. 599

[54] Ebd. 605–606

[55] Vgl. oben S. 55–56

Natur (in dem die Religion besteht) und der Physiomorphismus des Menschen (von dem aus wir die Magie definieren) bilden zwei Komponenten, die immer gegeben sind und bei denen nur die Mischungsverhältnisse variieren.«[56] Aber, so müssen wir antworten, die als solche genommene sakrifizielle Reihe fällt nicht ganz unter diese doppelte Definition; die magische Handlung und die theologische Hierarchie sind zugunsten der natürlichen Synchronie des totemistischen Systems willkürlich des Sinnes beraubt. Dieses Eindringen des Sinnlosen in den Strukturalismus entspricht genau dem Augenblick, an dem in Wirklichkeit die Kultur und ihre zweckfreien Schöpfungen die Autonomie gewinnen, die die Natur ihnen verweigert. Der totemistische Operator muß hier also einer notwendig diachronischen Operation Raum geben: der künstlichen Substitution des Opfers. Diese kulturelle Operation verweigern oder die historische Diachronie ablehnen, ist ein und dasselbe.

Der privilegierte Ort dieser Diachronie ist für Paul Ricœur die biblische Tradition: In ihrem Namen formuliert er bekanntlich in erster Linie seine Einwände gegen Lévi-Strauss. »Wenn man die Reihe betrachtet, die die babylonischen Sintflutberichte, der biblische Sintflutbericht und die Kette der rabbinischen und christologischen Neuinterpretationen bilden, wird augenblicklich sichtbar, daß diese Wiederaufnahmen das Gegenteil von Gelegenheitsarbeit (bricolage) darstellen; man kann in Strukturen, bei denen die Syntax größeres Gewicht besaß als die Semantik, nicht von Verwendung der Reste sprechen, sondern vielmehr von Verwendung eines Überschusses, der selbst wie eine erste Sinngebung die speziell theologischen und philosophischen Berichtigungsabsichten lenkt, die auf diesem Symbolgrund Anwendung finden.«[57] Das Wesen dieses Sinnüberschusses wird da präzisiert, wo sich Ricœur mit dem Exegeten des Alten Testaments G. von Rad berührt: »Die ›Entfaltung‹ des Hermeneuten ist die Wiederholung der ›Entfaltung‹, die über der Erarbeitung der Traditionen biblischer Grundlage gewaltet hat. Was ergibt sich daraus für das Verhältnis zwischen Diachronie und Synchronie? Eines hat mich beeindruckt bei den großen Symbolen des hebräischen Denkens, die ich in der ›Symbolique du mal‹ studieren konnte, und bei den Mythen – zum Beispiel bei denen der Schöpfung und des Sündenfalles –, die auf der ersten Symbolschicht aufgebaut

[56] Vgl. C. Lévi-Strauss, La pensée sauvage, 293
[57] P. Ricœur – C. Lévi-Strauss, Structure et herméneutique, 614

waren: Diese Symbole und diese Mythen erschöpfen ihren Sinn nicht in Arrangements, die sozialen Arrangements entsprechen; ich behaupte keineswegs, daß sie für die strukturale Methode nicht geeignet wären; ich bin sogar vom Gegenteil überzeugt. Ich sage nur, daß die strukturale Methode ihren Sinn nicht ausschöpft, denn ihr Sinn ist eine Reserve an Sinn, die für die Wiederverwendung in anderen Strukturen zur Verfügung steht.«[58] Sosehr wir mit Paul Ricœur zugeben, daß die sozialen Arrangements den Sinn der Mythen nicht erschöpfen, sosehr fragen wir uns mit Lévi-Strauss, ob der Sinnüberschuß, der für die spätere Struktur zur Verfügung steht, wirklich von soziologischen Korrelationen unabhängig ist. Ricœur erhebt seinen Einwand im Namen der Geschichte, wir erheben unsern Einwand im Namen des Opfers: Die sozialen Arrangements erschöpfen nicht den Sinn der Mythen.

Um den hermeneutischen Charakter der Diachronie zu festigen, erinnert Paul Ricœur an den Symbolreichtum der Theologie des Mittelalters und beruft sich dazu auf ein Werk von P. Chenu; Lévi-Strauss gibt darauf eine Erwiderung von außen her: »Mir liegt es vollkommen fern, Arbeiten wie diese, die ich nur aus Herrn Ricœurs Resümee kenne, geringzuschätzen. Doch aufgrund meiner Kenntnis durch besagtes Resümee, und wenn ich – was Gott verhüten möge! – ein Problem dieser Art in Angriff zu nehmen hätte, so würde ich darin eine Variante biblischer Mythologie erblicken und es im Zusammenhang mit dieser betrachten, anstatt es daran anzuschließen.«[59] In dieser Art und Weise und mit einer solchen historischen Konzeption vom biblischen *Kerygma* antwortet der Strukturalist unter gleichzeitigem Rückgriff auf die Ausdehnung der Diachronie und die strukturale Homologie der kerygmatischen Formeln: »Wenn Herr Ricœur in seiner Ausführung den Totemismus und den Kerygmatismus zueinander in Gegensatz stellt, so hätte ich alle Lust, ihn zu fragen, was es denn an stärker ›Kerygmatischem‹ gibt als jene totemistischen Mythen Australiens, die sich gleichfalls auf Ereignisse gründen, nämlich das Auftreten des Totem-Ahnen an einem bestimmten Ort des Stammesgebiets, seine Wanderungen, die jeden einzelnen der genannten Orte geheiligt haben und für jeden einzelnen Stammesangehörigen die Beweggründe seiner persönlichen Bindungen bestimmen, indem sie dem Land selbst eine tiefe Signifikation verleihen, und die zugleich – vorausgesetzt, man bleibt ihnen treu –

[58] Ebd. 613–614
[59] Ebd. 644

eine Glücksverheißung, eine Heilssicherheit und eine Gewißheit der Wiedergeburt bedeuten?«[60]

Tatsächlich entzieht sich das von innen her vernommene *Kerygma* nicht mehr der Analyse von außen: Wir sehen keine Möglichkeit, dies Lévi-Strauss nicht zuzugeben[61]. Wir befinden uns hier im Gegensatz zu der Position, der zufolge die Eidetik der Mythen die adamische Lösung willkürlich privilegierte. Ricœur hat das nicht in Rechnung gestellt; eine besonders tragische Tradition kann die Christologie in Mitleidenschaft ziehen (ebenso wie die christologische Interpretation durchaus in einer nichtchristlichen Tradition gelebt werden kann); ebenso enthüllt das von Lévi-Strauss an der äußersten Grenze der Zivilisation in einer konkreten Tradition entdeckte kerygmatische System die strukturelle Universalität, die der besonderen christlichen Tradition immanent ist. In jedem Falle aber – das nehmen wir mit Lévi-Strauss an – bleiben die für das Entstehen der Mythen und der Kerygmen maßgeblichen Bedingungen soziologisch feststellbar und struktural definierbar. Ist die kerygmatische Formel der christlichen Tradition so außergewöhnlich, daß sie keine Verbindung zu den grundlegenden und zwingenden Eigenschaften menschlichen Denkens besitzt? Wenn wir Lévi-Strauss hierin nicht recht geben, so wären wir gleich Ricœur außerstande, von einem Kerygmatismus der Primitivgesellschaft zu sprechen.

Dadurch daß er die strukturale Universalität des *Kerygmas* vertritt, bestätigt Lévi-Strauss zugleich (wenigstens grundsätzlich) seine Stellung als Beobachter von außen her, der sich ständig auf die synchronische Totalität bezieht. So erklärt er auf seine Weise die historische Diachronie. Ricœur hält ihm die diachronische Einmaligkeit des biblischen Kerygmas entgegen. Dieser Einwand ist jedoch nicht aufrecht zu erhalten, sobald Ricœur die Universalität dieser Struktur nicht in signifikativer Weise zu interpretieren vermag.

Lévi-Strauss seinerseits gelingt es jedoch nicht, Ricœurs Frage zu bannen: Wenn er auch die Universalität der kerygmatischen Formel strukturiert, so gibt er doch keine Erklärung für die Diachronie, in der er das Kerygma und – so möchten wir hinzufügen – das Opfer der biblischen Tradition reflektiert, denn tatsächlich totalisiert Lévi-Strauss die Struk-

---

[60] Ebd. 634

[61] Dieser Einwand trifft sich mit dem, den P. Barthel gegen Ricœur erhebt: daß man die Hermeneutik nicht auf das Kerygma selbst anwenden kann. – Vgl. P. Barthel, Interprétation du langage mythique et Théologie biblique, Neudruck Leiden 1967, 337

tur nicht. Praktisch vermag diese nicht zu erklären, was sich nicht auf ihre Totalität zurückführen läßt. Das Opfer ist im Handeln das, was das Kerygma im Diskurs ist: eins wie das andere ist Signifikation der Notwendigkeit einer ständigen Wiederaufnahme des Sinnes. Die Geschichte entleert sich nicht, wie Ricœur unermüdlich wiederholt, selbst wenn, wie Lévi-Strauss sagt, alle Geschichte sich strukturieren läßt.

Es erscheint uns jetzt möglich, das zentrale Problem dieser Untersuchung exakt zu bestimmen. Ricœur kann Lévi-Strauss gegenüber die strukturale Universalität des Kerygmas nicht interpretieren. Umgekehrt kann Lévi-Strauss nicht auf die durch die metonymische Einmaligkeit des Opfers aufgeworfene Frage antworten. Nun ist aber das Kerygma durch seine Bezugnahme auf die historische Einmaligkeit eines Namens im (gesprochenen) Wort das, was das Opfer im Akt als Wiedergabe des Gesamtsinnes einer gegebenen Gesellschaft ist[62]. Auf der Ebene der Struktur erklärt das soziologisch universale, historisch jedoch stets einmalige Kerygma das Opfer, das in der Metonymie eint, aber in der strukturalen Taxonomie sinnlos bleibt. Wenn überdies die kerygmatische Sprache (langage) die der diachronischen Geschichte ist und zugleich die jeder konstituierten Gesellschaft, so erscheint die *Analyse des Kerygmas* als zentraler Punkt, an dem die Konvergenzen und Gegensätze der Auffassungen von Ricœur und Lévi-Strauss ihren Ausgang nehmen.

Es kommt also darauf an, die kerygmatische Formel festzustellen und logisch zu analysieren. Halten wir uns dabei vor Augen, daß es sich hier formaliter um eine Analyse von Sprache (langage) handelt[63]. Der typisch kerygmatische Satz wird auf eine paradoxe Weise formuliert: Er ist umkehrbar. Auf der einen Seite wird gesagt, daß der Herr (oder *Sol Invictus*)[64] Jesus ist. Auf der anderen Seite verkündet man ebenso, daß »Jesus der Herr ist«.

Die Paradoxheit des Satzes verdoppelt sich, wenn sichtbar wird, daß

---

[62] Noch stärker als in der jüngsten Erklärung Ricœurs finden wir diesen Gedanken im Vorwort zu R. Bultmann, Jésus, 14. Hier erklärt der Autor, das Kerygma sei nicht zunächst Interpretation eines Textes, sondern Ankündigung einer Person; in diesem Sinne sei nicht die Bibel, sondern Jesus Christus das Wort Gottes. – Wie wir sehen werden, ist Jesus nicht allein das gesprochene Wort (parole), sondern auch das Wort an sich (verbe).

[63] Wir haben hier nicht eine Untersuchung der ersten Apostelpredigt im Auge, weder vom historischen noch vom doktrinalen Standpunkt aus. Untersuchungen dieser Art werden vorausgesetzt.

[64] Vgl. S. 41 Anm. 36

die eine oder die andere Formel von der Verkündigung der Kirche entweder verworfen oder akzeptiert worden ist. Logisch gesehen bedeutet dies, daß jeder der beiden Sätze verschieden, ja in umgekehrtem Sinne verstanden werden kann, je nachdem, ob die Attributionsbeziehung vom Verständnis des Subjekts oder von der Erweiterung des Prädikats her bestimmt wird. So ist es zum Beispiel bei dem Satz »der Herr ist Jesus«. Wenn die Kopula des Satzes als Bestimmung des Prädikats durch das Verständnis des Subjekts aufgefaßt wird, wird der Satz synkretistisch: Der Herr ist Jesus, wie er auch Caesar ist, oder auch wie Apollon Mithras ist. Umgekehrt aber, wenn die konkrete Erweiterung des Prädikats das Verständnis des Satzes bestimmt, so bedeutet er, daß die konkrete Universalität Christi alles Herr-Sein in sich schließt und bestimmt.

Der andere Satz »Jesus ist Herr (oder *Sol Invictus*)« wird ebenfalls verworfen, wenn Jesus nur ein Herr unter anderen ist wie der Caesar: Die Aussage des Satzes hat also eine wirklichkeitsnahe Bedeutung und rechtfertigt die politischen Oppositionen, wenn ihr Verständnis von der universalen Ausweitung des Prädikats beherrscht ist. Umgekehrt wiederum ist Jesus der Herr der Kirche, wenn der Begriff »Herr« wie der Begriff *Sol invictus* als kerygmatische Verstärkung verwendet wird, die nur vom konkreten Verständnis des Einzelsubjekts her expressiv ist.

Gültig sind also beide Aussagetypen, aber ihr Verständnis innerhalb der christlichen Tradition verleiht ihnen unterschiedliche Bedeutungen. Im ersten Falle – »der Herr ist Jesus« – versetzt das Zuschreibungsverhältnis das Subjekt ins Innere der Universalität und des konkreten Bereiches des Prädikats. Der zweite Satz – »Jesus ist der Herr (oder *Sol Invictus*)« – ist gültig, denn die christliche Tradition versteht das Zuschreibungsverhältnis als Bestätigung der Inhärenz des Prädikats im konkreten Verständnis des Einzelsubjekts. Dieses befindet sich also logisch wie abstrakt außerhalb der Universalität des Umfanges, den es annimmt.

Der erste der beiden Sätze wird innerhalb der konkreten Universalität Jesu ausgesprochen, der zweite von der Konkretheit seiner Einzelheit aus. Mit anderen Worten: Die erste Formel ist die einer doktrinalen Aussage, welche die Elemente des vollendeten Kerygmas begründet. Die zweite Formel verkündet prophetisch die Hoffnung auf eine neue Ausbreitung der einzigartigen Wahrheit Jesu. Die erste Formel befindet sich also in der Synchronie, die Kopula bei der zweiten bezeichnet ein diachronisches Verhältnis. Die erste doktrinale Formel spielt die Rolle eines strukturalen Operators durch die metonymische und nicht umkehrbare Substitution des Opfers[65]. Die zweite Formel vollzieht eine Art missionarischer Akkulturation, die sich als Operation der Übertragung – eine gleichsam taxonomische Metapher – der Universalität des Heils durch alle einzelnen mythischen religiösen Gesellschaften ausdrückt. Die metonymische Aussage des doktrinalen Kerygmas nimmt eine Wiedererfassung jeglichen subjektiven Sinnes außerhalb des Umfanges des Prädikats vor; in der zweiten Aussage ist *Sol Invictus* Gegenstand des meditierenden Denkens. Dank der vermittelnden Wahrheit der Christologie kann der Gläubige tatsächlich jedes Symbol und jede Realität in das Kerygma aufnehmen.

So erscheinen also beide Formeln als komplementäre Größen notwendig: Weil Jesus das konkrete Universale ist, in dem in Wahrheit jede Herrschaft beschlossen ist, ist er selbst auch das konkrete Subjekt, dem realiter jede Herrschaft zufällt. Würde umgekehrt das Verständnis Jesu in diachronischer Form nicht die soziologische Realität des *Sol Invictus* in seine Totalität einbeziehen, dann wäre er nicht das konkrete Universale, in das synchronisch die Wahrheit Apollos sowie aller Götter eingeht. Das doktrinale Kerygma findet seine lebendige Realität in der missionarischen Verkündigung: Die prophetische Aussage hat ihre Wahrheit nur in der Glaubensverkündigung.

Dieses Verhältnis notwendiger Ergänzung wurzelt in der vom Kerygma verkündeten Universalität. Auf der einen Seite impliziert die Glaubensverkündigung die finale Gleichwertigkeit des Subjekts mit dem Attribut, das heißt eine Wahrheitstotalität, wobei das Symbol adäquat gedacht ist. Auf der anderen Seite kündet das missionarische Kerygma die konkrete universale Gesellschaft an, bei der jegliche Realität sich in die Anordnungen eines signifikanten Netzes einfügt, das in universaler Form auf Jesus Christus selbst zentriert ist. Diese eschatologische Tragweite des vollendeten Kerygmas entgeht aus einander entgegengesetzten Gründen sowohl der Interpretation Ricœurs als auch dem Denken von Lévi-Strauss. Weder der eine noch der andere hat eine Hermeneutik der kerygmatischen Aussage entwickelt. Hier könnten sich die Schwierigkeiten ihrer wechselseitigen Reinterpretation symbolisieren.

---

65 Entsprechend hieß es beim Stamme der Nuer: Eine Gurke ist ein Stier, aber ein Stier ist nicht eine Gurke. – Vgl. oben S. 56–57

Das erneute Bemühen Ricœurs in einem Artikel aus dem Jahr 1967 modifiziert die gegensätzlichen Fronten nur unbedeutend. In jüngster Zeit allerdings ist in der 1963 eröffneten Kontroverse ein neuer Schritt getan worden. Bei der Analyse der Entwicklung der zeitgenössischen Linguistik zeigt Paul Ricœur, wie etwa Noam Chomskys Sicht über die alte Antinomie von Synchronie und Diachronie hinausgeht. Anstatt bei dem *strukturierten Bestand* stehenzubleiben, sollte man seine Aufmerksamkeit vielmehr dem *Strukturierungsverfahren* widmen. »Ich hoffe«, fügt Ricœur dann hinzu, »die Anthropologie und die übrigen Humanwissenschaften werden daraus ihre Konsequenzen ziehen, wie sie sie gegenwärtig aus dem alten Strukturalismus ziehen, in einem Augenblick, in dem in der Linguistik sein Niedergang einsetzt.«[66] Das ist also unter dem Teilaspekt der heutigen Linguistik das Wiederaufleben der Diskussion zwischen dem Ethnologen und dem Philosophen im Jahr 1963.

Ricœur unterscheidet fünf antinomische Aspekte, unter denen der Bestand zum Verfahren in Gegensatz steht: den Akt des Diskurses auf der einen und die zeitlose Virtualität des Systems auf der anderen Seite, das Auswählen der Signifikation einerseits und die Einschränkung andrerseits; den neuen Kombinationen entspricht als Gegensatz das begrenzte und in sich geschlossene Repertoire der Zeichen; der Erstrebung eines Idealsinnes steht das Hinzielen auf eine reale Bezugnahme gegenüber, die die Struktur des Zeichens innerhalb des Systems im Auge hat, während der Idealsinn auf der Ebene des Satzes als Sinneinheit (phrase) seinen Platz bezieht; und das letzte Paar gegensätzlicher Aspekte bildet das gegenseitige Sich-Ansprechen der Subjekte und die Anonymität des Systems. »Die Sprache (langage) ist ebensowenig Fundament, wie sie Objekt ist; sie ist Vermittlung; sie ist medium, das Mittlere, in dem und durch das das Subjekt sich selbst setzt und die Welt sich zeigt.«[67] Diese fünf Antinomien der Linguistik hebt Paul Ricœur auf im Diskurs: in der stetigen Umwandlung der Struktur in das Ereignis und des Ereignisses in die Struktur. Das Wort (mot) wird »die Austauschstelle zwischen System und Akt, zwischen Struktur und Ereignis«[68].

---

[66] P. Ricœur, La structure, le mot, l'événement, in: Esprit 35 (1967), 816

[67] Ebd. 812

[68] Ebd. 817. Die Umwandlung von System in Ereignis läßt sich nun für Ricœur auf das Wort Gottes anwenden: Das Kerygma wird nur in der Bewegung der Interpre-

Nun aber sind – und an dieser Stelle zeigt sich vor allem eine Berührung mit dem linguistischen Strukturalismus – Synchronie und Diachronie durch diese Problemstellung überholt. Das Beispiel, das gewählt worden ist, ist das der Polysemie: Die semantische Ebene des Satzes besteht hier allein darin, über das Wort Rechenschaft zu geben, das nicht auf die synchronische Ebene einer Taxonomie reduziert werden kann. »Die geregelte Polysemie gehört der panchronischen Ordnung an, das heißt, sie ist zugleich synchronisch und diachronisch, und zwar in dem Maße, wie eine Geschichte sich in Systemstellungen projiziert, die demzufolge nur Augenblicksschnitte in dem Sinnvorgang, in dem Benennungsvorgang sind.«[69] Das Wort (mot) darf somit nur im Kontext des Satzes verstanden werden. Dieser selbst ist im übrigen nur ein verkleinertes Bedeutungsganzes; man muß vielmehr »die Verknüpfung eines Textes: Traum, Dichtung, Mythos – betrachten. Auf dieser Ebene würde ich mein Problem der Hermeneutik wiederfinden«[70].

Wir können uns fragen, ob der Strukturalismus in dem Maße, in dem er betont, daß die freie Initiative des Diskurses im Wort (mot) effektive Notwendigkeit für den weiteren Akt wird, tatsächlich durch dieses Wiederaufleben der linguistischen Analyse verengt wird. Unter Berufung auf Hjelmslev schreibt Ricœur: »Entfernt man aus der Semiologie die Substanz der Laute und die der Signifikationen, so wie beide dem Bewußtsein der Sprechenden zugänglich sind, dann muß man sagen, daß Phonetik und Semantik nicht zur Semiologie gehören. Eins wie das andere gehört zur *praktischen Anwendung* bzw. *konkreten Verrichtung* und nicht zum Schema. Nun ist aber für die Sprache als Institution (langue) allein das Schema wesentlich. Anwendung bzw. Verrichtung stehen am Kreuzungspunkt von langue (Sprache als Institution) und parole (konkret gesprochene Sprache). Es ist also zu schließen, daß zur gleichen Zeit, wie der Satz sagt (dit), das Wort benennt (nomme). Es benennt in Satzstellung.«[71]

Wenn wir zugeben, daß der Strukturalismus die zur Notwendigkeit gewordene Akkumulation der strukturierenden Operationen ist – müs-

---

tation selbst zum Positivum der Entmythologisierung (vgl. Vorwort zu R. Bultmann, Jésus, 18). Um ein Wortspiel Augustins zu wiederholen: Das (gesprochene) Wort (vox) ist nicht das Wort als solches (verbum), die Prophetie des Täufers ist nicht der Logos der Welt.

[69] Ebd. 818

[70] Ebd. 819

[71] Ebd. 816–817

sen wir dann, wie Ricœur es verlangt, das Wesen des Lautes aus der Signifikationsstruktur ausschließen? Gibt es nicht im sprachlichen Ausdruck (langage) als Wesen etwas, das vor seiner Funktion in der (gesprochenen) Sprache vorhanden ist? Wenn wir im übrigen den notwendigen semiologischen Einbau des Wortes in den Satz, des Satzes in den Absatz, des Absatzes in das Kapitel, des Kapitels in das Buch und des Buches in eine Tradition geltend machen – verschließt dann das hermeneutische Problem nicht den anderen Ausweg, nämlich den der Ethnologie? Zum Wesen des Lautes tritt das der Geste hinzu und zu diesem die Dispositionen der sozialen Partner in einer bestimmten Gesellschaft. Alles läuft darauf hinaus, daß erfaßt wird, was unter dem Austausch von Struktur und Ereignis zu verstehen ist. Der Strukturalismus leugnet die Diachronie nicht, aber er betrachtet sie in der synchronischen Struktur als reales Ereignis. Er fügt sie ein in den Determinismus, durch den sie dem Zufall der Ereignisse ausgeliefert wird, die sie nach und nach auslöschen.

Es gibt, wie Ricœur sagt, sehr wohl einen Austausch zwischen dem System und dem Akt, zwischen der Struktur und dem Ereignis. Aber die spezifische Eigenart des Aktes scheint uns ganz und gar vom System definiert. Der Akt selbst entzieht sich als einziger dieser Determinierung, da er ihre konkrete Gesamtheit bildet und seine spezifische Eigenart nur durch die Vermittlung der ins Auge gefaßten Totalität ausdrückt, die auf der eigentlichen Ebene des Diskurses steht. Weil der Ausdruck des Aktes und des (gesprochenen) Wortes (parole) vollständig aus dem System der (instituierten) Sprache (langue) hervorgegangen, aber nur vom Diskurs betroffen ist, nimmt die Semiologie teil am Schematismus des Diskurses[72]. Wenn das Zeichen, soweit es die Differenz im System ist, nichts sagt, dann deshalb, weil die Ausbreitung dieses Systems sich ausschließlich auf die Semiologie beschränkt. Wenn es

---

[72] Im Jahr 1968 übertrug Ricœur jene »panchronische« gegenseitige Durchdringung von Sprache als Institution (langue) und Sprache als Gesprochenem (parole) auf die Textexegese und sagte in diesem Zusammenhang über Bultmann: »Das semantische Moment, das Moment des objektiven Sinnes, muß in einer Hermeneutik, die darauf bedacht ist, zugleich der Objektivität des Sinnes und der Historizität der persönlichen Entscheidung gerecht zu werden, dem existentiellen Moment – das heißt dem der persönlichen Entscheidung – vorausgehen. Unter diesem Aspekt gesehen ist das von Bultmann aufgeworfene Problem genau umgekehrt wie das, welches die heutigen Strukturalisten aufwerfen. Sie haben sich auf die Seite der Sprache (langue) gestellt, Bultmann stellt sich auf die Seite des Gesprochenen (parole).« Vorwort zu R. Bultmann, Jésus, 25

aus sich selbst nichts »sagt«, so wird es zum strukturalistischen Linguisten »sprechen«, und diese synchronische Struktur birgt ein reiches Maß an Realitäten für den, der die Totalität im Diskurs anstrebt. Die Diskussion bleibt offen. Es geht jetzt darum, andere Aspekte der Interpretation anzusprechen.

5. Die wechselseitige Reduktion auf dem Boden von »De l'Interprétation«

In Beantwortung einer Frage von Jean Lautman erklärte Claude Lévi-Strauss: »Ich habe das Empfinden, daß der Enthnologe an kollektiven Einheiten dasselbe tut, was der Psychoanalytiker an Einzelwesen tut.«[73] In »De l'Interprétation« wird nun vorgeschlagen, die psychoanalytische Befragung in die Reflexion einzuführen. Damit haben wir einen neuen Boden der Begegnung von Hermeneutik und Strukturalismus. In diesem Zusammenhang müssen wir uns unter den jeweiligen Gesichtspunkten mit den Begriffen Psychoanalyse, Realität, Archäologie und Teleologie auseinandersetzen.

Alle diese Faktoren begegnen sich im Symbol. Aber dieses bleibt im strengen Sinne der Sinngeber, wie auch immer die soziologischen Implikationen des Netzes beschaffen sein mögen, das die reale Grundlage seiner Signifikation bildet. Das ist zumindest die These der hermeneutischen Philosophie.

Wenn man näher zusieht, liegt möglicherweise in dem kategorialen Unbewußten des Strukturalismus eine Symbolisierungsfähigkeit, die zwangsläufig an gewisse hermeneutische Komponenten von Ricœurs Interpretation erinnert. Auf eine Frage von Kostas Axelos über die Anfänge des Denkens antwortet Lévi-Strauss: »Das ist eine große Frage, aber ich verstehe nicht, weshalb man von mir erwartet, ich könne darauf antworten, denn hier handelt es sich doch um das Problem der Ursprünge der Menschheit, um das, was die Vertreter der physischen Anthropologie Hominisation nennen. Von welchem Augenblick an hat es denkende Wesen gegeben? Ich weiß nichts davon, und ich zweifle sehr, daß unsere Kollegen von der physischen Anthropologie klare Vorstellungen davon haben. Ja mehr noch: Ich zweifle sogar

---

[73] P. Ricœur – C. Lévi-Strauss, Structure et herméneutique, 648

daran, daß wir im Werdevorgang theoretisch einen Augenblick fassen können, an dem der Mensch zu denken begonnen hätte; ich neige vielmehr zu der Annahme, daß das Denken vor den Menschen beginnt.« [74]
Und Paul Ricœur faßt in folgender so ungemein energischen Formel seinen abschließenden Eindruck von *»Pensée sauvage«* zusammen: »Die letzten Seiten des Buches deuten an, daß man das Prinzip eines Funktionierens des Geistes als Ding von einem Universum der Information aus zu suchen habe, wo wiederum die Gesetze des ›wilden Denkens‹ herrschen.« [75]

Die archäologischen und teleologischen Komponenten des Symbols basieren nach Ricœurs neuem Aufsatz von 1965 auf einem Rückgriff auf Freud, gekoppelt mit einer Analyse des Werdens des Bewußtseins bei Hegel. Die Interpretation nimmt hier Bezug auf die »Phänomenologie des Geistes«: »Die Wahrheit eines Augenblicks liegt in dem folgenden Augenblick; der Sinn schreitet immer vom Ende auf den Anfang zu. Aus dieser ersten Verständnisregel ergeben sich mehrere Konsequenzen: Zunächst einmal die, daß aufgrund dieser Rückwärtsbewegung des Wahren die Phänomenologie möglich ist; wenn sie nichts schafft, sondern nur den Sinn näher erklärt in dem Maße, in dem er sich enthüllt, dann weil der Endsinn (sens final) jedem einzelnen seiner vorhergehenden Momente immanent ist; daher kann die Phänomenologie diesen späteren Sinn aus der Prüfung des früheren Sinnes entfalten; auf diese Weise kann der Philosoph sich nach dem richten, was *sich zeigt,* er kann Phänomenologe sein; aber wenn er sagen kann, was sich zeigt, dann weil er es im Lichte der späteren Gestalten sieht; dieses Vorausschreiten des Geistes über sich selbst hinaus ergibt die Wahrheit, die dabei nicht aus sich selbst gewußt wird, sondern aus früheren Gestalten; das ist die Eigenart, die diese Phänomenologie des Geistes und nicht des Bewußtseins qualifiziert. Aus demselben Grund ist das auf diese Weise enthüllte Bewußtsein keineswegs mehr das Bewußtsein, das der dialektischen Bewegung vorausgeht; bekanntlich nennt Hegel in der ›Phänomenologie des Geistes‹ jene einfache Manifestation des Seins der Welt vor einem Zeugen, der sich selbst nicht weiß, Bewußtsein. Vor dem Bewußtsein seiner selbst ist das Bewußtsein einfach Manifestation der Welt.« [76]

---

[74] Ebd. 646
[75] Ebd. 620
[76] P. Ricœur, De l'Interprétation, 448–449

Erinnert diese Manifestation der Welt, die für das Werden des Geistes als Ausgangspunkt dient, den Strukturalisten nicht an etwas wie den Geist, der vor den Menschen da ist? Zweifellos bleibt das Eindringen des Begehrens wesentlich für das Auftreten des Selbst und des Geistes: »Als Hegel im Anderssein des Begehrens die Kundgabe der Absicht eines anderen Begehrens entdeckt, eines anderen verlangenden Bewußtseins, das zugleich fremd und dasselbe ist, erklärt er ganz eindeutig, daß für uns Philosophen, für uns, die der Bewegung voraus sind, die Idee des Geistes bereits da ist.« [77] Die Bedingungen der Teleologie umhüllen gleichermaßen diese wesenhafte Unendlichkeit: »Die Reflexion kann schöpferisch sein durch das, was jeder Augenblick in seiner Gewißheit von Nichtgewußtem in sich verhüllt und was alle späteren Augenblicke zu erklären und zu vermitteln bestrebt sind. Daher verknüpft Hegel den Begriff der *Unendlichkeit* mit diesem Bemühen um gegenseitige Erkenntnis: Der Begriff des Bewußtseins seiner selbst, sagt er, ist der Begriff der Unendlichkeit, die sich im Bewußtsein und durch das Bewußtsein realisiert; tatsächlich ist der Gegensatz, durch den jedes Bewußtseins sich im andern sucht und ›was es tut, insofern tut als das andere es auch tut‹, eine unendliche Bewegung in dem Sinne, daß jedes Glied aus seinen Grenzen heraustritt, um ein anderes zu werden; man erkennt hier die *Unruhigkeit* des Lebens, die indessen durch Gegensatz und Kampf in ein reflexives Stadium getragen wird; nur in diesem Kampf um das Erkennen enthüllt das Selbst sich als niemals einfach seiend, was es ist und im Hinblick darauf unendlich seiend.« [78]

Es gibt wohl beim Zugang zum Sinn eine Mittlung der Totalität, der Unendlichkeit, die jedem Augenblick seinen reflexiven Wert hergibt. Doch scheint uns eine solche Mittlung dem Strukturalismus keineswegs fremd zu sein, denn wenn er in der exotischen Gesellschaft einen für alle Menschen gültigen Katalysator der Struktur sucht [79], ist damit die konkrete Einheit der Strukturen der Menschheit vorausgesetzt. Wir erkennen hier die sympathische Reaktion von Lévi-Strauss auf die prälogische Geistigkeit, welche die alte Schule von Lévy-Bruhl den primitiven Völkern beilegte. Die Voraussetzung einer geographischen Totalisierung aller Kulturen in identischen elementaren Strukturen gestattet

---

[77] Ebd. 451

[78] Ebd. 451–452

[79] C. Lévi-Strauss, La Pensée sauvage, 302

und unterstützt effektiv die speziellen Anwendungen auf diese oder jene Einzelgesellschaft. Doch scheint uns der Strukturalismus dadurch, daß er auf der Ebene der *Praxis* bleibt, von der Phänomenologie des Geistes nur den initialen Aspekt der Manifestation der Bewußtseinswelt gegenüber und seiner Verlängerung in die äußeren Handlungsformen hinein zu wahren. Dann aber erscheint der Strukturalismus wie eine Art ins Spatiale übertragener Hegelscher Philosophie ohne Selbstbewußtsein und Begehren, wie ein weites formales Netz, in dessen Konvergenzen der Sinn vollkommen erschöpft ist.

In dieser strukturalen Konzeption bleibt jedoch das bereits aufgezeigte Problem[80]: Die kontinuierliche Reihe der Symbole bei der Analyse der Achse des sakrifiziellen Systems bleibt in den Augen von Lévi-Strauss sinnlos: »Die klassifizierenden Systeme haben ihren Platz auf der Ebene der Sprache (als Institution = langue): Es sind mehr oder weniger gut zusammengestellte Codes, aber stets im Hinblick auf den Ausdruck von Sinn (sens), während das System des Opfers einen besonderen Diskurs darstellt, ohne jeglichen vernünftigen Sinn, obwohl ein solcher häufig behauptet wird.«[81] Durch diese Feststellung gesteht der Strukturalismus selbst, daß er den Sinn der Strukturen nicht ausschöpft und daß, wenn das diskontinuierliche System des Totemismus die Stammessoziologie widerspiegelt, es zugleich als Bezug auf eine unvorhergesehene Achse dient, deren Sinn ihm entgeht. Nun wird aber, wie uns scheint, gerade auf dem Weg über diese Achse Bewußtsein zu Selbstbewußtsein und zur Quelle der Axiologie. Ja in dieser Perspektive scheint die hermeneutische Philosophie uns das Feld zu begrenzen, auf dem die Teleologie und die Archäologie sich im Symbol verbinden. Aber im Gegensatz zu Lévi-Strauss will Ricœur der Tatsache, daß das Symbol zugleich eine Masche eines totemistischen Gitters in einer bestimmten Gesellschaft ist, nur eine sekundäre Bedeutung beimessen. Doch der »strukturale Un-Sinn« der Reihe, deren oberstes Ende die Gottheit ist, kann, wie wir meinen, zu den extremen Schlußfolgerungen der Archäologie des Symbols in Beziehung gesetzt werden: »Nach erster Schätzung ist die Freudsche Auffassung eine reduzierende Interpretation, eine Interpretation nach dem Schema ›nicht ... außer ...‹ (= nur), wofür die berühmte Formel über die Religion das extreme Beispiel bildet: Religion ist die allgemeine Zwangsneurose der Mensch-

[80] Vgl. oben S. 58

[81] C. Lévi-Strauss, La Pensée sauvage, 302

heit.« [82] Der angebliche Un-Sinn der religiösen Achse scheint uns bei Ricœur ersetzt durch die Positivität des Verlangens und seiner Pathologie auf dem Grunde der Teleologie des Geistes selbst. Der dynamische Un-Sinn ist tatsächlich das spezielle Material der Freudschen Einstellung und Auffassung. Es sei uns gestattet, ihn in die Nähe der »irrealen und künstlichen« Kontinuität des sakrifiziellen Systems zu rükken und festzustellen, daß Ricœur die erste Implikation der Reflexion aufdeckt: »Was im Unbewußten zu sprechen fähig, was überhaupt darstellbar ist, verweist auf einen nicht symbolisierbaren Grund: das Begehren als Begehren. Hier haben wir die Grenze, die das Unbewußte jeder linguistischen Transkription auferlegt, die ohne Rest zu bleiben beansprucht. Nun wäre aber diese regressive Bewegung – die durchaus den Namen Analyse verdient – zum Prä-signifikanten und Insignifikanten selbst insignifikant, wenn sie nicht an eine Problematik des Subjektes angelehnt wäre; was sie bezeichnet, ist speziell das *sum* des *Cogito*.« [83]

Die Signifikation, welche die Reflexion aus der religiösen Symbolsprache schöpft, ist letztlich bedingt von ihrer Verwurzelung im Leben des Begehrens: Die Abhängigkeit des *Cogito* vom Begehren wird »entschlüsselt und gedeutet durch die Träume, die Phantasiebilder und die Mythen, die gewissermaßen den indirekten Diskurs dieser stummen Dunkelheit bilden. Die Einwurzelung der Reflexion im Leben wird selbst im reflexiven Bewußtsein nur als hermeneutische Wahrheit erfaßt.« [84]

So fügt die Hermeneutik sich in eine Reihe symbolischer Wiedergaben ein; sie scheint also gerüstet, um über das Innen ihrer eigenen Tradition zu reflektieren, hat sie aber, so können wir fragen, die Andersheit der anderen Tradition nicht doch nur als integrierenden Teil der eigenen reflektiert? Zur Beantwortung dieser Frage müßte man beobachten, auf welche Weise Teleologie und Archäologie sich in einer Dialektik des Symbols ergänzen. Zu dieser Funktion der zweifachen Problematik des Ursprünglichen und des Endgültig-Abschließenden schreibt Ricœur: »Wir kennen nun das Prinzip der Lösung: Es liegt in der Dialektik von Archäologie und Teleologie. Uns bleibt, das gemischte *Konkrete* zu finden, auf dem wir den Aufdruck Archäologie und Teleologie lesen.

---

[82] P. Ricœur, De l'Interprétation, 433
[83] Ebd. 439
[84] Ebd. 443

Dieses gemischte *Konkrete* ist das Symbol.«[85] »Das Symbol ist das *konkrete* Moment dieser Dialektik, es ist keineswegs das *unmittelbare* Moment. Das Konkrete ist stets der Höhepunkt der Vermittlung oder die erfüllte Vermittlung. Die Rückkehr zur einfachen Aufnahme der Symbole ist der ›Lohn nach geleisteter Denkarbeit‹. Das Konkrete der Sprache (langage), der wir in einer mühsamen Annäherung nahe kommen, ist die zweite Naivität, von der wir nie mehr als eine Grenzerkenntnis oder eine liminale Erkenntnis gewinnen.«[86]

Das Konkrete, zu dem die Hermeneutik hier Zugang findet, liegt ganz in der Signifikation der Sprache (langage). Die zweite Naivität ist die Frucht einer radikalen Entmythologisierung: Die durch die positive Forschung unterhöhlten kindlichen Bilder heben den mythischen Charakter des Übrigen hervor, dessen problematische Doppeldeutigkeit im innersten Kern der Reflexion liegt. »Die beiden Hermeneutiken – die eine auf ein Wiedererstehen der archaischen Signifikationen gerichtet, die der Kindheit des Menschengeschlechts und des einzelnen angehört, die andere dem Auftauchen von Gestalten zugewandt, die unser geistiges Abenteuer vorwegnehmen – entfalten nur in entgegengesetzten Richtungen die Sinnansätze, die in der reichen, rätselvollen Sprache (langage) enthalten sind, welche die Menschen zugleich ersonnen und empfangen haben, um ihrer Angst und ihrer Hoffnung Ausdruck zu geben. Dann aber müßte man sagen, daß dieselben Symbole Träger von zwei Vektoren sind: Auf der einen Seite bilden sie eine Wiederholung unserer Kindheit in allen ihren Richtungen, chronologischen wie nicht chronologischen. Auf der anderen Seite erforschen sie unser Erwachsenenleben: »O my prophetic soul«, sagt Hamlet. Aber diese beiden Funktionen sind nicht außerhalb voneinander; sie bilden die Überdeterminierung der authentischen Symbole. Indem sie in unsere Kindheit hinabtauchen und sie in der Form von Träumen wieder aufleben lassen, stellen sie die Projektion unserer eigenen Möglichkeiten auf dem Register der Vorstellungskraft dar. Diese authentischen Symbole sind wahrhaft regressiv-progressiv; durch die Erinnerung und die Antizipation; durch Archaismus und Prophetie.«[87]

Wie gibt in diesem Zusammenhang Ricœur dem Strukturalismus Raum? Er hat sich über dieses Thema mit aller wünschenswerten Deut-

---

[85] Ebd. 476
[86] Ebd. 477
[87] Ebd. 478

lichkeit ausgesprochen: »Ich möchte vorschlagen, mehrere Kreativitätsebenen der Symbole zu unterscheiden. Auf der untersten Ebene finden wir die abgelagerte Symbolik: Hier findet man stereotyp gewordene und aus dem Zusammenhang gerissene Symbolbruchstücke, die weniger gebräuchlich als abgenutzt sind und nur noch eine Vergangenheit haben; von dieser Ebene geht die Traumsymbolik aus; sie ist ferner die der Märchen und Legenden. Hier ist keinerlei Symbolisationsarbeit mehr im Gange. Auf einer zweiten Ebene finden wir die Symbole mit gebräuchlicher Funktion; es sind die gebrauchten, brauchbaren und nutzbar gemachten Symbole, die eine Vergangenheit und eine Gegenwart haben und die in der Synchronie einer bestimmten Gesellschaft als Gewähr und Unterpfand für die Gesamtheit der sozialen Abmachungen dienen. Auf dieser Ebene arbeitet die strukturale Anthropologie. Auf einer höheren Ebene folgen sodann die prospektiven Symbole. Das sind Sinnschöpfungen, welche die traditionellen Symbole mit ihrer verfügbaren Polysemie aufgreifen und sie zu Trägern neuer Signifikationen machen. Diese Sinnschöpfung spiegelt den lebendigen Untergrund wider, der nicht sedimentiert und nicht sozial mit Symbolik bekleidet ist.« [88]

Diese Stellung des Strukturalismus innerhalb der hermeneutischen Philosophie enthüllt nach unserer Meinung mehr als ein Paradox. Auf der einen Seite erscheint der Strukturalismus hier – im Unterschied zu Ricœurs früherer Interpretation – nicht mehr als notwendiges Werkzeug, sondern als Sinngeber, da er an der Kreativität des Symbols beteiligt ist. Doch verliert er diese hermeneutische Bedeutung augenblicklich, weil die Kreativität des Symbols sich der Reflexion nur unter radikaler Trennung von Archäologie und Teleologie darbietet. Aber bei einer Hermeneutik, in der die Wiederaufnahme des Sinnes sich vor allem auf ein Verständnis des Innen innerhalb einer Tradition stützt, erkennen wir nicht, wie es möglich sein soll, das Symbol als ein Sediment zu behandeln, wenn es vorher nicht gebräuchlich gewesen ist. Folglich haben wir allen Grund, an Ricœur die Frage zu richten: Gehört die strukturale Fragestellung nach Art von Lévi-Strauss nicht von Rechts wegen in den Bereich der Archäologie? Die sinnschöpferische Fähigkeit, mit der der Strukturalismus mitwirken müßte, bedeutet im übrigen in unseren Augen keine Reduzierung auf den Sinn der soziologischen Struk-

---

88 Ebd. 486

tur als solcher, sondern seine Einfügung in die innere Dynamik des Symbols.

Wenn man die Dinge so sieht, stellen sich neue Fragen. Was für ein Wesen hat jenes Leben, in dem das Symbol sich inkarniert, um daraus Sinn zu schöpfen? Besteht zwischen der *Praxis,* welche die operationale Basis des Strukturalismus bildet, und der der Psychoanalyse eine ausreichende Ähnlichkeit, um ihr zu ermöglichen, das Symbol auf verschiedenen Ebenen an einer und derselben Kreativität teilnehmen zu lassen? Denn – so schreibt Ricœur – »unter Berufung auf eine *Praxis,* die sich auf keine andere zurückführen läßt, ›zeigt‹ die Psychoanalyse ›mit dem Finger‹, was die Phänomenologie niemals in exakter Form erreicht, nämlich unsere Beziehung zu unseren Ursprüngen und unser Verhältnis zu unseren Modellen, zu dem Es und zu dem Über-Ich« [89].

Hier geht es darum, genau zu bestimmen, welche Rollen das Prinzip der Realität und die Funktion des Psychoanalytikers jeweils in der hermeneutischen Philosophie und im Strukturalismus spielen. »An diesen Realitätsbegriff ist also von vornherein kein bestimmter philosophischer Sinn gebunden. Die Realität stellt keine Frage dar, sie wird als bekannt vorausgesetzt. Das Maß dafür bilden der normale Mensch und der Psychiater; sie ist der physische und soziale Anpassungsraum.« [90] Aber am Ende von Ricœurs Freud-Verständnis »kann man sagen, daß der Psychoanalytiker für den Patienten das Realitätsprinzip in Fleisch und Blut und in seiner Aktualität darstellt. Nun stellt er es aber in dem Maße dar, in dem er nicht richtet und keine ethischen Vorschriften macht: Diese Enthaltung von allen Arten von Moralpredigt, diese analytische Losgelöstheit könnte zunächst an ein Fehlen der Ethik überhaupt denken lassen. Sie findet eine tiefe Bedeutung wieder, wenn man sie wieder in das Feld des Gegensatzes zwischen dem Lustprinzip und dem Realitätsprinzip einsetzt. Das Über-Ich greift den Menschen als Lustwesen an, setzt aber vom Menschen zuviel voraus und verbirgt seine Exzesse nur unter der narzißtischen Befriedigung, die es dem Ich bietet, nämlich sich für besser als den anderen zu halten. Der Blick der Analyse ist im Gegenteil der auf die Realität hin gebildete und auf die Innenwelt gerichtete Blick. Die *Epoche* von Wert-Sprechen (parler-valeur) wird so zur grundlegenden Etappe der Selbsterkenntnis; durch sie wird das Realitätsprinzip Richtschnur für das Bewußtwerden. Ist

---

[89] Ebd. 406

[90] Ebd. 261

damit jede Ethik aufgegeben? Der Analytiker weiß mehr als jeder andere, daß der Mensch sich ständig in einer ethischen Situation befindet; er setzt sie bei jedem Schritt voraus; was er über Ödipus sagt, bestätigt nachdrücklich die moralische Bestimmung des Menschen. Aber angesichts der Mängel des sittlichen Bewußtseins und seiner seltsamen Komplizenschaft mit dem Todestrieb legt das Realitätsprinzip nahe, eine Verurteilung durch eine neutrale Betrachtungsweise zu substituieren. So öffnet sich eine Lichtung der Wahrhaftigkeit, an der die Lüge von Idealen und Idolen ans Licht gebracht und ihre verborgene Rolle in der Strategie des Begehrens entlarvt wird. Diese Wahrhaftigkeit macht zweifellos nicht die gesamte Ethik aus. Doch sie bildet zumindest deren Schwelle.«[91]

Welchen Sinn hat aus der Perspektive von Lévi-Strauss im Verhältnis dazu das »Realitätsprinzip«? Bei diesem ist die Erklärung eines jeden Symbols in einer bestimmten Gesellschaft genau proportional dem »physischen und sozialen Anpassungsraum«, und dadurch ist außerhalb der sinnlosen Achse des Sakralen (sacré) der Sinn erschöpft. Das bei der psychoanalytischen Behandlung herangezogene Realitätsprinzip erreicht der Strukturalist dank den Bedingungen des konkreten Lebens der beobachteten Primitivgesellschaft. Diese soziale Realität wird nicht notwendig von der Archäologie des Symbols interpretiert: »Man könnte sagen, das Realitätsprinzip symbolisiere den Zugang zur wahren Nützlichkeit auf dem weiten Umweg der Trauer um verlorene, verbotene und tröstende Dinge.«[92] Diese »wahre Nützlichkeit«, die von Ricœur zur Läuterung des Symbols gefordert wird, wäre paradoxerweise unabhängig von der gewohnten Funktion dieses Symbols gewonnen. An dieser Stelle bemerkt man in der Praxis des Strukturalisten eine Dichte der Realität, welche die analytische Praxis Ricœurs nicht erreicht. Doch während die religiöse Symbolik und das Entstehen der autonomen Kultur, wie es scheint, dem Strukturalismus entzogen sind, erreicht Ricœurs Reflexion ihren Sinn in Fülle. »Hier kann in der Tat die in der Tiefe liegende Identität der beiden Hermeneutiken, der regressiven und der progressiven, mit der höchsten Evidenz und dem größten Nachdruck bewiesen werden. An dieser Stelle muß die Teleologie des Bewußtseins in den feinen Verästelungen der Archäologie selbst in Erscheinung treten, und das *telos* des menschlichen Aben-

---

[91] Ebd. 276
[92] Ebd. 272

teuers muß sich in der endlosen Exegese der Mythen und der verschütteten Geheimnisse unserer Kindheit und unserer Geburt ankünden.«[93]
Ein Beispiel mag veranschaulichen, worauf die antinomischen Stellungen der hermeneutischen Philosophie und des Strukturalismus hinauslaufen: »Die *ruah* Jahwes«, schreibt Ricœur, »im Alten Testament, die wir in Ermangelung eines besseren Ausdruckes mit ›Geist‹ wiedergeben, bezeichnet den irrationalen Aspekt des Bundes; aber diese *ruah* ist auch *davar,* (gesprochenes) Wort; es ist kein Zufall, wenn das einzige angemessene griechische Äquivalent für das hebräische *ruah* das Wort *logos* war. Diese Übersetzung selbst war, so annähernd und ungenau sie sein mochte, ein wichtiges kultisches Ereignis. Sie bringt zunächst die Überzeugung zum Ausdruck, daß alle Sprachen ineinander übersetzbar sind, daß also alle Kulturen einer einzigen Menschheit angehören, sodann, daß das am wenigsten schlechte Äquivalent für den Anruf, den der Mensch von Gott erhält, in dem Begriff *logos* zu suchen ist, in dem die Griechen die Einheit von *ratio* und *oratio,* von Vernunft und Rede, erkannten.«[94] Die Sinnauffassung, der sich das meditierende Denken widmet, verlangt eine authentische Übersetzbarkeit von *davar* in *logos.* Betrachtet man dieselbe Übertragung kritisch vom strukturalen Standpunkt aus, so wird man sagen, *logos* sei durch diachronischen Zufall ein Ersatz für die Funktion, die *davar* in der Struktur der hebräischen Gesellschaft besaß. Es bestände im übrigen Anlaß, sich über die Vorbehalte klar zu werden, die Lévi-Strauss hinsichtlich der Möglichkeit einer Anwendung der strukturalistischen Methode auf die Bibel angemeldet hat[95]. Es scheint auf jeden Fall, daß, wenn der Übergang von *davar* zu *logos* ein wichtiges Ereignis war, dieses Wiederaufgreifen eine Dichte des Sinnes schwinden lasse, den nur der Rückgriff auf die Ethnologie zugänglich macht. Diese muß enthüllend sein aufgrund einer Feldarchäologie, die der Exegese nicht Sinntrümmer bietet, wie Ricœur annimmt, sondern Keramikscherben, Brandspuren, kurzum Material, aufgrund dessen dem Exegeten eine strukturale Analyse auf der Ebene verschwundener Gesellschaften ermöglicht wird. Unter dieser Bedingung verbindet die Interpretation die analytische Praxis und die teleologische Zielrichtung, wodurch bei Ricœur auf der einen Seite die Entmythologisierung vonstatten geht, und auf der anderen die *Praxis,*

---

[93] Ebd. 495
[94] P. Ricœur, La Symbolique du mal, 55
[95] Siehe oben S. 67

die Gegenstand des Strukturalismus bei Lévi-Strauss ist. Aber auch dann wird die Legitimität und die Unvereinbarkeit beider Betrachtungsweisen in ihrem ganzen Umfang sichtbar.

Zugleich aber stellt hier diese Verwurzelung des Denkens in der Materie die Frage der Mittlung, der wir bereits begegnet sind: Die Stellung des Psychoanalytikers ist in der einen Perspektive umgekehrt wie in der anderen. Die Rolle des Hermeneuten entspricht der des Psychoanalytikers. Der Anthropologe ist das Maß der exakten Relationen, die das Symbol in einer Gesellschaft definieren, die er von innen her zu verstehen glaubt, obwohl er verpflichtet ist, außerhalb von ihr zu bleiben. Recht verschieden ist dagegen nach Ricœur die Stellung des Interpreten: Gleich dem Patienten des Psychoanalytikers findet der Hermeneut sich dem Analytiker gegenübergestellt, dessen Wort ihn schweigend befragt. Der in der Geschichte seiner speziellen Tradition stehende Interpret der Symbole sieht sich so durch ein Wort (parole) zu dieser Tradition berufen, das ihn von jenseits dieser Symbolik anruft. Die Situation des Hermeneuten erscheint so der des Glaubenden analog: Der eine wie der andere findet sich, nach Art der Analyse, von einem Wort abhängig, das ihm als das Ganz-Andere erscheint. »Wenn es eine echte Glaubensproblematik gibt, so erwächst sie aus einer neuen Dimension, die ich an anderer Stelle in einem anderen philosophischen Zusammenhang eine *Poetik des Willens* (Poétique de la Volonté) genannt habe, weil sie den tiefsten Ursprung des *Ich-will* betrifft, den Vorgang, in dem der Quelle seiner Wirksamkeit Kraft gegeben wird. Diese neue Dimension nenne ich in dem besonderen Kontext dieses Werkes Anruf, *Kerygma,* Wort, das an mich gerichtet ist.«[96] Im Schoße der Hermeneutik »deutet die Archäologie nur auf das bereits Vorhandene hin, auf das von dem sich setzenden *Cogito* bereits Gesetzte. Die Teleologie deutet nur auf einen späteren Sinn hin, der den vorherigen Sinn der Gestalten des Geistes in der Schwebe beläßt. Aber dieser spätere Sinn kann ständig verstanden werden als Vorausgriff des Geistes über sich selbst, als Selbst-Projektion in ein *telos.* Im Verhältnis zu dieser Archäologie meiner-selbst und *dieser* Teleologie meiner-selbst sind Genese und Eschatologie das Ganz-Andere. Natürlich spreche ich hier nicht von dem Ganz-Anderen, insofern es sich an mich wendet; und das Kerygma, die Frohe Botschaft, besteht gerade darin, daß es sich an mich wendet

[96] P. Ricœur, De l'Interprétation, 504. Wir heben das Wort *Kerygma* hervor.

und aufhört, das Ganz-Andere zu sein. Aber durch die Art seiner Annäherung, seines Kommens, kündigt es sich als etwas von der *arche* und dem *telos*, die ich reflektierend erfassen kann, völlig Verschiedenes an. Es kündigt sich an als das Ganz-Andere, indem es seine radikale Andersheit vernichtet.«[97] »Dadurch, daß das Ganz-Andere sich auf diese Weise dem menschlichen Wort immanent macht, gibt es sich zu erkennen in der Dialektik und durch die Dialektik der Teleologie und der Archäologie.«[98] So ersteht für den gläubigen Hermeneuten der göttliche Analytiker aus dem Bereich außerhalb seiner Tradition: Diese wird von innen her verstanden als das Ereignis einer Wiederaufnahme und einer Übersetzung des Sinnes, den nur das Kommen des Ganz-Andern als zu unaufhörlicher Erfüllung gerufene kerygmatische Verkündigung ermöglicht.

Natürlich gibt es für den, der außerhalb dieser Tradition und dieser interpretativen Reflexion steht, keinen Beweis für den privilegierten Platz des jüdisch-christlichen Kerygmas als Sinnoffenbarer. Für Lévi-Strauss ist die Interpretation daher nicht mehr Ereignis, sondern Zufall innerhalb der jüdisch-christlichen Struktur. Nur bereitet uns die Situation des Strukturalisten selbst in der Stellung des Analytikers Schwierigkeit: Würde der »Wilde« die abendländische Gesellschaft in derselben Weise analysieren? Verlangt die allgemein gültige Struktur, um deren Enthüllung es geht, nicht eine absolute Exteriorität des Beobachters, da er ohne sie nicht in der Lage wäre, allen Strukturen gegenüber vollständig seine Rolle als Analytiker zu spielen?

Wir stoßen hier erneut auf die Antinomie der beiden Methoden. Um der Sackgasse zu entgehen, in die beide nur zu leicht gedrängt werden können, müßte der Analytiker außerhalb stehen, wie Lévi-Strauss es fodert, und zwar in absoluter Weise, wie Ricœur glaubt; zugleich müßte er als absoluter Fragesteller auftreten, wie die Interpretation Ricœurs es behauptet, und in unmittelbarer Bezogenheit auf eine objektiv als einzelne und besondere dastehende Gesellschaft, wie der struk-

---

[97] Ebd. 504–505. Wenn er von dem Ursprungskerygma spricht, scheint Paul Ricœur stärker mit der Bestimmung des Ganz-Anderen im Christentum übereinzustimmen: »Das ist die Hermeneutik des Ursprungs des Christentums: Sie fällt zusammen mit dem geistigen Verständnis des Alten Testaments. Der geistige Sinn ist, wohlgemerkt, das Neue Testament selbst; aber durch diesen Umweg der Entschlüsselung des Alten ist ›der Glaube kein Aufschrei‹, sondern eine Einsicht.« (Vgl. Vorwort zu R. Bultmann, Jésus, 12)

[98] P. Ricœur, De l'Interprétation, 505

turale Gedanke es voraussetzt. Dieser doppelten Forderung scheint die zweifache Dimension des Kerygmas zu entsprechen.[99].
Aber um sich diese Forderungen zu eigen zu machen, muß man in ein besonderes Interpretationssystem eintreten, das keinen der von den beiden Methoden verfochtenen Werte ausschlösse. Wir machen uns hier Ricœurs Anregung zu eigen, derzufolge »es unbestreitbar ist, daß das Problem der Hermeneutik sich zum guten Teil im Rahmen der Interpretation der Heiligen Schrift ergeben hat. Das Herz dieser Hermeneutik bildet das, was man traditionell ›die vier Schriftsinne‹ genannt hat. So gesehen kann man gar nicht nachdrücklich genug sagen, die Philosophen müßten diesen exegetischen Diskussionen, in denen es um eine allgemeine Theorie der Interpretation geht, eine bedeutend größere Aufmerksamkeit widmen.«[100] Ricœur zitiert in Anmerkung die vier Bände »Exégèse médiévale« von Henri de Lubac.

---

[99] Siehe oben S. 77–80
[100] P. Ricœur, De l'Interprétation, 33

III

DIE VIER SCHRIFTSINNE NACH HENRI DE LUBAC

Während Ricœur der Exegese eine Stellung als eingeschränkten Sonderfall der allgemeinen Hermeneutik zuweist[1], wäre zu untersuchen, wie die Exegese in der christlichen Tradition eine allgemeine Konzeption der Hermeneutik in ihren Dienst stellt.

Der Umstand, daß die beiden bisher betrachteten Hermeneutiken sich gegenseitig matt setzen, hat uns dazu veranlaßt, das Problem einer logischen Analyse der kerygmatischen Proposition aufzuwerfen[2]. Wir wenden uns nunmehr der Untersuchung von Henri de Lubac über die vier Schriftsinne zu mit der Absicht, in der zweifachen Dimension des Kerygmas ausdrücklicher die Antwort auf die Kontestation herauszuarbeiten, in der sich nach unserer Meinung Ricœur und Lévi-Strauss gegenseitig festzulegen scheinen. Ist das Verhältnis, das zwischen den Schriftsinnen und dem Kerygma besteht, eng genug, um in letzterem die innere Norm der Interpretation in jener konkreten Gesellschaft sichtbar zu machen, in der sich die christliche Tradition bildet? Wir

---

[1] Während Ricœur in »De l'Interprétation« nur das Interesse an einer Arbeit über de Lubacs Werk an den Tag legt, greift er in seinem Vorwort zu »Jésus« von R. Bultmann ausgiebig auf die vier Schriftsinne zurück. Gleichwohl ist hier die innere Organisation der Schriftsinne auf eine Art zeitlichen Abfolgeverhältnisses reduziert. Von der initialen Erfüllung des Alten Testaments im Neuen wird zur Konzeption des Mittelalters übergegangen: »Wir wissen, welchen Raum das Mittelalter in seiner Theorie der ›vier Schriftsinne‹ – historischer, allegorischer, moralischer, anagogischer – jener gegenseitigen Interpretation von Schrift und menschlicher Existenz gab. Über die einfache Neuinterpretation des Alten Bundes und der typologischen Korrelation zwischen den beiden Testamenten hinaus ist die mittelalterliche Hermeneutik der Koinzidenz von Glaubensverständnis in der *lectio divina* und von Verständnis der Gesamtwirklichkeit, der göttlichen und menschlichen, historischen und physischen, nachgegangen. Die Aufgabe der Hermeneutik ist demnach, das Verständnis des Textes von der Seite der Doktrin, der Praxis und der Meditation der Mysterien her zu erweitern und folglich im Sinnverständnis eine totale Interpretation der Existenz und der Realität im christlichen Ordnungsgefüge zu erreichen.« Vgl. Vorwort zu R. Bultmann, Jésus, 12. Wir sind der Auffassung, daß schon das Anfangskerygma eine derartige Übertragung im Keimzustand darstellte, allein schon, weil die totale Interpretation der Existenz eine strukturale Forderung einer vorgegebenen Gesellschaft ist, in diesem Falle der der Heiden, die das Erbe Abrahams in Christus annehmen.

[2] Vgl. oben S. 77

nehmen dies an. Wir halten es sogar für möglich, aus de Lubacs Untersuchung die Antwort auf diese Frage herauszukristallisieren. Von derselben Ausgangsbasis aus wird es uns gelingen, in einer zugleich ursprungsnäheren und weiteren Perspektive für Ricœurs Ideen über die Wiedererfassung des Sinnes in der Interpretation der Symbole Platz zu finden. Damit hätten wir zugleich die jedem strukturalen Arrangement der soziologischen Gewebe innewohnende Sinnfülle sichtbar gemacht.

Das ist zumindest unsere Hypothese. Sie gestattet uns, die Hermeneutik mit den Augen der konkreten Erfahrung der christlichen Exegese zu betrachten, und die ursprünglich und eigentümlich philosophischen und strukturalen Elemente herauszukristallisieren, auf die der Beobachter innerhalb dieser besonderen religiösen Tradition trifft. Wir wollen ferner herausfinden, welche Faktoren den universalen Anspruch dieser Tradition von dem anderer Religionen unterscheiden. So können wir feststellen, wie der kerygmatische Operator, der für die christliche Exegese wesentlich ist, jene einzigartige Eigentümlichkeit besitzt, die eigene Tradition durch Einfügung in das eigene Wesensmerkmal des Übergangs aus der anderen fragenden Tradition zu definieren. Sie verwirklicht ein Paradox der Einung der religiösen Kulturen, indem sie mit dem Zentrum ihrer Fragestellungen zusammenfällt.

Was die vier Schriftsinne betrifft, so sind wir vollkommen dem Werke de Lubacs verpflichtet[3]. Es ist unmöglich, sogleich dessen Hauptkomponenten zu durchdringen, ohne zuvor über die methodologischen Implikationen einer solchen historischen Untersuchung zu reflektieren. Denn wie können die Methoden des Historikers selbst ihm gestatten, seinen Gegenstand zu erreichen, wo doch die Exegese des Mittelalters die Erfordernisse einer konkreten Hermeneutik nur für den Zeitraum des Mittelalters erfüllen kann. Muß man nicht geradezu einräumen, daß im Innnern des Historikers ein echter Mensch des Mittelalters Platz genommen hat und daß deswegen sein Bemühen, die exegetische Tradition aufzugreifen, auf eben der Linie liegt, deren Kontinuität er in Anspruch nimmt? Die vier Schriftsinne werden also von innen her, ja im Namen einer höheren Objektivität, behandelt. Der Historiker der vier Schriftsinne ist sich dessen bewußt, daß »der Leser in dieser Arbeit keine zusammenhängende Geschichte finden wird. Verschiedene Themen sind

---

[3] H. de Lubac, Exégèse médiévale, I und II, Lyon 1959; III, Lyon 1961; IV, Lyon 1963.

darin angesprochen in der Hoffnung, daß ihre Konvergenz sichtbar wird. Doch außer in den Fällen, in denen das Thema es erforderte, ist nicht versucht worden, die vollständigen Tatsachen- und Textreihen in ihrer Jahrhunderte währenden Entwicklung wiederherzustellen, noch auch in jedem Falle die Ausgangspunkte zu bestimmen. Das Werk würde also als Ganzes gesehen mehr aus der Soziologie des Denkens als aus seiner Geschichte hervorgegangen sein – wenn hier der Begriff Soziologie nicht selbst in einem uneigentlichen Sinne gebraucht wäre, insofern er eine völlig objektive Wissenschaft meint, während der Autor, weit davon entfernt, in einer Weise Abstand zu nehmen, die ihn irgendwie seinem Gegenstand entfremden würde, bewußt mit diesem Gegenstand Bindungen aufrecht erhält, die ihn damit solidarisch machen. In diesem Sinne hat seine Arbeit nichts mit ›objektiver‹ Wissenschaft zu tun. Dabei ist diese Erklärung von seiner Seite aus weder als Eingeständnis noch als Bitte um Nachsicht zu verstehen. Das Bewußtsein der Gemeinschaft des Glaubens, die zwischen ihm und denen besteht, deren Denken er untersucht, kann ihn in einem gewissen Sinne sehr wohl daran hindern, seinen Gegenstand von außen her zu sehen: Es soll ihm vielmehr gestatten, den Gegenstand in seinem Herzen zu erfassen und ihn dadurch wirklich zu begreifen.«[4]

Doch erfordert diese Interiorität eine radikale Exteriorität gegenüber der Vergangenheit: Man muß »um der methodischen Sauberkeit willen nicht allein ein allgemeines Überlegenheitsgefühl aufgeben, sondern auch einen allzu finalistischen Standpunkt, der dahin tendierte, alle Synthesen der Vergangenheit auf unsere heutigen Synthesen hin zu erklären, als bestände das Hauptinteresse – beispielsweise an den großen Autoren des 12. Jahrhunderts – für uns allein darin, daß sie uns vom historischen Standpunkt aus den Lehrfortschritt des folgenden Jahrhunderts erklären helfen, indem sie uns die Problemstellungen zu rekonstruieren gestatten, die dafür als Ansatzpunkte gedient haben. Zweifellos ist es, will man sich über die Gegenwart Klarheit verschaffen, durchaus berechtigt, ihren Entwürfen, ihren Vorbereitungsstadien und ihren entferntesten Ankündigungen in der Vergangenheit mit Hilfe eines ›regressiven Verfahrens‹ nachzugehen; bedeutend weniger berechtigt ist es dagegen, will man die Vergangenheit selbst kennenlernen, sich von Anfang an für sie nur zu interessieren, um in ihr Ele-

---

[4] H. de Lubac, Exégèse, I, 20

mente zu entdecken, die irgendwelche Beziehungen zur Gegenwart besitzen. Man läuft dadurch Gefahr, alles auszuklammern, was nichts für die Beantwortung heutiger Fragen unmittelbar Nutzbares enthält, noch bevor man dessen wahre Bedeutung erfaßt hat. Auf jeden Fall aber läßt man sich, wenn man diese Vergangenheit nicht in sich selbst und um ihrer selbst willen betrachtet, das Wesentliche entgehen.«[5]

Die Auffindung der geeigneten Schemata ist hier eine Forderung, die mit der Wiederaufnahme des Sinnes verbunden ist. Dem Historiker wird durch seine Exteriorität der mittelalterlichen Exegese gegenüber gestattet, die strukturale Gliederung der Exegese selbst – der vollen Komplexheit der kulturellen Realität entsprechend – von außen her ins Auge zu fassen. Zweifellos befinden wir uns hier auf einer Ebene, auf der die vermittelnden Zwischenetappen zwischen Natur und Kultur eine solche Bedeutung gewonnen haben, daß man die elementaren Strukturen des totemistischen Systems, die am Anfang der Vermehrung des linguistischen Materials standen, nicht wiederfinden kann. Doch angesichts des sakrifiziellen Systems auf der religiösen Achse der speziellen christlichen Gesellschaft verlangen die vier Schriftsinne zweifellos ein Verhalten, das vom Soziologischen her kommt. Tatsächlich gibt es innerhalb des Systems Annäherungswerte und Entlehnungen, deren eigentliches Wesen nur im Hinblick auf eine Orthodoxie verstanden werden kann, die eben dadurch jene Verhaltensregel verwirklicht, die der Strukturalist allzugern in gleicher Weise in der geographischen Sakralisierung eines australischen Aranda erblickt[6].

Zweifellos ist es abwegig, die verschiedenen Beziehungen des allegorischen Sinnes auf den geistlichen direkt mit dem totemistischen System in Zusammenhang zu bringen: In der Zivilisation des Mittelalters ist der Abstand zwischen Natur und Kultur bedeutend größer. Aber wie Lévi-Strauss sagt, ist »die große Lehre des Totemismus, daß die Form der Struktur bisweilen überleben kann, wenn die Struktur selbst dem Ereignis unterliegt«[7]. So sieht man im Aufkommen einer Vielzahl von Einzelhermeneutiken die vier Schriftsinne verschwinden, ohne daß damit die Strukturform beseitigt wäre. Die Fluten der Renaissance haben das einheitliche Verständnis der beiden Testamente, dessen Konzeption bereits im 3. Jahrhundert mit Origenes erstmals entworfen war, über-

---

[5] Ebd. 16

[6] Vgl. oben S. 75–76

[7] C. Lévi-Strauss, La pensée sauvage, 307

spült; aber der Entwurf bleibt, und die Spuren, die er hinterlassen hat, gestatten es, die Gewinnung eines strukturalen Sinnes zu analysieren, den der Strom der Ereignisse fortgerissen hatte. Es genügt festzustellen, daß die allgemeine Hermeneutik, welche die vier Schriftsinne implizieren, nicht als eine Aufstellung von Begriffen zustandegekommen ist, sondern durch die Beziehungen ihres Arrangements. Das besagt zugleich, daß diese Struktur keine Objektivität besitzt, die bestimmt ist, sie vom Beobachter unabhängig zu machen, sondern daß die Innenwendung, zu der sie führt, sie an der Forderung des *Cogito* teilnehmen läßt, wodurch der Gedanke sich in der Überschneidung einer Tradition bemächtigt, die ihn über sich selbst aufklärt.

Das methodologische Paradox des Innen und des Außen, das vor der Untersuchung der vier Schriftsinne liegt, definiert bereits ausgezeichnet die Originalität der neuen hermeneutischen Methode jenseits der Antinomie von hermeneutischer Philosophie und Strukturalismus. In den Augen des Strukturalisten freilich handelt der Historiker der vier Schriftsinne wie ein diachronisches Akzidenz einer mittelalterlichen Struktur, während Ricœur in diesem Werk nur eine Ebene der Wiedergewinnung des Sinnes erblicken wird[8], auf der er die beängstigende Frage der Archäologie und der Teleologie ruhen lassen darf, um, dank dem Werk der Entmythologisierung, die Fundamente einer gereinigten Sakralisierung zu legen. Doch ist es auch möglich, diese beiden Perspektiven in die der vier Schriftsinne zu verlegen: Die beiden hermeneutischen Methoden bewahren ihren Wert in diesem der Interpretation dargebotenen weiteren Rahmen. Gegenstand und Thema dieser Ausführungen ist es, die strukturale Logik der kerygmatischen Tradition zu bestimmen.

Henri de Lubac folgend werden wir in zwei Hauptetappen vorgehen. Zunächst geht es darum, durch die Verschiedenheit der Bezeichnungen hindurch die eigene Originalität und organische Komplementarität der vier Sinne zu erfassen, wie sie sich dem Historiker aus der Masse der aus dem 3. bis zum 15. Jahrhundert gesammelten Belege darbietet. Zum zweiten wird dann die Untersuchung der Grenzüberschreitungen des

---

[8] Genau das kann man in dem Vorwort zu »Jésus« von R. Bultmann lesen, wo die Stellung des heutigen Exegeten als der der Apostel oder der mittelalterlichen Exegeten unvergleichbar dargestellt wird und wo die hermeneutische Reflexion erklären muß, wie und inwiefern Bultmann als Prediger über das naive Verständnis und die philosophische Erklärung hinausgeht.

Systems und am Ende seines Zerfalls nicht minder bedeutsam sein für ein richtiges Verständnis der früheren Interpretation.

1. Verschiedenheit und Einheit der vier Sinne

In »Histoire et Esprit« hat de Lubac bereits die Schriftsinne bei Origenes und in der großen Zeit der Patristik untersucht. Im Vorwort zu »Exégèse Médiévale« schreibt er: »Die Nomenklatur der vier Bibelsinne stellt uns nicht mehr einem großen, aufsprudelnden Gedanken gegenüber, sondern einer ganzen Wolke mehr oder minder später Schriften, die häufig gefüllt sind mit künstlichen Distinktionen und nicht selten Groteskheiten aller Art ausbreiten. Doch je weiter wir vorankamen, desto mehr mußten wir uns der Evidenz beugen, daß in dem geringsten Text, der sich unserer Analyse darbot, eine ganze geistige Welt enthalten war. Sich damit begnügen, sie oberflächlich und in ihrem unmittelbarsten Wortlaut zu untersuchen, hätte nicht allein bedeutet, auf ein wirkliches Verständnis der Autoren verzichten, sondern wäre einem Verrat an ihnen gleichgekommen. Auf dem Weg über die vier Sinne wurden wir also beinah zwangsläufig in den innersten Kern eines Denkens hineingeführt, das sich über die vielen Phasen seiner Geschichte hinweg als in einzigartiger Weise einheitlich erwies.«[9] In demselben Vorwort faßt de Lubac schließlich zusammen, was den Kern seines Werkes ausmacht: »Was einst existiert hat, war zu seiner Zeit ›ein vollständiger Akt‹, und man muß ihn unbedingt als solchen nehmen, in seiner Totalität. Nun ist aber der vollständige Akt, den die alte christliche Exegese bildet, etwas sehr Großes. In dem Maße, in dem man sich damit auseinandersetzt, bemerkt man, wie groß das Feld ist, das sie umgreift, wie komplex ihre Implikationen sind, wie tief ihr Unterbau fundiert und wie originell ihre Struktur ist. Mit unterschiedlichen Nuancen läßt sie die wunderbare Neuheit des christlichen Faktums ans Licht treten. Sie wendet eine häufig äußerst feinsinnige Dialektik des Vorher und Nachher an. Sie definiert die Beziehungen zwischen historischer und geistlicher Wirklichkeit, zwischen Gesellschaft und Individuum. Sie enthält, wie man heute sagen würde, eine ganze Theologie der Geschichte in Verbindung mit einer Theologie der

[9] H .de Lubac, Exégèse, I, 11

Schrift. Sie gruppiert die ganze Offenbarung um ein konkretes Zentrum, das in Raum und Zeit gekennzeichnet ist durch das Kreuz Christi. Sie ist selbst eine vollständige Dogmatik und Spiritualität, die eine vollständige Einheit bilden. Sie hat sich nicht allein in der Literatur ausgedrückt, sondern auch in der Kunst, und zwar mit einer bewundernswerten Kraft und Fülle. Diese alte christliche Exegese ist etwas ganz anderes als eine alte Form von Exegese. Sie ist das Grundgewebe für die christliche Literatur und die christliche Kunst. Sie ist das alte christliche Denken in einem seiner wesentlichen Aspekte. Sie ist die Hauptform, welche die christliche Synthese lange Zeit hindurch angenommen hat. Sie ist zumindest das Werkzeug, das ihr gestattet hat, sich zu entwickeln, und sie ist heute einer der Wege, auf denen man sie am besten erreichen kann.« [10]

Es enspricht genau dem Wesen der vier Sinne, ihre Bedeutungseinheit in dem komplementären Verhältnis der beiden Testamente zu bekunden. Diese exegetische Tradition bekundet dadurch in logischer Weise ihre Fähigkeit, Einheit zu schaffen und ein kulturelles Neuarrangement herzustellen. Auf der einen Seite wird das Kerygma hier interpretiert als neutestamentliche, neue und ewige Wiederaufnahme der jüdischen Schrift. Auf der anderen Seite erscheint dasselbe Kerygma in der Tradition der Kirche fähig, dieser fortschreitend die Verschiedenheit der heidnischen Kulturen und soziologischen Situationen zu integrieren. Die traditionelle Exegese bekundet nach de Lubac dadurch die doppelte Dimension des Kerygmas; die doktrinale und die missionarische. Für den Juden wie für den Heiden ist der Herr Jesus. Der Heide zeigt dem Juden in demselben Jesus Christus das strahlende Zentrum aller Philosophie, den *Sol Invictus*. Die Disposition dieser doppelten Verkündigung in der Tradition der Schriftsinne bildet so die synchronische Offenbarung der definitiven Wahrheit und zugleich die diachronische Errichtung der christlichen eschatologischen Gesellschaft. Die Einheit und Verschiedenheit der Schriftsinne erscheint uns so als Ort der Interpretation des christlichen Kerygmas in seiner zweifachen Dimension: der doktrinalen und der missionarischen.

Aber diese grundlegende Einheit der Sinne in der mittelalterlichen Exegese läßt sich durch das Labyrinth der Gegebenheiten wiederfinden, deren Komplexität de Lubac aufgezeigt hat. Es genügt, die Weite und

---

[10] Ebd. 16–17

die Eigenart seines Unternehmens festzustellen: »Wir haben möglichst viele Texte gelesen, ohne auf die vielen nichtedierten zurückgreifen zu können; und selbst von den im Druck erschienenen haben wir längst nicht alle in die Hand bekommen. Um uns die Chance zu einem besseren Verständnis zu verschaffen, haben wir uns bemüht, keinen Augenblick den weiten und einfachen doktrinalen Kontext aus dem Blick zu verlieren, der sie trägt. Wir sind den Forschern, die sie ausgegraben und kommentiert haben, zutiefst verpflichtet... Was die Teilung der sich ergebenden Aufgaben betrifft, so ist es verhängnisvoll, daß nicht jeder von ihnen allen Aspekten der Realität die gleiche Aufmerksamkeit entgegengebracht hat; und nicht selten ist es uns, wenn wir die Bedeutung eines der alten Texte besser erfaßt zu haben glaubten, vorgekommen, als seien wir damit in der Lage jenes Zwerges, der auf den Schultern eines Riesen saß, oder, um ein anderes Bild zu gebrauchen, das in dieser Geschichte immer wieder auftaucht: Der Oberbau unseres Gebäudes verdankt, was er an Solidität besitzen mag, nur den großen und tiefen Fundamenten, die eine Legion von Arbeitern gelegt hat, die das härteste Werk taten und mit denen die Wissenschaft uns verwechselt.« [11]
Wir wollten diesen methodologischen Abschnitt wiedergeben, um die auf die vier Schriftsinne angewandte Totalitätsmethode und die dokumentarischen Belege, auf denen sie ruht, ins rechte Licht zu rücken. Auch der anspruchsvollste Leser wird begeistert sein von den zahllosen Verweisen, die für das große Bildnis der »Exégèse médiévale« einen zusammenhängenden Sockel bilden.

Zu den Schwierigkeiten, die sich aus dem Material der Untersuchung ergeben, kommen diejenigen hinzu, die aus der ständig wechselnden Terminologie entstehen: »Eine allzu rein nachzeichnende historische Methode würde kaum gestatten, ... seine tatsächliche Kontinuität herauszuarbeiten, die seinen vielfältigen Gestaltwandlungen zugrunde liegt sowie den individuellen Abwandlungen all derer, die diesen oder jenen Aspekt zum Ausdruck gebracht haben.« [12] Nun ist aber de Lubac gerade beim Eingehen auf diese Vielfalt der Nomenklatur und Terminologie die Enthüllung der fundamentalen Einheit gelungen.

Eine berühmte Unterscheidungsformel des Mittelalters faßt sehr treffend zusammen, was man unter diesen vier Schriftsinnen versteht:

---

[11] Ebd. 20–21

[12] H. de Lubac, Exégèse, II, 657

Littera gesta docet, quid credas allegoria
Moralis quid agas, quo tendas anagogia.

[Der Buchstabe(nsinn) lehrt, was geschehen (ist),
was Du glauben sollst, (lehrt) die Allegorie.
Der moralische (Sinn), was Du tun sollst,
wohin Du streben sollst, die Anagogie.] [13]

Geschichte, Allegorie, Tropologie, Anagogie[13a], so lautet die vierteilige Lehrformel des Cassian und des Augustinus, die von Beda (673–735) und Rhabanus Maurus (776–856) wieder aufgegriffen worden ist. Dieser Anordnung stellt indessen eine andere Tradition nur drei Schriftsinne gegenüber: den historischen, den moralischen und den allegorischen, oder – in Abänderung des Vokabulars – den historischen, den tropologischen und den mystischen. Nun hat aber, wie P. Spicq 1944 feststellte, diese zweite Einteilung wie die erste, schon bei Origenes und Hieronymus ihre Vorläufer[14]. Tatsächlich hängen die Variationen in der Nomenklatur weder von der Verschiedenartigkeit der Traditionen noch von der Phantasie eines einzelnen Autors ab.

Viel bedeutungsvoller als die Divergenz zwischen der dreiteiligen und der vierteiligen Form erweisen sich die Verschiebungen und Austausche innerhalb der einen wie der anderen. Denn diese finden sich bei denselben Autoren aufgrund unterschiedlicher und eingestandener Motive. Jahrhunderte hindurch nennen dieselben Autoren entweder Geschichte, Allegorie, Tropologie, Anagogie oder Geschichte, Moral, Allegorie und Anagogie. Dieselben Begriffe haben in den beiden Reihen unterschiedliche Funktionen: »Die Schrifterklärung gab bald zu einer mehr oder minder profanen, bald zu einer sakralen (sacrée) Tropologie Veranlassung. Wenn die Tropologie hinter der Allegorie und bisweilen sogar hinter der Anagonie rangierte, war die sakrale gemeint; sie stand in Abhängigkeit vom Glauben. Kam sie vorher an die Reihe, so war sie als profan verstanden – zumindest im Prinzip.«[15] So gibt der zweite

---

[13] H. de Lubac, Exégèse, I, 23. In einer leicht abweichenden Form erscheint dieses Distichon 1260 bei Aaga von Dänemark. Vgl. F. Chatillon, L'Homme devant Dieu. Mélanges offertes au Père Henri de Lubac, II, Paris 1964, 18

[13a] Der tropologische oder moralische Sinn lenkt (trepei) den Interpreten auf das Ziel zurück; die Anagogie führt ihn (anagei) seinem eigenen Endziel zu.

[14] H. de Lubac, Exégèse, I, 139

[15] Ebd. 192

Begriff jeder Reihe dieser ihren Sinn, »denn die ganz christliche Formel, die wir die theologische oder doktrinale genannt haben, in der die Tropologie an dritter Stelle steht, hat normalerweise vier Glieder, während die Formel, in der die Tropologie als zweites kommt, mit drei Gliedern logisch abgeschlossen ist. Sie ist nämlich nach dem Vorbild von zwei anderen dreiteiligen Gliederungen gestaltet…, von denen die eine die Philosophie, die andere das Wesen des Menschen betrifft.« [16]
Die beiden Vokabulare mit drei oder vier Begriffen findet man bereits bei Origenes, obwohl die meisten Historiker bei ihm nur die dreiteilige Formel anerkennen, die theoretisch in »Peri Archon« ausdrücklich vorgetragen ist. Die Abfolge historisch-moralisch-allegorisch ist hier bereits deutlich zum Ausdruck gebracht. Origenes »setzt sie in Beziehung zur Dreiteilung des Menschen, einer Teilung, an die er wiederholt erinnert, die sich nach seiner Meinung auf die Schrift gründet – denn, so bemerkt er, in der gesamten Schrift haben wir einen Unterschied zwischen Seele und Leib – und die er in einer kühnen Analogie auf die Schrift selbst anwendet. Sie besitzt, so denkt er, gleich dem Menschen, Leib, Seele und Geist. Davon leitet er die Bezeichnungen leiblicher Sinn für den historischen, psychischer Sinn für den moralischen und geistlicher Sinn für den allegorischen (oder den anagogischen) her. Das ganze ist bei ihm eine Transposition der alten Analogie, die er im übrigen kritisiert, zwischen Mikro- und Makrokosmos.« [17] Doch in den biblischen Homilien geht bei Origenes die Allegorie ständig der Tropologie voraus: »Von der vom Alten Testament dargebotenen historischen Gegebenheit aus wird Christus unter dem einen oder anderen seiner Aspekte genannt, und anschließend erfolgt dann die Anwendung des Mysteriums auf die christliche Seele.« [18] Dieser Unterschied zwischen dem die Theorie berührenden Text aus »Peri Archon« und Origenes' eigenem praktischen Gebrauch erweist sich als wahrhaft struktural: »Ein tiefgreifender Unterschied, denn er ist struktural. Im ersten Falle entnimmt Origines dem heiligen Text eine Anzahl sittlicher Grundsätze, die nichts spezifisch Christliches an sich zu haben brauchen; erst dann liest er darin einen Hinweis auf das Mysterium Christi… Im zweiten Falle kommt er, ausgehend von derselben ›Historie‹, erst nach der Aussage über das Mysterium und in Zusammenhang mit ihm zur

---

[16] Ebd. 193
[17] Ebd. 198–199
[18] Ebd. 202

geistlichen Erklärung. Im ersten Falle legt er uns in allgemeiner Form eine Reihe von Spekulationen über die Seele vor: über ihre Fähigkeiten, ihre Kräfte usw., eine Art moralische Anatomie und Physiologie – Philon nannte das ›Physik der Seele‹; es handelt sich hier um eine Beschreibung des Mikrokosmos, die mehr philosophisch, abstrakt und zeitlos ist. Im zweiten Falle entwickelt er eine Askese und eine Mystik christologischer, ekklesialer und sakramentaler Tendenz. Hier haben wir, gegründet auf das Dogma, eine wahre Geschichte des geistlichen Lebens. In diesem zweiten Falle ist die Exegese des Origenes, ganz bezogen auf die *anima credentis*, die *anima fidelis*, die *anima ecclesiastica* oder *anima in Ecclesia*, also ganz christlich in ihrem Inhalt wie in ihrer Form, in dem, worauf sie hinausläuft, wie in den Wurzeln, aus denen sie kommt.« [19]

Die Bezogenheit auf die heidnische Typologie hindert jedoch nicht daran, daß die dreigeteilte Formel ihre Inspiration einem authentischen Christentum entnimmt. »Ist die klassische Formel die der Gelehrten, derer, die die Sendung haben zu lehren, und befriedigt sie vorzugsweise die Geister, denen es um eine wohl ausgewogene Synthese und Architektur geht, so zieht die andere vor allem die Kontemplativen an ... Die eine ist solider, die andere entspricht besser der Dynamik des geistlichen Lebens. Die eine ist stärker noetisch, die andere mehr pneumatisch.« [20]

In der ersten ist der gesamte Realitätsgehalt des doktrinalen Kerygmas grundgelegt, durch das der Jude und jeder Gläubige in Christus seinen Herrn erkennt; in der zweiten Formel ist die Notwendigkeit des großen missionarischen Kerygmas auferlegt, durch das der Gläubige in Jesus Christus die Frucht jeder Meditation, der heidnischen wie der jüdischen, erntet. Ohne das erste Kerygma, dank dem Jesus Christus durch das Alte Testament dem Glauben kenntlich gemacht ist, würde der Inspiration der dreiteiligen Formel die christliche Hoffnung fehlen.

So ermittelt die Struktur der beiden Darlegungsformen eine Zweiheit in der Funktion der Schriftsinne; je nachdem die Formel doktrinal ist oder missionarisch, hat sie künftighin zwei unterschiedliche historische, allegorische, tropologische Sinngehalte. Im übrigen hängt der traditionelle Wert des dreiteiligen Systems gänzlich von der doktrinalen Formel ab: Die Mission ist Funktion des Glaubens. Wir werden also im

[19] Ebd. 203

[20] H. de Lubac, Exégèse, II, 416

Folgenden zunächst die Einheit des Sinnes, die den beiden Kerygmen in der vierteiligen Form zugrunde liegt und danach die Verschiedenheit der Sinne im Licht der dreiteiligen Formel betrachten.

2. *Das doktrinale Kerygma und die Einheit der Sinne*

Die Offenbarung Christi ist nicht allein neu, sie ist Offenbarung der definitiven ewigen Neuheit: so lautet die kerygmatische Proklamation des Glaubens. Diese drückt sich traditionell aus in der Verdoppelung des Sinnes, den die christliche Exegese in der Schrift erkennt. Die Formeln, in denen sich diese Sinnverschiedenheit zeigt, sind mannigfaltig. Alle zielen darauf ab, jene spezifisch christliche Einheit der beiden Testamente zu entfalten. In der anfänglichen Einfachheit, die ihren gesamten Wesensgehalt umschließt, besteht die Aufzählung der Sinne aus nur »zwei Gliedern, und diese beiden Glieder werden in der Weise verstanden und angeordnet, daß man außerhalb des christlichen Glaubens nichts auch nur der Idee nach Entsprechendes findet. Es handelt sich hier um eine Theorie, die bis in ihre Form hinein alles diesem Glauben verdankt und die ihn in ihrem Inhalt ganz vollständig ausdrücken will. Weil ihm diese grundlegende Feststellung entgangen ist, hat schon mehr als ein Historiker eine Fülle von Gelehrsamkeit ohne den geringsten Erfolg vergeudet, oder gar mit dem Erfolg, daß er eins der größten Fakten der Geschichte verfälscht, wenn nicht gar wegdiskutiert hat. Um es gleich ganz zu sagen: Die christliche Tradition kennt zwei Schriftsinne; ihre allgemeinste Bezeichnung lautet ›Literarsinn‹ und ›geistlicher Sinn‹, und diese beiden Sinne verhalten sich zueinander wie das Alte und das Neue Testament; oder genauer gesagt: Sie bilden, sie *sind* das Alte und das Neue Testament«.[21] Doch mehr noch als von einer Zweiheit können wir von einem komplementären Verhältnis der beiden Sinne zueinander reden: »Zwischen den beiden Testamenten besteht also in einem Sinne ein Gegensatz: *aliter tunc ... aliter nunc.* Es besteht aber deshalb nicht weniger Einheit zwischen ihnen. Ihr Verhältnis zueinander ist doppeldeutig. Das Zweite geht aus dem Ersten hervor, ohne es zu bestreiten. Es zerstört es nicht: Indem eins das an-

[21] H. de Lubac, Exégèse, I, 305

dere erfüllt, bewirkt es seine Belebung und Erneuerung. Es läßt es in sich übergehen. Mit einem Wort gesagt: Es wandelt seinen Buchstaben in Geist.«[22] Nun vollzieht diese Wandlung sich aber auf einmal. »Der Geist des Buchstaben ist Christus: *Spiritus ipsius litterae, Christus.* Das vom Gesetz vorherverkündete Geschenk ist Christus. Das Neue Testament ist Christus: *Novum Testamentum, qui est Christus.* Das Evangelium ist Christus: *Evangelium Christus est...* Jesus Christus macht also die Einheit der Schrift aus, weil er ihr Ziel und ihre Fülle ist. Alles in ihr bezieht sich auf ihn. Er ist letztlich ihr einziger Gegenstand. Er ist also, könnte man sagen, die ganze Exegese.«[23] »Aber diese Einheit in Christus enthält noch einen anderen Aspekt, der sie noch bedeutend stärker enthüllt. Gleich wie er die Exegese der Schrift ist, ist Jesus Christus auch ihr Exeget. Er ist, im aktiven wie im passiven Sinn, wahrhaft und wirklich ihr Logos. *Christus, qui solus intelligentiam scripturarum aperit.* Er ist es, er allein, der sie uns erklärt und, indem er sie uns erklärt, sich selbst uns erklärt: *Liber ipse aperit seipsum.* Und wer anders als er könnte ein besserer Interpret seiner selbst sein? Er und er allein zeigt uns, wie die Schrift vom einen Ende bis zum andern nichts anderes bedeutet als das Evangelium, das heißt ihn selbst: *non aliud evangelium, id est, seipsum.«*[24] »Denn«, so schließt de Lubac, »die Exegese Christi existiert in ihrem wesentlichen und entscheidenden Gehalt keineswegs zunächst in Worten, sie existiert im Akt. Sie ist Akt.«[25]

»Der Akt Christi, der die Schrift erfüllt und ihr zugleich die Fülle ihres Sinnes verleiht, wird von der christlichen Tradition ferner mit dem Akt der eucharistischen Konsekration verglichen. Denn in Wahrheit ist die Schrift ein Brot, aber dieses Brot wird für den Christen erst dann zu der belebenden Speise, die es sein soll, wenn es zuvor von

---

[22] Ebd. 310

[23] Ebd. 321–322

[24] Ebd. 322–323

[25] Ebd. 323. Man wird begreifen, was diese Behauptung zu dem hinzufügt, was Ricœur über Bultmann schreibt: »Nur der Idealsinn – ich meine der nichtphysische und nichtpsychische Sinn – kann dem Kommen des Wortes zu uns als Träger dienen oder, um es in Bultmanns Sprache zu sagen: dem entscheidenden Akt Gottes in Jesus Christus. Ich sage nicht, daß dieser Akt Gottes, dieses Wort Gottes, seine hinreichenden Vorbedingungen in der Objektivität des Sinnes findet. Doch finden sie hier ihre notwendige Bedingung.« Vgl. Vorwort zu R. Bultmann, Jésus, 26. Wir glauben, daß die Objektivität des Sinnes des Aktes Gottes die Funktion des Wortes, des Logos Jesus Christus, den Sprachen gegenüber ist.

Christus konsekriert worden ist.«[26] Der Akt Christi ist die Assimilation der eucharistischen Materie: »Die Substanz des Neuen Testaments ist das Mysterium Christi. Nun ist dieses Mysterium aber zunächst ein großes Faktum. Man könnte es kurz das Erlösungsfaktum oder das Faktum Christi nennen. Es ist das Faktum seiner Menschwerdung, seines irdischen Lebens, seines Todes, seiner Auferstehung und seines Aufstiegs zum Vater. Es ist ferner das Faktum der Kirche, die als seine Braut und sein ›Leib‹ nicht von ihm zu trennen ist. Es ist das geheimnisvolle Faktum, das wirkliche Mysterium der Vermählung des Wortes mit der Menschheit. Es ist der entscheidende Akt, das einzige und einzigartige Faktum – nicht allein durch jene jedem anderen Faktum eigene Einzigartigkeit –, dessen Ankündigung der Christ in der alten Schrift liest. ... Zur gleichen Zeit, wie es die Allegorie des Alten Testaments ist, ist seine ›Wahrheit‹, sein ›Mysterium‹, jenes große Faktum, bis zu einem gewissen Punkt das Äquivalent für das, was im Alten Testament die *historia* war. Denn es ist sehr wohl ein reales Faktum, das an einem bestimmten Ort, zu einer bestimmten Zeit eingetreten ist. Es hat also durchaus auch eine äußere Seite und ist, wie die *historia,* die Grundlage alles dessen, was innerhalb des Neuen Testaments zu registrieren ist, das heißt innerhalb seiner selbst durch die *tropologia* und *anagoge.* Es ist auf sehr reale Weise das Zeichen oder die Gestalt alles dessen, was diese beiden letzten Sinne darlegen sollen. – Doch welch ein Abgrund klafft hinter dieser Analogie! Ebensowenig wie dieses Faktum einfacher Buchstabe eines Textes ist, ist es schlicht und einfach Geschichte. Es ist Zeichen, und zwar wirksames Zeichen. Es ist auch nicht nur Mysterium: Es ist in seinem Prinzip *das ganze Mysterium.«*[27] Eucharistischer Akt und eucharistisches Faktum verbinden sich: »Wenn es sich um die Person des Erlösers handelt, rührt eben das, was auf einen ersten Blick noch nichts anderes ist, als das ›sinnenfällige‹ oder ›körperliche‹ Evangelium, an diese Substanz, und korrelativ ist diese Substanz nicht ohne einen ›sinnenfälligen und ›körperlichen‹ Aspekt. Das Innen und das Außerhalb sind nicht voneinander abgetrennt. Jede einzelne der Taten Christi in seiner irdischen Existenz nimmt Teil an dem großen Faktum Christi in seiner bleibenden Einzigartigkeit und Einmaligkeit.«[28]
Akt und Geste – Christus bleibt nicht minder Zeichen und Symbol als

---

[26] H. de Lubac, Exégèse, I, 327
[27] H. de Lubac, Exégèse, IV, 111
[28] Ebd. 121

menschliches Wort (parole) und ewiges Wort (Verbe): »Die doppelte Verkürzung eines Wortes, das auf diese Weise weder verstümmelt noch verkleinert ist. Eine doppelte Verkürzung – die der Zeit und die der Ewigkeit, die sich miteinander verbinden, um nur noch eins zu sein, wie die Zeit und die Ewigkeit sich selbst unlöslich in diesem abgekürzten Wort verbinden. Eine doppelte Rekapitulation – die des Wortes (Parole), das von Ewigkeit her gesprochen ist im Schoße des Vaters, und die des an die Menschen im Ablauf der Zeitalter gerichteten Wortes (Parole), wobei das erste von beiden da ist, um das zweite zu ermöglichen, und ebenso das zweite, um das erste zu offenbaren, so daß wir in zweierlei sich überkreuzendem Sinne sagen können und müssen: *Verbum abbreviatum de Verbo abbreviato audivimus.* Eine doppelte Verkürzung, eine doppelte Rekapitulation, aber immer von dem einen einzigen Wort (Verbe), da Gott in seinem Schoße nur ein einziges Wort (Verbe) hat und da er nur ein einziges Wort (Parole) nach außen ausspricht. Und dieses einzige Wort im Schoße des Vaters wie dieses einzige ausgesprochene Wort ist kein anderes als jenes Wort (Verbe), jenes eine und gleiche menschgewordene Wort.«[29] »Wenn diese von Jesus verkündete Frohe Botschaft, dieses von Ihm ausgesprochene Wort (mot) schlechthin alles umfaßt, dann deshalb, weil es nichts anderes ist als Jesus selbst. Sein Werk, seine Lehre, seine Offenbarung, sein von ihm geredetes Wort – das alles ist Er! Die Vollendung, die er lehrt, ist die Vollendung, die er bringt. *Christus plenitudo legis.* Man kann unmöglich seine Botschaft von seiner Person trennen. Alle, die dies versucht haben, waren binnen kurzem so weit, daß sie auch die Botschaft verrieten: Person und Botschaft sind eins. *Verbum abbreviatum, Verbum coadunatum:* verdichtetes, einsgewordenes, vollkommenes Wort. Im Gegensatz zu den Gesetzen menschlichen Sprechens, das deutlicher wird, indem es sich ausfaltet, wird dieses Wort offenbar, indem es in seiner abgekürzten Form gleichsam undeutlich erscheint: zunächst *in abscondito* gesprochenes Wort und nun Wort in *carne manifestum.* Verkürztes Wort, in sich selbst stets unaussprechliches Wort, das dennoch alles erklärt! Vollendetes Wort, das alles zusammenfaßt, alles vollendet, alles zum Abschluß bringt, alles erhöht, alles eint.«[30]

---

[29] H. de Lubac, Exégèse, III, 190–191

[30] Ebd. 194. Zu dieser Generalisierung schrieb Ricœur 1968: »Die Schrift interpretieren, das heißt zugleich ihren Sinn als geheiligten Sinn erweitern und die übrige profane Kultur in diese Erkenntnis eingliedern; um diesen Preis hört die Schrift auf, ein

Als lebendiger, gestueller und aktueller Text steht die Person Jesu Christi im Lebenszentrum der strukturalen Einheit des Kerygmas des Glaubens: »Die beiden Formen des Wortes – die abgekürzte und die erweiterte – sind untrennbar. Das Buch bleibt also, aber es geht zugleich ganz in Christus ein, und wenn der Gläubige es meditiert, so besteht dies darin, daß er dieses Hineingehen betrachtet. Mani und Mohammed haben Bücher geschrieben. Jesus hat nichts geschrieben. Moses und die Propheten haben über ihn geschrieben. Das Verhältnis des Buches zu seiner Person ist also umgekehrt wie das Verhältnis, das man anderswo beobachtet. So ist das Gesetz des Evangeliums keineswegs eine *lex scripta.* Das Christentum ist keineswegs im eigentlichen Sinne eine Religion des Buches, es ist eine Religion des Wortes, aber nicht einzig noch in erster Linie des Wortes in seiner geschriebenen Form. Es ist die Religion des Wortes (Verbe), nicht eines geschriebenen und stummen, sondern eines menschgewordenen und lebendigen Wortes (Verbe). Das Wort (Parole) Gottes ist nun da, unter uns, und zwar auf eine Weise, daß man es sieht, es berühren kann: lebendiges und wirkendes, einzigartiges und personales, alle von ihm Zeugnis gebenden Worte zu einem machend und erhöhend. Das Christentum ist nicht biblische Religion, es ist Religion Jesu Christi.« [31]

Im Lichte dieses Kerygmas erhellen sich die dynamische Einheit und die reziproke Interiorität der vier Schriftsinne in der doktrinalen Formel: »Jeder einzelne von ihnen besitzt eine vorantreibende Kraft, derart, daß der eine zum anderen weiterführt *per incrementa intelligentiae, quasi quibusdam passibus mentis.* Das Wort der Historie wird vollendet durch die Sinngehalte der Allegorie, diese ihrerseits tendieren aus sich selbst zur Beobachtung der sittlichen Grundsätze. Man geht in einer natürlichen und notwendigen Bewegung *de historia ad allegoriam et de allegoria ad moralitatem.* Die Allegorie ist tatsächlich die Wahrheit der Geschichte; diese wäre, bliebe sie allein, nicht in der Lage, sich in erkennbarer Weise zu vollenden; die Allegorie vollendet sie, indem sie ihr ihren Sinn gibt. Das Mysterium, das die Allegorie enthüllt, eröffnet seinerseits nur einen neuen Zyklus; in ihrer ersten Phase ist sie

---

begrenzter Gegenstand der Kultur zu sein: Erklärung der Texte und Erforschung der Mysterien fallen in eins zusammen.« Vgl. Vorwort zu R. Bultmann, Jésus, 13. Aber die Bezugnahme auf das Schöpfer-Wort schließt bedeutend mehr in sich: Was das Wort (Parole) ankündigt, ist genau das, was das Wort (Verbe) ist.

[31] Ebd. 196–197

nur Einleitung; um ganz sie selbst zu sein, muß sie sich in doppelter Weise vollenden. Zunächst wendet sie sich nach innen und bringt ihre Frucht hervor im geistlichen Leben – davon handelt die Tropologie; dann muß dieses geistliche Leben sich entfalten unter der Sonne des Reiches an jenem Ende der Zeiten, das Gegenstand der Anagogie ist: Denn was wir nun in Christus durch entschiedenen Willen verwirklichen ist das, was von jedem Hindernis und jeder Dunkelheit befreit, einst das Wesentliche des Ewigen Lebens ausmachen wird.«[32]

Der Fortgang von einem Sinn zum andern ist zunächst nicht temporal; er ist logisch, er rekapituliert synchronisch die Diachronie des Opfers und des Heils; »es ist ein ganz modernes Vorurteil, ... Symbol und Realität als Widersprüche zueinander in Gegensatz zu stellen.«[33] So wirken das Symbol des Glaubens und die missionarische Wirklichkeit in der Kirche zusammen zur Darstellung Jesu Christi. Die von Lévi-Strauss entwickelte soziologische Struktur ist notwendig, um die diachronische Bedeutsamkeit der Schrift, wie Ricœur sie vertritt, offenbar zu machen. Und die symbolische Wiedergewinnung des Sinnes, wie sie von Ricœur angestrebt wird, interpretiert synchronisch die eschatologische Hoffnung der Gesellschaft und ekklesialen Struktur. So interpretiert die Realität, in die sich das Zeichen einfügt, deren Sinn, und dieser nimmt die Wiedererfassung dieser Symbole als definitive Wahrheit ihrer sozio-historischen Realität auf.

Henri de Lubac selbst hat die von ihm praktizierte Methode mit der der Religionsgeschichte verglichen: »Zwei Autoren können sich aneinander stoßen, einander widersprechen, einander bekämpfen, wenn jeder der einen und selben Substanz, aus der beide leben, einen anderen Ausdruck verleiht und diesen mit dem des anderen für unvereinbar hält; sie richten ihre Aufmerksamkeit dann nur auf ihre Gegensätze, und wir müssen schließlich herausschälen, was ihre Gemeinsamkeit ausmacht. Wir müssen uns ebensogut vor Augen halten, daß eine Lehre nicht allein da existiert, wo sie didaktisch oder schulmäßig dargelegt wird: Sie ist *in actu* da gegenwärtig, wo sie das Denken inspiriert; hier kann sie bedeutend organischer und stärker sein, als in irgendeiner Zusammenfassung, deren Ausgewogenheit und Klarheit in der Formulierung nichts zu wünschen übrig lassen. Wie soll man schließlich gewisse weniger bedeutsame Texte verstehen, wie soll man nicht der Ge-

---

[32] H. de Lubac, Exégèse, II, 648–649

[33] H. de Lubac, Exégèse, III, 359

fahr erliegen, ihnen mit ungerechter und uneinsichtiger Geringschätzung zu begegnen, wenn nicht dadurch, daß man sie mit der Tradition in Zusammenhang bringt, von der der Autor sich, vielleicht ohne es selbst zu wissen, tragen läßt, und die man in ihnen erkennen und durch sie wiederentdecken kann, ohne sie indessen in ihnen aufgehen zu lassen? Man läßt dies, *mutatis mutandis,* für gewisse Formen konkreten Denkens gelten, so zum Beispiel für die primitiven Mythologien. Man gibt zu, daß sie eine totale Interpretation der Existenz bilden. Jede einzelne ist ein vollständiger Zyklus, der voll und ganz auch im kleinsten seiner Elemente präsent ist; und um auch das kleinste seiner Elemente zu verstehen, selbst wenn es isoliert auftritt, muß man es in diesen Zyklus zurückversetzen. Man räumt ein, daß die geringste Hierophanie Teil eines zusammenhängenden Systems ist, das vollständig vergegenwärtigt wird durch irgendeine beliebige seiner materiellen Grundlagen, – und daß dieses System seinen Bestand trotz aller Abnutzung wahrt, selbst wenn einmal diejenigen, die seine aus dem Zusammenhang gerissenen Bruchstücke überliefern, aufgehört haben, es zu bemerken. Man erinnert daran, daß man, um irgendein ursprüngliches Symbol korrekt intepretieren zu können, immer auf die globale Erfahrung des Heiligen (sacré) zurückgreifen muß, die diese, wenn auch jedem einzelnen vorausliegend, alle gemeinsam umfaßt und niemals von einem von ihnen ausgeschöpft wird. So enthüllt das, was dem ungeübten Beobachter nur kümmerlicher Aberglaube zu sein schien, eine Tiefe, die die Analyse entmutigen kann und Bewunderung weckt...«[34] Für den Religionshistoriker und den Analytiker der vier Sinne bildet der Durchgang durch die Totalität das übliche Zwischenstadium; es ist die Methode des Strukturalismus, in dem der Sinn eines Zeichens durch seine Beziehung zum Ganzen erschöpft ist, es ist aber auch der Grund, weshalb das Kerygma des Glaubens in sich selbst den Ruf nach dem Kerygma der Hoffnung birgt, seinerseits über den Bereich des Glaubens hinausgeht. »So zahlreich und verschiedenartig sie sein mögen – die Signifikationen, von denen die Schrift voll ist, beziehen sich alle auf denselben Gegenstand, und die Einheit dieses Gegenstandes ihrerseits ist das Band, das sie alle zusammenhält und zur Einheit macht. Die Absicht des Geistes ist eine, und der geistliche Sinn ist somit einer. Was ihm die Brechung in sukzessive und partikuläre Erklärungen gibt, ist nur die

---

[34] H. de Lubac, Exégèse, II, 660–661

Schwäche unseres geistigen Fassungsvermögens. Aber diese Detailerklärungen besitzen ihren Wert nur vermittels *eines Durchgangs durch das Ganze.«* [35]

Diese Totalität bekundet sich nicht allein für den Exegeten, sondern auch von seiten der Exegese. Die vier Schriftsinne bilden den exegetischen Akt des Interpreten innerhalb der Kirche: »Wenn die Arbeit des Kommentators sich innerhalb der Kirche vollzieht, verfehlt er niemals vollkommen eine gewisse Art von Objektivität – weil die Schrift tatsächlich ein Ganzes ist und weil die Kirche intuitiv dieses Ganze erfaßt... Der Häretiker dagegen, der die Einheit der Kirche bricht, macht sich selbst unfähig, die Einheit des Buches zu wahren, denn diese beiden Einheiten sind solidarisch und garantieren einander gegenseitig. So findet er sich seinem Eigen-Sinn ausgeliefert. Es verhält sich mit ihm wie mit den Philosophen oder Dichtern der heidnischen Welt: Da ihm die Einheit fehlt, kann er nur in partiellen und widersprüchlichen Auffassungen festlaufen. Doch selbst wenn der Sinn für die Totalität sich verliert, wenn das Prinzip, das die Einheit des Buches ausmacht, vergessen wird, werden innerhalb der Kirche alle diese einzelnen Sinne, die ihre Objektivität aus ihrer ständigen Bezogenheit auf das Ganze, das heißt auf die Glaubensanalogie, erhielten, ›gefügige, angepaßte‹ Sinne. Man hat nur noch eine Masse willkürlich interpretierter Texte. Die alte Exegese, die in ihrem Prinzip nicht mehr verstanden wird, erscheint nur noch wie ein kindliches Spiel. Sie bietet auf diese Weise von sich selbst nur noch eine Karikatur.« [36]

Wenn solche inneren oder von außen kommenden Verirrungen die Schriftsinne unverständlich machen können, so ist es ebenso objektiv notwendig, den Zugang zur totalisierenden Optik zu finden: »Für den Historiker der Lehrentwicklung dürfte, selbst wenn er persönlich nicht den Glauben teilt, den er wissenschaftlich studiert, die innere Logik des christlichen Mysteriums kein leeres Wort sein. Nun handelt es sich hier aber sehr wohl um das christliche Mysterium. Es handelt sich in der Tat um einen Komplex von Ideen, die bemüht sind, dieses zum Ausdruck zu bringen. Sie rühren an seine Substanz und an seinen Rhythmus, wenngleich sie in ihrer buchstäblichen Gestalt natürlich viele vergängliche, heute überholte Elemente enthalten und, um es ganz rückhaltlos zu sagen, auch viel Schwulst. Weil er dies verkannte, gleichsam

[35] H. de Lubac, Exégèse, IV, 81

[36] Ebd. 91–92

von Anfang an, hat mehr als ein Historiker, mehr als ein Gelehrter – gläubiger oder ungläubiger – die Bedeutung dieser Lehre vom vierfachen Sinn vollkommen verkannt. Ein gewisser historischer Positivismus tötet methodisch mit geschlossenen Augen seinen Gegenstand.«[37]
Das Innnere wie das Äußere der Kirche ist von der Einmaligkeit der kerygmatischen Exegese betroffen. Wer so mit einem Blick die Exegese des Glaubens und die Exegese der missionarischen Hoffnung, den doktrinalen »Intimbereich« der Kirche und ihre soziologische Mission in der Welt umfaßt, erfährt in ihrer ganzen Stärke die Einheit der kerygmatischen Aussage, die die logische Umwandlung mit der zeitlichen Abfolge verbindet. »Das christliche Schriftverständnis berücksichtigt nicht allein eine historische Evolution; es erwächst ebensowenig aus einer einfachen Wandlung der intellektuellen Perspektive. Es setzt eine erfolgte geistliche Revolution voraus und erwächst aus einer dialektischen Bewegung, durch die die Zeichen umgekehrt werden ... Das Alte Testament wird nicht einfach anulliert durch die Verkündigung des Neuen, wie Faustus es sich vorgestellt hat; ebensowenig fügt das Neue sich einfach an das Alte an, wie gewisse Juden anzuerkennen sich bereit gefunden hätten und wie einige jüdische Historiker heute versucht sind, es Jesus als Idee zu unterstellen.«[38]
Den Juden betrifft zunächst die Kontinuität der beiden Testamente, den Heiden vornehmlich die Struktur des Neuen. Einer wie der andere fühlt sich auf diese Weise versucht, Struktur und Diachronie zu trennen. Der Jude steht unter der Versuchung, einen – wahren oder falschen – Propheten in die Stammreihe seiner geistlichen Führer einzuschieben, während der Gnostiker aus dem Neuen Testament die Struktur des Universums herausliest. Beide reduzieren dadurch die kerygmatische Aussage auf die Dimension ihrer jeweiligen kulturellen Universalität. Aber während der Jude ein ständiger Anstoß unter den Nationen bleibt, ist die Anerkennung der Gottheit Christi durch den Heiden, die ohne Bezugnahme auf das Alte Testament geschieht, eine Reduzierung des Christentums auf seinen mythischen Aspekt. Für diesen Heiden wird das Christentum dann zu einer Religion wie die anderen; für den Juden ist es nur ein Ableger der jüdischen Religion. So wahr diese Auffassungen in dem sind, was sie sagen, so falsch sind sie in dem, was sie bestreiten. Denn für den Christen gibt es nicht mehr Juden

---

[37] H. de Lubac, Exégèse, II, 661
[38] H. de Lubac, Exégèse, III, 144–145

noch Heiden, da jeder Mensch gerufen ist, wie Abraham es war. In ihrer doktrinalen Einmaligkeit macht die grundlegende kerygmatische Aussage des Christentums die Menschen zu einer Einheit von Weltdimension, während dagegen innerhalb der Kirche ständig die Gefahr besteht, daß Neujudaismus und Neupaganismus wieder entstehen und daß die vier Schriftsinne sich durch Auflösung ihres Komplementaritätsverhältnisses voneinander trennen.

Die große universale Verkündigung der Gottheit Christi ist also keineswegs Frucht des Druckes von außen: Sie erwächst mit Notwendigkeit aus der Wahrheit der grundlegenden kerygmatischen Aussage. Auf die Bestreitung durch den Juden und den Heiden ist das ergriffene Staunen der Zeugen Jesu Christi gefolgt. Wer hätte aus eigenem Antrieb gewählt, verworfen zu werden? In der Tätigkeit ihrer mittelalterlichen Kommentatoren interpretiert die Kirche selbst diese Erleuchtung: »Durch die gesamte christliche Exegese hindurch und bereits in gewissen Ausrufen des Paulus vernimmt man etwas anderes als eine defensive Gedankenführung: einen Ton triumphierenden Jubels. Diese *admirabilis divinae operationis concordia,* diese *consona utriusque Testamenti veritas* wird um ihrer selbst willen bewundert, genossen und gefeiert. Das Licht, das daraus hervorströmt, versetzt den menschlichen Geist in festliche Stimmung. Die Vorstellungskraft beginnt sich zu regen im Dienste einer ersten Intuition, die immer stärker und umfassender sein wird als alle ihre Schöpfungen. Der Christ, der die Schrift meditiert, genießt sie gleich einer Musik; und dieses harmonische Konzert der Testamente versetzt am Ende mehr als die Sphärenmusik, mehr als das *carmen universitatis* in einen Zustand kontemplativen Friedens wie in die Entrücktheit der Ekstase. Die Jahrhunderte mögen vergehen: dieses Entzücken ist ständig neu. Das neue Lied erklingt immer.« [39]

3. Das missionarische Kerygma und die Verschiedenheit der Schriftsinne

Die Formel der drei Schriftsinne ist zwar nicht doktrinal, aber nichtsdestoweniger wesentlich für die Botschaft: durch sie verwirklicht sich die Universalität des Kerygmas. Die sich ihrer bedienen, ergänzen

---

[39] H. de Lubac, Exégèse, I, 333

wahrhaft die Lehre von den vier Schriftsinnen: »Die Vertreter der ersten achten stärker auf das innere Prinzip des Schriftverständnisses, den Heiligen Geist; die der zweiten beachten vor allem seinen wesentlichen Gegenstand, Christus. Die der ersten sind vor allem geistlich orientiert und suchen von vornherein die *spiritualis vitae intelligentiam* der Schrift; die der zweiten sind vor allem Menschen, die nach der Lehre schauen und darin zunächst die *spiritualia de Christo arcana* suchen. Und doch ist jeweils, was bei den einen ausdrücklich vorhanden ist, bei den anderen einschlußweise lebendig – und umgekehrt. Die ersten wollen das geistliche Leben nicht dadurch versiegen lassen, daß es von seiner Quelle abgeschnitten wird; die Gruppe der zweiten will diese Quelle keineswegs lästern, indem sie ihre geistliche Fruchtbarkeit geringschätzt. Sie alle wissen in gleicher Weise, daß Christus nie anders zu erkennen ist als durch den Geist, und ebenso, daß dieser Geist stets der Geist Christi ist.«[40] Die Sendung, durch die Christus die Erkenntnis des Heiligen Geistes hervorruft, bringt die kerygmatische Aussage auf einem neuen und universalen Weg ins Spiel, auf dem ihre geistliche Dynamik logisch begründet und soziologisch strukturiert ist wie eine Religion unter anderen. Indem sie die Ausstrahlung des Anfangskerygmas bekundet, artikuliert umgekehrt diese sozio-historische Einfügung in logischer Form die eschatologische Wahrheit dieser Feststellung der gemeinsamen Struktur[41].

So können die Verfahren der griechischen Philosophie als Elemente der kerygmatischen Aussage integriert werden: Für das Kerygma ist es ein und dasselbe, den Bereich seiner Fülle universal zu machen und sich selbst als gegebene Besonderheit zu verstehen. So werden beispielsweise Sinnbild, Andeutung und Wahrheit des griechischen Geistes für das Kerygma des Christentums Zeichen der Etappen der Geschichte, der Moral und der Analogie. Der Einfluß Dionysius' des Areopagiten hat sich besonders darin ausgewirkt, daß er die temporale Achse der Erlösung in eine räumliche Hierarchie des Jenseits übertragen hat. Eine neue Darstellungsweise kommt auf, deren vornehmliche Eigentümlichkeit darin besteht, daß sie ihre Werkzeuge der außenstehenden Philoso-

[40] H. de Lubac, Exégèse, I, 355–356

[41] In diesen Aspekt des Kerygmas verlegt Ricœur die zweite Wurzel des hermeneutischen Problems. Der hermeneutische Zirkel ist bereits vorhanden zwischen dem christlichen und dem existentiellen Sinn, die sich gegenseitig entschlüsseln. Vgl. Vorwort zu R. Bultmann, Jésus, 12

phie entnimmt. Grund dafür ist, daß das Werk des Schöpfers in der gesamten Welt getan wird, und die Erkenntnis Jesu Christi im Anfangskerygma des Glaubens ist nichts anderes als die Weiterführung des Schöpferplanes in den freien Raum des freien Willens der Menschen hinein. Weit davon entfernt, die Geschichte durch Absolutheit ihrer Verkündigung in sich selbst abzuschließen, zeigt die christliche Allegorie den Weg an, auf dem über die Religion des Alten Testaments und die synkretistischen Religionsformen ihrer Umwelt alle Religionen einen Sinn gewinnen und an der wunderbaren Harmonie der beiden Testamente teilhaben. »Die Heilige Schrift enthält nicht allein, wie man um die Mitte des 20. Jahrhunderts zu ausschließlich zu sagen begann, eine Geschichte des Heils: Sie ist auch keineswegs stumm, was das Heil selbst betrifft. Wenn sie den Weg absteckt, den das Heil genommen hat, so erhellt sie auch das Ziel, soweit dies in unserer sterblichen Verfassung möglich ist. Sie ist voll von Informationen über die Geheimnisse des ewigen Reiches, das uns für das Ende zugesagt ist. In diesem Sinne ist sie das Buch der göttlichen Kontemplation. Die biblischen Symbole sind also historisch wie auch natürlich, nicht selten beides zugleich. Und wie es zunächst zutrifft, daß die göttliche Offenbarung durch die Verwendung natürlicher Symbole die dem gemeinmenschlichen religiösen Empfinden entstammenden Intuitionen integriert, um sie dank der Erfahrung des in Verwirklichung befindlichen Heilsplanes weiterzuführen und umzuwandeln, so ist es auch wahr, daß von dieser historischen Erfahrung aus die Offenbarung die natürliche Symbolsprache wiederfindet, um, wenngleich in einer inchoativen Form, die letzte Realität dieses Heilsplanes zum Ausdruck zu bringen.«[42]

Die Partizipation der außerhalb des Kerygmas befindlichen Religion ist somit doppelt bestätigt: Ebenso wie es einen philosophischen Ausdruck gibt, durch den die Allegorie die natürliche Verständnisfähigkeit befriedigt, gibt es auch eine Exteriorität der natürlichen Religion, die dem Kerygma gestattet, seine eigene Universalität zu erfassen. Das, worauf das Kerygma am Ende hinausläuft, erstreckt sich auf alles: »Die *invisibilia Dei* werden auf dem Wege über alle sichtbaren Dinge betrachtet, mögen sie nun in der Bibel erwähnt sein oder unmittelbar in der Natur betrachtet werden ... Man kann im übrigen nicht dasselbe von gewissen Symbolen des menschgewordenen Wortes sagen. Der Grund dafür

---

[42] H. de Lubac, Exégèse, IV, 172

ist, daß die Symbolsprache eine universale Methode darstellt; es ist die Methode der Erkenntnis durch spirituelle Interpretation, welche, wie der hl. Gregor sagt, die *spiritualis intelligentiae arcana* eröffnen oder zumindest zu einem kleinen Teil eröffnen. Der Grund liegt ferner darin, daß enge Bande bestehen zwischen der Welt, die das Buch der Schrift ist, und jenem Buch, das die sinnlich wahrnehmbare Welt ist, da und insofern beide gleicherweise geschaffen sind – ganz zu schweigen von jener dritten Welt oder jenem dritten Buch, das die Liturgie darstellt, in dem die beiden erstgenannten konvergieren, und zwar so vollkommen, daß man, um eine vollständige Methode zu bekommen, die Symbole *sive in creaturis, sive in Scripturis, sive in Sacramentis divinis,* studieren muß.«[43]

Man wird in dieser Dreiheit die Modi des Abbildes, der Andeutung und der Wahrheit erkennen, hier jedoch erfüllt im Mysterium Christi. »Bereits die Allegorie Philons nahm Bezug auf die Natur, über die Heraklit und die Naturphilosophen an Philo ihre Lehre vermittelt hatten: daß sie sich gern verbirgt; dasselbe haben sie übrigens auch die Bibel gelehrt. Doch bestände auch hier nur eine Parallelität der Methode, die sich auf die Annahme einer gewissen Analogie in der Struktur gründet. Das christliche Denken sieht die Dinge anders. Für seine Auffassung handelt es sich bei den Verbindungen von einer Welt zur andern um organischere Zusammenhänge. Die erste Regung des im Schoße der Natur erstehenden Geistes müßte eine Anagogie sein. Aber seit dem Fall ist es eine verfehlte Anagogie. Um sie herum hat sich alles verfestigt und verdunkelt. Nicht durch die Schuld der Welt oder eine Schuld des Schöpfers, sondern durch die Schuld des Menschen ›verbirgt die Welt Gott‹ – wie nach Pascal Newman es so stark empfunden hat. Sie verbirgt Gott; aber sie bleibt dennoch weiter in sich selbst fähig, ihn zu offenbaren. Auf dem Weg über die Schrift, die das *opus restaurationis* enthält, wird das *opus creationis* seine Bedeutung wiedergewinnen. Jenes erste Buch der großen *fabrica mundana* wird von neuem entziffert werden. Nunmehr durch die Geschichte, die Allegorie und die Tropologie vorbereitet, wird die Anagogie gelingen. Ihre innere Schwungkraft wird sie sogar noch höher führen, indem sie sie weiter eindringen läßt in das Mysterium der Trinität, welches das Mysterium der Liebe ist.«[44]

---

[43] Ebd. 173
[44] Ebd. 173–174

Diese logische Transformation der heidnischen Kategorien in das christliche Kerygma fügt sich ein in die temporale Kontinuität[45]. Die drei Schriftsinne, aufgrund deren sich die missionarische Formel artikuliert, schöpfen ihre ganze Wahrheit aus der doktrinalen Formel: »Diese organischen Zusammenhänge sind erst dann in vollem Umfang hergestellt, wenn die Welt der Schrift selbst vollendet ist. Sie kann das Buch der Natur erhellen, wenn sie selbst einmal hell und lichtvoll geworden ist durch ihr Einswerden in Christus. Dann zeigt sich ihr Gegenseitigkeitsverhältnis. Die Symbolsprache der Schrift fußt auf der universalen Symbolsprache. Denn der Geist des Menschen ist so sehr in die Dunkelheit des Unwissens gehüllt, daß er nur aus ihr heraustreten und in das Licht der Wahrheit eintreten kann, wenn er sich, um zu dem ihm Unbekannten zu gelangen, durch ihn umgebende sichtbare Zeichen führen läßt, wie man einen Blinden an der Hand führt. Auf der anderen Seite verweist uns die Schrift auch auf das Universum, indem sie uns auffordert, Gottes Werke ernst zu nehmen und, vom Sichtbaren zum Unsichtbaren gehend, sie als unschätzbare Dokumente zu betrachten, deren Lehre wir niemals vollends ausschöpfen werden. Wie die beiden Testamente, welche die eine Schrift ausmachen, durch ihre Harmonie und ihren Einklang ein einziges Konzert bilden, so geschieht es auch mit der Gesamtschrift und der Welt, die einander gegenseitig erhellen.«[46] Das ist die traditionelle Konzeption, die de Lubac anschaulich macht. In der gesamten christlichen Interpretation ist der Austausch von Allegorie und Anagogie als dritter und letzter Schriftsinn höchst bedeutungsvoll: Nur in einer eschatologischen Perspektive ist ein universaler Strukturalismus berufen, jeder Religion ihre endgültige Signi-

---

[45] In dem Vorwort zu Jésus von R. Bultmann, das Ricœur geschrieben hat, scheint der Autor trotz größter Vorsicht bei der Wortwahl – Dimension, Wurzel (racine) – in der christlichen Hermeneutik mehr sukzessive Etappen zu unterscheiden als logische Dispositionen. So dürfte die dritte Wurzel der Hermeneutik erst in unserer Zeit entdeckt worden sein, obwohl sie »zur Urkonstitution des christlichen Kerygmas gehört. Man muß in der Tat zurückgehen bis zum Zeugnischarakter des Evangeliums. Das Kerygma ist nicht zunächst Interpretation eines Textes, sondern Verkündigung einer Person«, (ebd. 14). Das hat bereits mit größerem Nachdruck die traditionelle Exegese gesagt: Die Person Jesu ist die Interpretation des Alten Testaments. Zweifellos explizieren wir hier die in unserer methodologischen Einleitung implizite enthaltene Simultaneität (siehe S. 13): »Versuchen wir in einem mehr systematischen als historischen Sinn diese hermeneutische Situation zu entfalten. Man kann darin drei Momente unterscheiden, die nacheinander erhellt worden sind, auch wenn sie implizit gleichzeitig sind.«

[46] H. de Lubac, Exégèse, IV, 174

fikation zu geben, von der sie durch ihr Verhältnis zu dem Bezugszentrum Jesus Christus schon erfüllt ist.

Kultur oder äußerer Kult wirken zusammen zum Ausdruck dieser Totalität – nicht allein als Werkzeug, sondern auf eine innerliche Art und Weise dank der *allegoria innata* der Bibel in Verbindung mit der *allegoria illata* der profanen Äußerungen. Die alten Interpreten bemühten sich nicht um eine »Synthese zwischen den Mythen des Heidentums und der christlichen Religion. Wenn Hermes, Homer oder Platon durch ihre Irrtümer und tastenden Bemühungen etwas von den Mysterien der Heiligen Schrift erreicht haben, dann haben sie das gleichsam als Blinde getan in einer Art Anrühren, ohne zu sehen; und wenn sie prophetisch gesprochen haben, dann ohne es zu wissen.«[47] Die Autoren des Mittelalters erklären die profanen Dichter mit Hilfe der *allegoria illata.* Unter den Mythologen »können die am stärksten allegorisierenden und die am meisten zum Christentum neigenden zugleich überzeugt sein, daß die wahre Erklärung der in ihrer objektiven Originalität betrachteten Mythen die euhemeristische ist. Nur war ihr Hauptanliegen ein anderes als diese Erforschung der menschlichen Vergangenheit. Es ging ihnen nicht darum, die Fragen zu beantworten, die sich der Wissenschaftler von heute stellt. Sie wollten nicht re-konstruieren, sie wollten konstruieren. Was sie von alten Autoren verlangten, war ein Ausgangspunkt, von dem aus sie ihrerseits sich weiter emporschwingen konnten. Wenn sie die Aussprüche der Heiden in ihren eigenen Schriften sammelten, dann nicht, um sich selbst des römischen Weges zu bedienen in der Absicht, die Antike mit der modernen Welt in Verbindung zu bringen und damit in würdiger Weise die Funktion zu erfüllen, die ihnen ihre Bezeichnung als mittelalterliche zuzuweisen scheint. Sie haben also die Geisteserzeugnisse, die das Altertum ihnen vermachte, umgewandelt, genauso wie sie seine künstlerischen Motive umgewandelt haben: ... *Nil sub sole novum sed renovata vides.* Das geschah natürlich keineswegs immer in einem rein schöpferischen Antrieb. Sie übten nichtsdestoweniger jenes elementare Recht aus, das jede Generation besitzt: sich selbst auszudrücken und dazu fertige Formen zu verwenden; und nur aufgrund von Bedenken, die sie nicht hatten, könnte man sich über die Ehrlichkeit ihres Vorgehens befragen. Man kann ihnen daraus ebensowenig einen Vorwurf machen, wie man etwa Vergil

---

47 Ebd. 219

einen Vorwurf daraus macht, das Gedankengut des Hesiod verfälscht zu haben, indem er verschiedenen seiner Mythen eine stoisierende Interpretation gab; oder Racine, die Fabel von Hippolyt und Phaedra verfälscht zu haben, indem er ihr einen christlichen Anstrich gab; oder auch Fénelon, den Homer oder gar Christus verfälscht zu haben, indem er die heidnische Legende von einem Ende seines *Télémaque* ans andere verlegte.« [48]

Dabei ist das aber keineswegs die einzige Art und Weise, auf die die Mythologie den christlichen Ausdrucksformen als Unterbau dient: »Mit dieser finalistischen Vorstellung, deren praktische Anwendung den Glauben an die universale und definitive Wahrheit des christlichen Glaubens voraussetzt sowie daran, daß er da ist, um alles zu assimilieren und zu vereinigen, indem er es umwandelt, verbindet sich eine andere Idee, die man nicht so leicht näher umreißen kann, eine Idee, die einige Gefahren mißbräuchlicher Verwendung enthält, die aber unbestreitbar berechtigter und tiefschürfender ist als die der Mythologen, die rein objektiv sein möchten. Das ist die Idee, daß der Mythos, eben weil er keine Form reflektierten Denkens ist, einen bestimmten potentiellen Gehalt besitzt, den es ihm abzugewinnen gilt, die Idee, daß die Wahrheit, die er gefangen hält, ohne daß sie vollkommen vorgeformt in ihm enthalten wäre, in mehreren denkbaren Richtungen über den von seinen ersten Schöpfern beabsichtigten Sinn (sens) hinausgeht.« [49] Neben dem christlichen Herkules von Ronsard steht Vergil als Prophet – so wahr ist es, daß Christus, indem er das Alte Testament erfüllte, jedes Suchen nach Gott im Verhältnis zu Ihm auf die gleiche Ebene gestellt hat. Die Autoren des Mittelalters haben reichlich aus der heidnischen Mythologie geschöpft, um ihrem Glauben Ausdruck zu geben: »Sie hielten sich zwar nach wie vor fern davon, gewisse allzu süße Töne anzuschlagen, hantierten aber auf ihre Weise in aller Arglosigkeit, ja sogar in allem Ernst mit den alten Göttern, die ihnen – nach einem von Hegel zitierten Wort Kants, das Paul Ricœur so sehr ›entzückt‹ hat – *zu denken gaben.*« [50]

Beim praktischen Gebrauch haben die vier Schriftsinne jedoch eine Reihe schwieriger Fragen aufgeworfen, die nicht wenig zu ihrer

---

[48] Ebd. 219–220

[49] Ebd. 221

[50] Ebd. 184

schließlichen Desintegration beigetragen haben. Wir wollen hier jeden einzelnen dieser Sinne untersuchen, so wie seine Einfügung in die dreiteilige Formel ihn umwandelt und zerlegt. Unsere Fragen betreffen vornehmlich Anfang und Ende der Testamente: Welcher historische Sinn ist der Genesis und der Offenbarung des Johannes beizulegen? Und wie soll man ihn in passender Weise den anderen Schriftsinnen gegenüber artikulieren? Diese Grenzen des Kerygmas sind genau der Weg, auf dem die beiden Totalitäten – die des Buches und die der Natur – sich zu decken tendieren. Auf der einen Seite steht eine Geschichte, die im natürlichen Sinne (sens) mythisch bleibt, und auf der anderen Seite eine neutestamentliche Prophetie.[51] Der gemeinsame Ursprung in einem dem Christentum und der Menschheit gemeinsamen Ganzen wird sanktioniert durch die Verheißung eines eschatologischen Ganzen, in das die universale religiöse Inspiration einbezogen ist. So entspricht die Zweiheit der beiden Formeln – der vier- sowie der dreiteiligen – und der Schriftsinne der Dialektik einer Tradition, in der die Universalität des Heils vom Anfang bis zum Ende immer nur in der Partikularität einer Geschichte auftritt. Die Aussage der proto- und eschatologischen Wahrheit einerseits und die Errichtung einer historischen Gesellschaft anderseits bilden die beiden Dimensionen des christlichen Kerygmas. Dieses erweist sich also in seiner zweifachen Komponente adäquat interpretiert durch die irreduzible Zweiheit der Schrift-Formeln, die ihrerseits wiederum den unüberwindlichen Abstand zwischen der Totalität der doktrinalen Wahrheit und der historischen Realität der Sendung zum Ausdruck bringen. Daher zerlegt, wie uns scheint, die christliche Tradition jedes einzelne von den Elementen der kerygmatischen Aussage. Die Wahrheit bekundet sich in der gemeinsamen Verkündung einer definitiven noetischen Struktur und einer unbegrenzten geistlichen Dynamik: Weil sie in ihrem Denken und Meditieren jeweils nur eine der beiden genannten Perspektiven berücksichtigt haben, sahen die alten Exegeten und modernen Hermeneuten sich aus einer Fülle herausgerissen, die sie nicht mehr zum Ausdruck bringen konnten.

Erörtern wir zunächst den zweifachen Sinn der Geschichte. Es gibt

[51] Wenn Paul Ricœur die heutige Exegese in der Auseinandersetzung mit einem neuen Problem darstellt, – trifft er da nicht auf die alte Perspektive einer neutestamentlichen Prophetie? »Das ist die Quelle unseres modernen Problems der Hermeneutik: Das Kerygma ist auch ein Testament; gewiß, es ist neu, wie wir im ersten Punkt gesagt haben; aber es ist ein Testament, das heißt eine neue Schrift. Dann aber ist das neue Testament ebenfalls zu interpretieren.« Vgl. Vorwort zu R. Bultmann, Jésus, 14

Fälle, in denen der Literalsinn sich als unhaltbar erweist – sei es, daß zwei Schrifttexte unvereinbar erscheinen, sei es, daß sie über die Vorstellungskraft und -fähigkeit hinausgehen, etwa in dem Falle, in dem der Psalm die Flüsse rückwärts laufen und die Berge wie Widder springen läßt. Dieses Fehlen eines historischen Sinnes ist nur Anlaß zur Unterscheidung von *allegoria dicti* und *allegoria facti.* Die erste steht offen für jegliche Kultur, und auf dem Weg über diese kulturelle Ebene kann und muß der historische Sinn gewonnen werden: »In der ganzen für geoffenbart gehaltenen Schrift denkt die Tradition, die sich auf sie beruft, an einen verborgenen Sinn; und das ist der Ansatzpunkt für eine Vielzahl merkwürdiger Konstruktionen und gedanklicher Subtilitäten.«[52] Im Falle der Genesis zum Beispiel dürfen die erzählten Fakten nicht buchstäblich genommen werden: »Das Paradies am Anfang und die erste Sünde gehören für Origenes noch zu dem Bereich, in den keine direkte Erkenntnis einzudringen vermag. Was uns die Genesis darüber erzählt, ist also ein Mythos, der nicht allegorisch erklärt werden darf. Jene berühmte Stelle aus *Peri archon,* die Anstoß erregt und auf die wir bereits angespielt haben, ist bekannt: ›Wer wäre töricht genug, sich vorzustellen, Gott habe mit seinen Händen einen Garten angelegt so wie es ein Gärtner tun würde?‹«[53] »Getreu einer Denkrichtung, der er auch in anderen Zusammenhängen folgt, spiritualisiert« Origenes »also die Geschichte des irdischen Paradieses, er verinnerlicht sie, will sie aber keineswegs zerstören. Sie bleibt – wenn auch in einer Form, über die man diskutieren kann – was sie in der Bibel war und was sie noch für die Kirche ist: der erste Akt unseres Heilsdramas.«[54]

Origenes' Idee, »was das Genus dieser Erzählung anbetrifft, soweit man es bei dem fragmentarischen Textzustand rekonstruieren kann, scheint der Idee nahezukommen, für die Karl Barth, darauf bedacht, die Doppeldeutigkeiten des Mythos zu vermeiden, das Wort *Saga* geprägt und ihm zugleich eine genaue und spezielle Bedeutung gegeben hat. Der Mythos ›meint‹ nach Karl Barth unter der Form eines völlig fiktiven Berichts außerzeitliche Realitäten; er ist im tiefsten Grunde unpersönlich und monistisch, er bringt konstituierende Prinzipien des natürlichen oder geistlichen Kosmos zum Ausdruck; er ist wie eine Gesteinsmasse, aus der man den Wahrheitsgehalt herausgewinnen muß. Die *Saga* da-

[52] H. de Lubac, Exégèse, I, 308
[53] H. de Lubac, Exégèse, IV, 155
[54] Ebd. 168

gegen ist nicht allein jene heroische Erzählung einer mythischen Vergangenheit, von der verschiedene Religionshistoriker oder Historiker der alten Literaturen sprechen: Sie ist eine seherische und poetische Schilderung einer konkreten historischen Realität, eines einzelnen Ereignisses, das in Raum und Zeit situiert ist, das aber seinem Wesen nach der historischen Verifizierung entzogen ist. Zwischen der Barthschen *Saga* und dem *Mythos* des Origenes besteht wohl eine Unterschiedsnuance. Die Analogie aber ist trotz allem real. Sie wäre bedeutend geringer im Verhältnis zu dem ›Mythos‹, wie ihn heutzutage Paul Ricœur in einem Bultmann nahekommenden Verständnis auffaßt: als eine Art Symbol, aufgebaut in Gestalt eines Berichtes auf dem Weg, über den sich ein Verständnis der menschlichen Realität vollzieht und dessen Funktion in einer ontologischen Sondierung und nicht in einer Offenbarung von Einzelfakten besteht. Sie wäre sehr stark dagegen im Verhältnis zur ›histoire surnaturelle‹ (übernatürliche Geschichte), wie sie R. P. Gaston Fessard erklärt, der sie auf die höchste der von ihm unterschiedenen Historizitätsebenen stellt.«[55]

Tatsächlich handelt es sich hier wirklich um einen historischen Sinn und nicht allein um einen Typ von Allegorie. Diese Historizität gehört wirklich und in realer Weise zum missionarischen Kerygma; sie überhäuft die heidnische Aporie, die sie ausdrückt, mit der Antwort der Offenbarung. Dennoch macht diese Signifikation der Geschichte aus ihr keineswegs den ersten der vier Sinne des doktrinalen Kerygmas; der Buchstabe hat hier nicht die unmittelbar christologische Bedeutung, die das Neue Testament in der Logik seiner Verkündigung dem Alten verleiht. Ein ganz ähnlicher historischer Ablauf läßt sich in gewissen nationalen Heldendichtungen der Antike entdecken, besonders in der »Äneis«. Wie auf der Ebene des Alten Testaments in der Genesis dient hier die Aktualität als Maßgabe für die betreffende Geschichte. Dabei ist diese Aktualität derart bedeutungsgeladen, daß sie Vergil ins Kielwasser der großen Propheten getrieben hat. Dieser historische Sinn hält den Vergleich aus zwischen der Vergilschen Voraussage des Kindes und den Voraussagen in der Prophetie des Jesaja: »Durch jeden beliebigen Mittler hindurch und in jeder beliebigen Verbindung hat das Empfinden, am Vorabend einer großen Welterneuerung zu stehen, den Geist des jungen Dichters berührt und befruchtet. Das Kind – wer auch immer es

---

[55] Ebd. 168–169

sein mag, dessen nahe bevorstehende Geburt er feierte – wurde für ihn zum Zeichen der erwarteten Wiedergeburt. Von da aus öffnete er dann dem Traum über diese Wiedergeburt, über ein ähnliches, ja ein noch bestimmteres Zeichen, die Tore, und er gestattete dem Traum, sich im voraus zu fixieren, sobald er einmal durch das Ereignis eingeführt war.«[56] Die gesamte »Äneis« hat einen historischen Sinn: »Alles ist darin gebunden an eine irreversible Zeit, und in dem Maße, wie diese vergeht, geben die nachfolgenden Etappen den vorhergegangenen einen Sinn. Folglich hält uns die Vergilsche Erzählung ständig in Bewegung: In jedem Augenblick gibt sie Ausblicke auf die entfernteste Zukunft hin. Von Anfang bis Ende alle zwölf Gesänge hindurch sieht der Leser sich also aufgefordert, sich bewußt zu machen, daß in jedem Augenblick der Erzählung, die ihm vorgeführt wird, das Geschick Roms, das Geschick der Welt, in der der Leser selbst lebt, in Frage stand. Im Sturm erhebt sich jedesmal, wenn die Geschicke sich zu verdunkeln, die Schwierigkeiten sich zu häufen und der Wille der Betroffenen schwach zu werden scheint, das Bild Roms und seiner künftigen Geschichte wie eine angstvolle Frage und ein Aufruf. *Tantae molis erat Romanam condere gentem* ... diese Beteuerung an der Schwelle des Epos, in der Folgezeit hundertmal wiederholt in den verschiedensten Formen, lädt ihm in jeder einzelnen seiner Episoden die Gegenwart aller kommenden Geschichte auf, und das gilt selbst für die Christen, nämlich für alle kommende Geschichte des christlichen Rom. Nun strömte aber eine derart neue Konzeption spontan mit den jüdisch-christlichen Vorstellungen zusammen, die selbst sehr stark an den Ablauf der Zeit gebunden waren. Nach Auffassung der christlichen Exegese enthält die Geschichte des hebräischen Volkes ebenfalls eine gewisse Vorform von geistiger Realität aus dem Bereich der Exemplarität und ist zugleich in wirksamer Weise Vorbereitung jener christlichen Wirklichkeit, die sie andeutete.«[57] Doch im Unterschied zum Alten Testament sucht die römische Heldendichtung noch ihren Erlöser: Weder Konstantin noch Karl der Große noch die Herrscher des Heiligen Römischen Reiches Deutscher Nation vermochten die Vergilschen Verheißungen zu erfüllen – dies geschah erst in der neutestamentlichen Umwandlung durch die endzeitliche christliche Einheit der Kirchen in der Gemeinschaft mit dem Bischof von Rom. Es handelt sich hier um einen historischen

---

[56] Ebd. 260
[57] Ebd. 261

Sinn, der sich in Christus nur durch die Vermittlung einer anderen Geschichte erfüllt, die zuvor in ihm Erfüllung gefunden hat: der Vermittlung der jüdischen Geschichte. In Ermangelung dessen tritt der historische Sinn in die Randbezirke des in Christus erfüllten Sinnes, und die Zweiteilung des ersten Schriftsinnes stellt, anstatt das Heil historisch zu entfalten, einen für die Logik des gesamten kerygmatischen Systems verhängsnisvollen Auswuchs dar.

Zweiteilung der Geschichte, aber ebensogut der Allegorie. Wir haben eben in der heidnischen oder jüdischen Geschichte einen speziellen historischen Sinn erkannt; nun müssen wir nach einer Allegorie fragen, die unmittelbar in dem christlichen Faktum wurzelt.

Auf den ersten Blick ist dieses aber nicht mehr Material für eine Allegorie, denn es ist zum Abschluß gebrachte Allegorie. »Wenn das Alte und das Neue Testament, wie Isaak von Stella sagt, zwei Welten sind, die Welt der Geschichte und die Welt der Allegorie, und wenn das Neue Testament sich speziell als die Allegorie des Alten definiert, so liegt es klar auf der Hand, daß es seinerseits nicht allegorisiert werden darf und kann. Wenn der Geist des Alten Testaments sein Buchstabe ist, so ergibt sich in aller Deutlichkeit, daß man ihn nicht wiederum wie einen Buchstaben behandeln darf, aus dem noch der Geist herauszugewinnen wäre. Damit würde man sich auf einen *processus in indefinitum* einlassen, der die Frucht einer ungezügelten Phantasie wäre und der die christliche Realität zerstörte.«[58]

Indessen gibt es einen Aspekt, unter dem das eine und das andere Testament zusammen nur einen einzigen Buchstaben bilden. Es sind dieselben Autoren, die ihn bestätigen: »Eben noch sprachen sie vom ›Neuen Testament‹ selbst, von der Neuen Ökonomie in Christus, während sie nun von den ›Schriften des Neuen Testaments‹ und den darin berichteten äußeren Ereignissen sprechen. Es besteht hier also kein Widerspruch, nicht einmal in den Worten, vorausgesetzt, man ist sich über die Unterschiedlichkeit der Standpunkte klar, von denen aus man spricht.«[59] Von einem formalen Standpunkt aus betrachtet kann die aus der Geschichte entnommene Allegorie sich mit den Verfahrensweisen der heidnischen Typologie identifizieren. »Man kann sehr wohl hier und da in den Berichten des Alten Testaments das Symbol unzeitlicher Begebenheiten suchen, einer ständig neubeginnenden Moral-

[58] Ebd. 109
[59] Ebd. 115

psychologie oder gar irgendwelcher kosmischen Realitäten, doch wird man niemals da hinein das Ganze, ja nicht einmal den wesentlichen Teil ihrer Signifikation verlegen. Praktisch stehen sich hier nur zwei Formen von Allegorien gegenüber: die *allegoria facti* und die *allegoria verbi.*«[60] Der Rückgriff auf diese ist struktural gesehen normal, geschieht aber bisweilen unter Ausschluß der Bezugnahme auf die für das christliche Kerygma im spezifischen Sinn konstituierende *allegoria facti.* Diese Versuchung wird noch größer, je mehr Unmöglichkeiten im Bereich des Buchstaben den Rückgriff auf die *allegoria verbi* allzu nahe zu legen scheinen. Diese kann dann zur »faulen Lösung eines unangenehmen Problems werden«[61], wie bereits ein Autor des 4. Jahrhunderts bemerkt hat. Die historische Kritik hat bei der Lösung der Rätsel versagt. Bisweilen brauchten sogar heikle Situationen nicht dem biblischen Autor zur Last gelegt werden. Aber »ebenso und mehr noch als das Prinzip der materiellen Unmöglichkeit des Buchstabensinnes bot sich jenes Prinzip seiner moralischen Unmöglichkeit zum Mißbrauch an. Wer will sich zum Richter darüber aufwerfen, was sich für Gott zu tun und zu sagen geziemt? Der Mangel an historischem Sinn sowie der zu geringe Anteil an der Abfassung des heiligen Buches, der dem menschlichen Autor belassen wurde, brachte auch hier die Gefahr einer Anzahl von Mißverständnissen.«[62]

Die möglichen Übertreibungen hindern jene *allegoria verbi* keineswegs daran, an der Verkündigung des Glaubenskerygmas mitzuwirken: »Die *allegoria dicti,* die man – zu recht oder zu unrecht – aus dem Text gewinnt, wird für gewöhnlich in den Dienst der christlichen Prophetie gestellt. Das bedeutet, daß sie zumindest in ihrer wesentlich christologischen Signifikation dahin tendiert, sich mit der großen und einzigen *allegoria facti* zu verbinden. Das wichtigste von allen und vollkommen offenkundige Beispiel ist das des Hohenliedes: In der traditionellen Interpretation ist dieses Werk von Anfang bis Ende eine *allegoria dicti;* aber diese steht in voller Beziehung zu dem Gesamtobjekt der Offenbarung; sie lenkt den Leser unaufhörlich auf jene zugleich historische und spirituelle Realität der Vereinigung des Wortes Gottes mit der Menschheit und Christi mit seiner Kirche.«[63] Dieselbe literarische

---

60 Ebd. 140

61 Ebd. 141

62 Ebd. 145

63 Ebd. 149

Allegorie findet Anwendung auf das Neue Testament, weil das Jenseits, das es unter eschatologischem Aspekt darstellt (signifie), die Maße des menschlichen Symbols überschreitet. Guibert de Nogent, ein Autor des 12. Jahrhunderts, »wendet diese Prinzipien auf die Frage nach dem Paradies an, wohin nach der Schrift Jesus am Tag seiner Himmelfahrt aufgestiegen ist – und gerade hier ist einem Rudolf Bultmann im voraus Genugtuung geboten worden. Stellen wir uns das Paradies doch nicht vor als einen höher gelegenen Ort, an den Jesus auf dem Weg einer Durchquerung des Raumes gelangt wäre, nachdem er den tiefer gelegenen Ort unserer Erde verlassen hat! Wir haben hier nicht, so sagt ein moderner Autor, ein überholtes, veraltetes Bild, weil es auch damals schon und zu jeder Zeit Bild war; und unser Guibert wußte sehr wohl, wenn er es auch in einer anderen Weise sprachlich formuliert, daß man bei dem Vorgang des Aufstiegs zum Himmel mit einer Phänomenalität der Glaubensvorstellungen zu tun hat. Er wußte sehr wohl, daß der Himmel, in dem Christus zur Rechten des Vaters thront, keine sinnlich wahrnehmbare Wirklichkeit ist.« [64]
Bei der Gegenüberstellung der beiden Testamente mit der heidnischen äußerlichen Allegorie berechtigt die Ähnlichkeit der Verfahren der *allegoria verbi* deren missionarische Verwendung. Diesmal sitzt nun Vergil nicht mehr allein neben Jesaja, sondern Herkules sitzt neben Christus. Der *Hercule Chrétien* von Ronsard hat zu vielerlei Interpretationen Anlaß gegeben. Man wollte in ihm den Glauben an eine erste Inkarnation, die des Herkules, erkennen: »Nicht damit zufrieden, Bibel und Mythologie miteinander zu versöhnen, wäre er so weit gegangen, daß er das christliche Dogma nur noch in allegorischem Sinne akzeptierte.« [65] In Wirklichkeit »transponiert Ronsard die antike Fabel ganz genauso, wie viele andere Christen – Dichter und Nichtdichter – es vor ihm getan hatten, egal ob es sich um die Gestalt des Herkules oder um irgendeine andere handelte. Erklärte man nicht etwa, daß beispielsweise der in einen Stier verwandelte und Europa auf dem Rücken tragende Jupiter ebenfalls Jesus Christus darstellte, als Opfer für die Sünden der Welt?« [66] »Indem er Jesus Christus unter der Allegorie des Herkules auftreten ließ, zeigte Ronsard sich als Erbe des Geistes des Mittelalters wie des Geistes der Väter. Er bewegt sich im

---

64 Ebd. 151–152
65 Ebd. 228
66 Ebd. 228

Geist des Katholizismus. ›Tatsächlich gibt es – natürlich von den immer möglichen Übertreibungen in dieser oder jener Richtung abgesehen – nichts, was dem wahren Wesen des Katholizismus und seinem tiefsten geistigen Grund, seinem zuversichtlichen Humanismus, seinem erobernden Universalismus mehr entspräche als diese Aneignung, diese Integration authentischer geistlicher Werte, selbst wenn man sie zuvor aus einer Mischung mit weniger wertvollen und schlechten Elementen herauszulösen hat – und ich wage zu sagen: erst recht, wenn man sie aus einer schlechten Mischung herauszulösen hat.‹ Wir können uns diese Überlegungen, mit denen Kanonikus Pierre Sage seine gute, solide untermauerte Untersuchung über den *Hercule Chrétien* schließt, zu eigen machen.« [67]

Nehmen wir den Mythos als Träger eines Sinnes, der über ihn hinausreicht, so kann der Christ sagen »Herkules ist Jesus«, und zwar in dem Maße, in dem sein Glaube als Glaube eines bekehrten Heiden sich innerhalb der universalen Perspektive eines Kerygmas ansiedelt, das sich von Rechts wegen auf alle Religionen erstreckt. Hier wird das Glaubenskerygma als eschatologische Hoffnung einer von hellenischer Kultur beeinflußten Kirche gelebt und erlebt. Die Aussage umzukehren wäre in einer solchen Situation Lästerung, denn es würde Jesus zu einem Mythos machen, indem es Herkules zum Gegenstand der eschatologischen Verkündigung machte. Umgekehrt ist für den in seinem evangelischen Glauben verwurzelten und der zu bekehrenden griechischen Welt zugewandten christlichen Missionar der Jesus der Geschichte und des Glaubens auch Herkules, denn das Verständnis Jesu als Subjekt dieser missionarischen Aussage enthält einschlußweise die christliche Hoffnung, daß Jesus den gesamten kulturellen Raum erfüllt, den in den Augen des Heiden Herkules einnimmt. Für den christlichen Prediger würde die Umkehrung des Satzes einem Verzicht auf seine Predigt gleichkommen, denn sie hieße Herkules zum Subjekt und Thema dieses Satzes machen und Jesus zur Abstraktion einer unter Umständen heilbringenden Funktion herabwürdigen, die dem heidnischen Heros zuzuweisen wäre.

Die logische Zweiheit des kerygmatischen Satzes erscheint hier in einem Bezug auf den Glauben und die Hoffnung der Kirche [68], aber auch auf sozio-historische Situationen, in denen Glaube und Hoffnung die Wahr-

---

[67] Ebd. 229

[68] Siehe weiter oben S. 77–78 die logische Analyse des kerygmatischen Satzes!

heit bilden. Das Kerygma ist nur dann Gegenstand einer logischen Analyse, wenn es sich soziologisch in die christliche Tradition einfügt und wenn es ihren Sinn (sens) ergreift und erfüllt. Die christlichen Allegoriker – daran erinnert uns de Lubac – haben sich nicht immer diese Einfügung der Verkündigungsrede in das Ereignis Christi noch die Verwurzelung der ekklesialen Gegebenheit in das (gesprochene) Wort (parole) des Glaubens genügend vor Augen gehalten. Die heutigen Hermeneuten – so möchten wir hinzufügen – haben ebenfalls nicht selten die Realität des kerygmatischen Anrufs oder die Einladung der Kirche und zur Kirche hin zurückgewiesen. Die Doppeldeutigkeit der Hermeneutik wiederholt geradezu die der Allegorie.

Eine doppelte Allegorie also, aber auch noch eine doppelte Tropologie. Bei der Unterscheidung des einen vom andern erklärt ein Autor, »daß das eine Seele und Geist verbindet, damit aus der Verbindung das *bonum opus* erwachse, und daß das andere uns durch die Caritas mit Christus vereint. Das eine ist also natürlich, das andere dagegen mystisch. Das eine moralisiert die biblische Gegebenheit in der Weise, in der eine beliebige Gegebenheit der Literatur, des Menschen und der Welt moralisiert werden kann... Doch die andere Tropologie, die den dritten Platz in der am häufigsten vorkommenden und logischsten Formel der vier Sinne – die nicht einmal diejenigen verkennen, die sie nicht eigens erwähnen – innehat, steht in Beziehung zu dem der Schrift eigenen spirituellen Sinn, und zwar nicht in aller Wirklichkeit, sondern in aller Notwendigkeit. Sie ist mitbeteiligt an der Entwicklung jenes Sinnes ,der der Schrift allein eigentümlich ist. Sie geht nicht dem geistlichen Gebäude voraus, sondern schließt sich daran an oder vielmehr: sie entfaltet sich darin zu seiner Ergänzung; sie ist innerhalb der Allegorie; sie bildet einen integrierenden Teil des Mysteriums; sie folgt auf den objektiven Aspekt, der die Allegorie ist, und stellt ihrerseits den subjektiven Aspekt dar; sie ist sozusagen seine Intussuszeption, seine Innenwendung; sie macht es uns zu eigen.« [69]

Auch hier hat das Kerygma der Mission überraschende Mischungen entstehen lassen. So haben mehrere Autoren des 13. Jahrhunderts ihre Inspiration aus den alten keltischen Sagenkreisen um Arthur und Merlin geschöpft: »Sie vermischen sie mit apokryphen Berichten, die die Kreuzfahrer zusammen mit Reliquien der hl. Lanze, des hl. Blutes im

---

[69] H. de Lubac, Exégèse, II, 554–555

Orient gesammelt hatten; aber die Originalität des neuen mystischen Epos rührt vor allem von der ständigen Transponierung der vorherigen, inzwischen ausgehöhlten, versteinerten und neu belebten Gegebenheit her. Sie läßt sich jedoch nicht von dem Boden lösen, auf dem sie gewachsen ist, in dem sie alle ihre Wurzeln hat, aber in ihr hat sich der Übergang von profaner zu heiliger (sacré) Liebe im authentischen christlichen Sinne vollzogen. Daraus erwächst nicht allein eine Darstellung des Glaubens, die von der Erlösung bis zur eucharistischen Gemeinschaft reicht, sondern eine vollständige Schilderung des christlichen Lebens, wie man sie in Cîteaux entwickelte, ja mehr noch: eine ganze umfassende Geschichte des Lebens aus der Gnade. Diese Geschichte spielt sich vom ersten Anruf an die Seele bis zur letzten Ekstase in der Liebe ab, einem vielfältigen, geschichteten, polyvalenten Symbolismus folgend: In diesem unermüdlichen Suchen nach dem Heiligen Gefäß, das von dem besten Prosaschriftsteller seiner Zeit berichtet wird, drückt sich das Heimweh und die Sehnsucht des Mittelalters nach dem Himmlischen Jerusalem aus.« [70]

Und schließlich eine doppelte Anagogie, weil diese nichts anderes ist als der Vollendungsaspekt der Tropologie. »Wie es zwei Tropologien gab, so gibt es auch eine zweifache Anagogie: eine, die die doktrinale Formel der viersinnigen Fassung vollendet; die andere, die die spirituelle Formel der drei Sinne vollendet. Aber im Gegensatz zu dem, was zuallererst geschehen war, gehören beide gleichermaßen zum christlichen Mysterium: im einen wie im anderen Falle bilden sie, jedes auf seine Weise, seinen Gipfel oder Zielpunkt. Der Gesichtspunkt für die erste Anagogie ist objektiv und doktrinal, für die zweite ist es der der subjektiven Verwirklichung, mit anderen Worten: Die eine bestimmt sich durch ihr Objekt, die andere durch die Art und Weise ihrer Aneignung.« [71] In jedem einzelnen Menschen gibt es ebenso wie in der Gesamtmenschheit eine vollendete Erlösung, die den freien und überlegten Akt, in dem der Einzelmensch wie die Gesellschaft ihr eigenes Dasein gestalten, für die Ewigkeit zu einem Wert macht. Die Eschatologie ist zweifach: es gibt die personale Anagogie, die unsere Antworten, die wir hier auf Erden auf den Anruf Christi geben, vollendet, und es gibt die universale Anagogie, jenes Ende der Welt, an dem jede Sprache

---

[70] H. de Lubac, Exégèse, IV, 217–218
[71] H. de Lubac, Exégèse, II, 624

(langue) und jegliche Kultur gerufen sind, ihrer eigenen Ursprünglichkeit entsprechend am Lobe Gottes mitzuwirken[72].

In der Formel der drei Schriftsinne läßt sich die heidnische Ursprungs- und Struktur-Anagogie austauschen gegen die Allegorie. Alle religiösen Ausdrücke der natürlichen Religionen tun sich tatsächlich hier zusammen, um Jesus Christus als den zu bezeichnen, den bereits Ronsard in seinem *Hercule Chrétien* besungen hat. Jedenfalls aber läuft die Anagogie mehr als die anderen Sinne Gefahr, ihre Einwurzelung in der Struktur der vier Sinne zu verlieren, in der die Fülle des evangelischen Glaubens dem Kerygma innerlich ist. »Als im Abendland die Gedanken des Dionysius mit ihrem nicht genügend umgewandelten Neuplatonismus bekannt wurden, entstand die Gefahr eines Gleichgewichtsverlustes zuungunsten der übernatürlichen Historizität und des eschatologischen Elements. Diese Gefahr zeigte sich deutlich im Werk des Duns Scotus. Sie verstärkt sich mit der zweiten dionysianischen Welle im Verlauf des 12. Jahrhunderts. Denn die dionysianische Anagogie, durch die man von der Ordnung der Visionen zu der der reinen Kontemplation oder von der symbolischen Theologie zur mystischen weiterschreitet, ist nicht das letzte Stadium einer Exegese. Sie ist vielmehr wie das letzte Aufblitzen einer Art kosmischer Energie, die jedes Wesen entsprechend seinem Platz in der hierarchischen Ordnung in der abgestuften Reihe der Erleuchtungen emporhebt.«[73] Diese rationale Assimilation des Schriftsinnes wird schließlich die Zusammenhänge verdunkeln, die sie mit der christlichen Exegese verknüpfen, mag dahinter auch die Absicht stehen, sich auf die Linie des missionarischen Kerygmas zu stellen. Hier verschwimmt eine Realität, die man in der kürzesten Weise so formuliert: Die Theologie bleibt auf die Ökonomie gegründet, die mit dem historischen Handeln Christi zusammenfällt.

Die zweifache Anagogie führt auf diese Weise die Dualität jedes einzelnen der Schriftsinne fort, wie de Lubac es mehr als hinreichend nachgewiesen hat. Diese Dualität hat ihre Wurzeln in der Verschiedenheit der exegetischen Formeln, die uns so auf historische Weise ihre gesamte logische Auswirkung bekunden. Diese besteht einmal in der Ausstrahlung des christlichen Glaubens in der Geschichte, zum andern aber auch in der Klarstellung der Unreduzierbarkeit dieser bestätigten Wahrheit

---

[72] Zu einem Formalismus dieser Art würde ein uneingeschränkter und vollendeter Strukturalismus tendieren.

[73] H. de Lubac, Exégèse, II, 640–641

auf menschlich erlebte Hoffnung. Indem sie diese für das christliche Kerygma konstituierende Verdoppelung logisch zum Ausdruck bringt, bekundet uns die Verschiedenheit der exegetischen Formeln offenbar auch die struktural konstituierende Doppeldeutigkeit jeder menschlichen Rede und jeder menschlichen Gesellschaft. Die christliche Offenbarung ist dieser strukturalen Situation keineswegs entzogen, sie läßt sie vielmehr, indem sie ihren Sinn erklärt, noch bedeutend klarer hervortreten. Daher kann, so glauben wir, die theologische Tradition zugleich eine prinzipielle Treue gegenüber der kerygmatischen Verkündigung und eine gleichsam natürliche Indeterminiertheit im Verhältnis zu der Einheit enthüllen, die sie logisch strukturiert.

Im Laufe der Jahrhunderte werden die Christen unaufhörlich das Kerygma authentisch in der Sprache ihrer jeweiligen Kultur verkünden. Dennoch müssen sie nicht notwendig über das hermeneutische Kriterium dieser Authentizität verfügen. Nicht alle werden zum Format eines Thomas von Aquin gelangen. Dieser macht sich zum authentischen Echo der Tradition, wenn er von den vier Sinnen handelt. Dabei bleibt er doch dem spekulativen Geist seiner Zeit verhaftet, wenn er die Schrifterklärung und die dogmatische Theologie getrennt behandelt[74]. In der ersten Quaestio der *Summa* über die Schriftsinne »hinkt die Terminologie hinter den Ideen und der Lehre her, wie es bei im Fortschritt begriffenen Wissenschaften vorkommt. Die *sacra doctrina* scheint sich hier noch durchaus mit der *sacra scriptura* zu vermischen; diese wird als *scientia* bezeichnet, wie jene geteilt ist *per legem veterem et novam*, was bei dem heutigen Leser einen etwas befremdenden Eindruck hervorruft und was bereits die Thomas-Kommentatoren des 16. Jahrhunderts verwirrte... In Wirklichkeit aber ist von der zweiten Quaestio

---

[74] Bei Thomas besitzt die Christologie nicht »jenen rein formalen und abstrakten Charakter, den sie in der Folgezeit bisweilen annahm: Bei ihm ist das spezifisch theologische (und nicht allein einem Frömmigkeitsstreben entstammende) Interesse an den Mysterien des Lebens Christi noch lebendig; er setzt sich mit diesen Mysterien in ihrem konkreten Ablauf auseinander, während er sie gleichzeitig an ihren beherrschenden Platz im Ablauf der Heilsgeschichte rückt. Von dieser Geschichte unterscheidet er deutlich die beiden großen Etappen und das Ende, wobei die zweite Etappe durch die erste und das Ende durch die zweite abbildhaft dargestellt ist. Er macht also auf ihren doppelten Charakter von Kontinuität und Diskontinuität in der Weise aufmerksam, wie es die alte Dreiteilung in *umbra – imago – veritas* getan hatte, und zeigt zugleich, daß die beiden letzten Glieder enger miteinander zusammenhängen als das zweite mit dem ersten, weil das Neue Testament, das sich im Vaterland vollendet, hienieden begonnen hat.« H. de Lubac, Exégèse, IV, 286

der *Summa* an alles klar gestellt; die methodologische Modifizierung tritt völlig klar zutage. Aber die erste Quaestio handelt nichtsdestoweniger, den traditionellen Konzeptionen folgend, von der Schrift. Anschließend an diese romanische Vorhalle, baut der Baumeister ein ungeheures gotisches Schiff; aber die Vorhalle ist gut romanisch.« [75]
Nunmehr ist das System der vier Schriftsinne nicht mehr das ausdrückliche Prinzip der theologischen Bearbeitungen. Dennoch sollte noch mehr als ein Humanist der Renaissancezeit die heidnischen Assimilationen, die er sich im Rahmen des missionarischen Kerygmas gestattete, auf den komplementären Charakter der beiden Testamente gründen. Die Formen haben sich gewandelt, die Disziplinen sich nach neuen Polen auseinanderentwickelt und spezifiziert; die Realität des dreifachen und vierfachen Schriftsinnes ist nicht verschwunden. Mehr als ein Renaissanceautor, den in der Vergangenheit mancher gern als Vorläufer des Freidenkertums betrachtet hat, schuldet dieser Realität den besten Teil seiner eigenen Ansichten. Marsilius Ficinus, der 1499 starb, schöpft reichlich aus griechischen wie aus jüdischen Quellen, aber »er versucht an keiner Stelle eine Aussöhnung zwischen Heidentum und Christentum wie zwischen zwei gleichen Werten; er will den Geist des einen und den des anderen keineswegs miteinander verschmelzen; er träumt nicht davon, das Pantheon des Alexander Severus neu zu errichten. Das ist nicht der Sinn, der hinter dem von ihm gesuchten Einklang zwischen Moses und Plato steht, und ebensowenig hinter der *Confirmatio Christianorum per Socratica.* In seinem Abscheu vor Synkretismen legt er das Ideal einer reinen Religion vor, die nichts von alldem zuläßt: ›weder die üblen Formen spätjüdischen Aberglaubens noch die hemmungslosen Phantastereien des Talmuds noch die obszönen Geschichten der Heiden noch die scheußlichen Ausschweifungen der Moslems und die Albernheiten aus ihrem Koran‹. Wenn er sich dennoch beim Ausdruck seiner Gedanken der Mythologie bedient, dann in der Weise, daß er sie wie ein System natürlicher Bilder interpretiert. Denn sie ist für ihn nicht ausschließlich jener wirre Wust von Aberglaube und diabolischen Kultformen; sie kann von ihren Verirrungen gereinigt und zu einem gültigen Ausdruck der Mächte und Kräfte des Universums, ja auf dem Weg über diese Mächte zu einem Ausdruck der Gottheit selbst werden. Sie ist ein ungeheures Dichtwerk, in das man mit großer Um-

[75] Ebd. 301

sicht und Klugheit eindringen muß. Liefern nicht zum Beispiel die drei Grazien in ihrer Runde ein ebenso schönes wie tiefgründiges Symbol für die Trinität? Auf diese Weise kann alles so oder so zur Wahrheit hin geleitet werden, und alle Wahrheit ist in Christus. In dem Gottmenschen, den der Christ anbetet, ist die vollkommene Religion Wirklichkeit geworden, weil in ihm Mensch und Gott vereint sind.«[76]

Fern von jeder formalen Theorie der vier Sinne gründen sich Gültigkeit und Universalität der Verkündigung in Jesus immer auf das Glaubenskerygma. Doch der missionarische Ausdruck des Kerygmas sollte dem Vorwurf der Blasphemie oder des Synkretismus immer mehr Ansatzpunkte bieten, da man nicht mehr auf die vier Sinne als Schlüssel für das Verständnis dieses Kerygmas zurückgriff. Von dem Zeitpunkt an sollte der neue Ton, der aus den Systemen natürlicher Bilder herausklang, in seiner strukturalen und historischen Bezogenheit auf Jesus Christus schwerer zu interpretieren sein. Wenn dieses Kriterium fehlt, ist es daher nicht immer leicht, die christlichen und die heidnischen Humanisten der Renaissance voneinander zu unterscheiden: »Beide bedienen sich zur Bezeichnung des Inhalts der christlichen Offenbarung mit Vorliebe eines heidnischen Vokabulars; nur füllt sich Geist und Denken der einen dabei mit Heidentum, während dies bei den anderen nur eine mehr oder minder diskrete literarische Ausdrucksform ist. Von den einen wie von den anderen interessieren sich viele für die antike Sage in der Überzeugung, daß sie geheiligte Geheimnisse birgt, und suchen dazu eine organische Verbindung zu diesen oder jenen Seiten der Bibel zu finden; nur ist bei den einen der Zusammenhang, den sie sich zwischen diesen beiden Termini vorstellen, genau umgekehrt wie bei den anderen: Während der heidnische bzw. heidnische Tendenzen zeigende Humanismus dazu neigt, die Bibel von der Sage her zu erklären, will der christliche Humanismus – durchaus in Fortführung der traditionellen Einstellung, wie wir gesehen haben – den tieferen Sinn der Sage selbst entdecken, indem er darin Jesus Christus aufweist.«[77]

Dieser doppelten Problematik gegenüber läßt die exegetische Tradition uns nicht ohne Berufungsmöglichkeit. Sie hat ihren organischen Reichtum in der doppelten Komplementarität der Schriftsinne, der exegetischen Formeln und der kerygmatischen Proklamation bekundet. Der Reichtum dieses Gedankens gestattet noch einem Historiker wie de

---

[76] Ebd. 393–394

[77] Ebd. 483

Lubac, theologische Situationen zu klären, in denen er sich auf den ersten Blick verdunkelt zu haben scheint. Diese Lehre der Schriftsinne ist umfassend genug, um die theologischen Traditionen zu erklären, die nicht ausdrücklich darauf Bezug nehmen. Und mehr noch: Sie scheint geeignet, mehr als eine in der Geschichte der Theologie aufgetretene Verirrung zu erhellen und zu durchleuchten. So würde diese Lehre *a contrario* ihren Wert und die Weite ihrer Bedeutung erweisen, indem sie diese doppeldeutigen Situationen als ein Zerreißen ihres logischen Systems kritisierte.

4. Die Zerstörung der Einheit der vier Schriftsinne

Bereits bei Origenes ist ganz deutlich der Punkt auszumachen, von dem aus die Einheit der vier Schriftsinne verloren gehen kann. In *»Peri archon«* entwickelt er »methodisch, auf welche Weise viele in Irrtum fallen, weil sie die Bibel nicht in ihrem spirituellen Sinne zu verstehen vermögen: Das sind zunächst die Juden, die sich auch nach dem Kommen Christi hartnäckig darauf versteifen, alles *secundum litteram* zu lesen wie zuvor; das sind ferner die Häretiker im eigentlichen Sinne, die als Opfer desselben Vorurteils, wenngleich in einer in umgekehrter Richtung verlaufenden Haltung, jenes Alte Testament ablehnen, an das die Juden sich seinem buchstäblichen Sinne gemäß binden, oder es nach den Prinzipien der Philosophie erklären, die auf diese Weise von einer Dienerin zur Herrin wird. Die spätere Tradition trägt den Stempel dieses so festen Schemas, ja der Worte selbst, in denen Origenes auf solche Weise das katholische Verständnis (lecture) der Bibel definiert hatte gegen diejenigen, die dem heiligen Text von rechts oder links ihr eigenes Verständnis auferlegen wollten und ihm dadurch Gewalt antaten.« [78]

Diese erste Art des Irrens besteht ganz einfach in der Leugnung der Existenz des einen oder des anderen Testaments. Doch gibt es eine zweite, bedeutend subtilere Weise, die zwar den Wert dieser doppelten Schriftensammlung zugibt, jedoch das Evangelium so versteht, als bilde es nichts anderes als eine Verlängerung des Alten Testaments oder um-

---

[78] H. de Lubac, Exégèse, III, 100

gekehrt, als biete es unmittelbar eine Theologie, zu der es in keiner anderen Religion ein Äquivalent gibt. Diese Perspektive scheint uns im ersten Falle mit einer einfachen Rekapitulation des Sinnes innerhalb einer bestimmten Übersetzung zusammenzuhängen, im zweiten scheint sie einen Strukturalismus zuzulassen, der die Entsprechung der beiden Sammlungen erklären könnte. Dann aber ist diese christliche Universalität grundlos oder vorläufig, denn die Konfrontation der Gesamtheit beider Testamente mit den übrigen Religionen vollzieht sich dann in einem Vorgang, der identisch ist mit der initialen Verbindung des Neuen mit dem Alten Testament. Nach einer Ausweitung auf alle Religionen wird kein positives Element mehr einen Ausdruck begünstigen, der einem anderen schadet. Der Universalitätsanspruch eines Christentums dieser Art würde nicht über den kulturellen Imperialismus irgendeiner beliebigen Religion hinausreichen. Das Neue Testament im Alten lesen ist ein Verfahren, das struktural mit dem des universalen Kerygmas identisch ist, während das umgekehrte dem Wesen nach das Ursprungskerygma des Glaubens ist: Wenn Christus im Licht des Alten Testaments, dessen Schlüssel er ist, verstanden wird, erhellt er retrospektiv nicht allein das Alte Testament, sondern alle Religionen außerhalb seines Bereiches. Wenn man dagegen die Bibel auf einen theologischen Diskurs reduziert, ohne über das apostolische Zeugnis der Evangelien hinaus zu gehen, bringt man die Theologie selbst ins Schlepptau des Denkens der Heiden und versinkt auf diesem Wege im Meer des Synkretismus der Religionen.

Dieselben Worte bekommen in der Dreiteilung einen ganz anderen, neuen Sinn, wenn sie ihre Grundbezogenheit auf die vierfache Exegese verlieren. Um eine Ablenkung zu bewirken, braucht man den Begriffen des Vierersystems nur die Funktion beizulegen, die sie in der dreiteiligen Formel haben. Auf diese Weise erhalten wir nach unserer Meinung eine dritte Art von Irrtum: In der ersten von Origenes enthüllten Art werden Altes und Neues Testament nicht mehr akzeptiert; in der zweiten Art dient die Originalität eines Testaments dazu, die des anderen zu assimilieren. Hier ist die Entfaltung der vier Schriftsinne selbst in ihrer undeterminiert doktrinalen oder missionarischen Funktion die Basis für die Verzerrung der Exegese. Der daraus resultierende Irrtum ist neu-judaistisch, wenn sein Ansatzpunkt die Beziehungen zwischen den beiden Testamenten berührt; er ist neu-heidnisch, wenn er die Beziehung der außerhalb davon liegenden Religion zum Glaubenskerygma betrifft. Aber in beiden Fällen wird das eigentliche Wesen der Erfüllung in Christus aufgehoben. Beide Haltungen führen zu gleichartigen Ergebnissen. Das auserwählte Volk wird die übrigen beherrschen, und diese werden diejenigen bekriegen, die die Erwählung in Abraham auf eigene Rechnung rekapitulieren. Zwischen zwei Universalitätsansprüchen ergibt sich dann als einzige Lösung der Konflikt. Die hermeneutische Frage des jüdischen Gläubigen und die des heidnischen Atheisten kreuzen sich dann und laufen Gefahr, einander zu begegnen. Durch die systematische Entwicklung der Schriftsinne im Mittelalter und dank der subtilen Funktionsdifferenz zwischen den Termini des Systems entspannt sich eine Konfliktsituation, die im Wesentlichen die bereits von Origenes aufgezeigte wiederaufgreift: ein Neues Testament, das sich vom Alten isoliert und daraus eine symbolische Religion gleich den anderen macht, oder aber eine Glaubenstradition in Abraham, in deren Bereich jegliche Kraft der heidnischen Befragung verfliegt. Eine synkretistische oder selektive Einheit vielleicht, auf jeden Fall aber zwei Formen des Totalitätsverständnisses, die einander gegenüberstehen: soziologische Totalität oder Totalität des Symbols. Die erste von beiden schließt die Kultur als Produkt der Natur ein, die zweite totalisiert die Besonderheit und Eigenart der Kultur als vom Kult hergeleitet. Beider Ausdrucksweisen rufen nach einem konkreten Universalen [79].

Bei der Fortsetzung seiner Untersuchung an der Schwelle des 16. Jahrhunderts gibt de Lubac einen kurzen zusammenfassenden Überblick über den Verfall der vier Schriftsinne. Der Exeget verliert sich im Buchstabensinn des Textes oder in der Vielzahl von auf Anpassung bedachten Sinngebungen: »Was man sucht, ist nicht so sehr ein vertieftes Verständnis der Offenbarung als den Sinn einer bestimmten Seite, eines bestimmten Verses oder eines bestimmten Wortes ... Gleich der Schrift selbst löst sich auf diese Weise das christliche Mysterium, das sie enthält und das ihre tiefste Einheit ausmacht, immer mehr auf. Zwar bleiben alle wesentlichen Elemente, aber das dynamische Band der vier Sinne wird nicht mehr lebendig wahrgenommen. Trotz der alten Formeln, die man immer noch und oft genug unverändert wiederholt, bilden diese Elemente praktisch immer mehr eine Auswahl von Möglichkeiten. Wenn er nicht einfach auf einen metaphorischen Gebrauch eines Wortes reduziert wird, wird der geistliche Sinn der alten Kirchenväter zu

---

[79] Vgl. die Analyse der beiden Totalitäten auf S. 52–53

einer Reihe zusammenhangloser *similitudines mysticae;* die Tropologie entwickelt die Tendenz, zu irgendeiner Moral zu werden; die Ecclesia militans der Allegorie erweckt den Eindruck, als sei sie nicht mehr mit dem vom Himmel kommenden Jerusalem identisch. Durch den gleichen Vorgang tendiert der dreifache mystische Sinn mehr und mehr zur Wandlung in einen Anpassungssinn: Er ist nur noch ein angewandter Sinn, der so viele Variationen verträgt, wie die Erfindungs- und Vorstellungskraft des Menschen hervorzubringen vermag.« [80] Zu Beginn des 14. Jahrhunderts rechtfertigt Nikolaus von Lyra die wissenschaftliche und kritische Exegese, die er ins Leben zu rufen sucht, indem er zugleich »zwei den Exegeten seiner Zeit gemeinsame Fehler kritisiert: die Übertreibung der Allegorie und die völlige Auflösung des Textes«.[81] Schon im 12. Jahrhundert hat man dem im Jahr 1140 verstorbenen Hugo von Sankt Viktor allgemein das Verdienst zugeschrieben, als Reaktion auf das Überhandnehmen der Allegorie die erste Literalexegese gemacht zu haben. In ihm dürfte der Urahn der heutigen wissenschaftlichen exegetischen Methode zu erblicken sein. Henri de Lubac widmet zahlreiche wohl dokumentierte Seiten dem Nachweis, daß ein solcher Wortsinn in der Tradition verankert ist. Man findet ihn bereits in den Aussagen, die um das 4. Jahrhundert die »Clementinischen Homilien« dem Apostel Petrus in den Mund legen: Nichts wegnehmen – nichts hinzufügen! Dieser Leitsatz richtet sich sehr deutlich gegen die Synagoge und gegen die Gnostiker. Wir haben hier also nichts anderes als eine Weiterführung der doppelten Warnung, die Origenes in »Peri archon« ausspricht. Die gegen die Allegorie gerichteten Formeln »verurteilen nicht die fromme Willkür im Namen einer objektiven Wissenschaft; sie verurteilen vielmehr häretische oder jüdische Willkür im Namen des christlichen Glaubens«.[82] Dadurch bilden sie ein Zeugnis für die Solidität und Kontinuität der Formel der vier Schriftsinne.

Wenn es nach de Lubacs Meinung auch irrig ist, in Hugo von Sankt Viktor einen Vorläufer der Literalexegese als Reaktion gegen die patristische Allegorie zu erblicken, so legt doch derselbe Autor die ersten Anzeichen für ein neues Gleichgewicht der Disziplinen vor, das die Auflösung der vierteiligen Exegese erleichtern mußte. Sein exegetisches und theologisches Vorgehen, verbunden mit der Erhebung der

---

80 H. de Lubac, Exégèse, IV, 386–387

81 Ebd. 353

82 H. de Lubac, Exégèse, III, 107, 126–127

Forderung eines *fundamentum* als unabdingbarer erster Voraussetzung »brauchte keineswegs in einem besonders großen wissenschaftlichen Fortschritt, noch auch vor allem in einer Aufgabe des alten Erbes zu bestehen«[83]. Man findet bei ihm das »bei weitem ausdrücklichste und methodischste Bemühen um die Gliederung der Theologie in zwei Teile: die *lectio historica* und die Konstruktion der *allegoria«*[84]. »Historie und Allegorie, diese beiden Hauptstücke des von Hugo von Sankt Viktor mehr erträumten als verwirklichten einen Baues, sind nach ihm zwei voneinander getrennte Teile. Es sind zwei konsekutive Disziplinen, die zwar grundsätzlich eng miteinander verbunden sind, sich in der Praxis aber weitgehend voneinander unabhängig machen. Jede von beiden sollte bald dahin tendieren, sich selbst zu genügen und sich ihren je eigenen Gesetzen entsprechend zu entwickeln. Die erste wird zur historischen und sich an den Literalsinn haltenden Exegese, die die Freiheit besaß, sich, als ihre Stunde gekommen war, zu einem echten ›positiven‹ Wissen zu wandeln; dazu brauchte sie auf vielen Gebieten mancherlei Fortschritt, doch schon zu dem besprochenen Zeitpunkt öffnete sich vor ihr das Feld für ihre Entfaltung: Eines Tages würde sie ›kritisch‹ sein, ja sie sollte schließlich sogar bei manchen religiös neutral werden in dem Sinne, daß der Exeget dem Theologen die Aufgabe des doktrinalen Engagements überließ. Zugleich und aufgrund eben dieser Trennung sollte die zweite Disziplin ebenfalls die Freiheit erhalten, sich immer mehr in einem autonomen System zu organisieren. Sie bewegte sich in Richtung eines Fortschritts der Rationalität und der Abstraktion, bis daraus schließlich das majestätische Gebäude der Summen der großen Epoche wurde, im Stil sehr verschieden von dem, was das vom ›vierfachen Sinn‹ vorausgeahnte Gebäude gewesen war. Im gleichen Maße, wie sich die theologische Beweisführung entwickelte, entfernte sich de facto, wenn nicht gar de iure, die Theologie von ihren biblischen Vorgegebenheiten. Sollte die emanzipierte Tochter der traditionellen *allegoria*, wenn sie schon weniger ›allegorisch‹ war, dafür stärker ›historisch‹ werden? Es schien nicht so. Sie hielt sich nicht an die von Hugo angegebene Ordnung, nämlich die der Heilsgeschichte. In dem so entstandenen neuen Gebäude fanden die christlichen Wirklichkeiten jede ihren Platz wie die Elemente eines *Werkes* göttlicher Weisheit und nicht so sehr wie ein auf dem Weg der Verwirklichung befindlicher *Plan*.

[83] Ebd. 288
[84] Ebd. 419

Unter dem Druck der Gewohnheit schrieben aber noch für geraume Zeit mehr oder minder rückständige Exegeten allegorische Kommentare der heiligen Bücher, doch ihre Allegorien wurden nicht mehr ganz ernst genommen. Von den besseren Theologen wurden sie geringschätzig behandelt mit der Erklärung, sie bewiesen nichts, und sie selbst könnten daher nichts mit ihnen anfangen. Schließlich wurden sie von den auf größere sachliche Strenge bedachten Exegeten endgültig verworfen, die in ihnen gleichfalls nichts anderes als Phantasiegebilde erblickten, die ihrer Wissenschaft unwürdig seien. Wenn also bei einer solchen Trennung die biblische Historie scheinbar gewinnt ..., dann jedoch keineswegs, um dem theologischen Denken Informationen zu liefern; und wenn ihrerseits die Theologie dabei auch in mehr als einer Hinsicht ebenfalls unbestreitbar gewinnt, dann ebensowenig mit dem Ergebnis, daß sie dem Werk der Exegeten Impulse gibt. Zwischen diesen und den Theologen lockert sich die Kommunikation, und in der Folgezeit hat man bisweilen sogar den Eindruck, als sei sie unterbrochen. Die theologischen Lehrer beginnen, sich in ihren ›Schuldisputen‹ immer weniger für die Bibel zu interessieren, und wenden sich statt dessen in zunehmendem Maße Problemen philosophischer Natur zu. Die Exegeten ihrerseits entfernen aus ihrem Blickfeld mehr und mehr die große Zusammenschau der Dinge, die allein die Geschichte verständlich macht, um in ihrer analytischen Wissenschaft kaum noch etwas anderes zu beachten als die vielfältigen Einzelheiten und die unmittelbarste Bedeutung des Textes. Daher rühren dann im Laufe der letzten Jahrhunderte die ständigen Mißverständnisse zwischen den einen und den andern.«[85]
Henri de Lubac hat ausgezeichnet dargelegt, wie die Entwicklung der Denkformen die Erneuerungsabsicht Hugos verschüttet hat: »Seine Initiative – und so geschieht es nicht selten – hat somit zu einem Ergebnis geführt, das dem von ihm angestrebten entgegengesetzt war. Er hatte den Plan gehabt, eine echte biblische Theologie zu begründen, die das Gesamt der heiligen Wissenschaft ausmachen sollte, und deren historischen Charakter zu bewahren, entgegen den neuen Tendenzen, die ihn beunruhigten. Und nun sollte sich, auf die von ihm gegebene Vorbereitung hin, die Scholastik von der heiligen Geschichte loslösen.«[86]
Außer zu Exegese und Theologie führt bei Hugo die Lektüre der Schrift zu einer neuen Art geistlicher Betrachtung: »Durch diese neue Erklä-

[85] Ebd. 421–422
[86] Ebd. 422

rungsart ... bemüht man sich, den Text zu ergründen, ohne zu den klassischen Verfahren der Allegorie oder der Tropologie zu greifen, in einem Bemühen um langsames Reifen. Man hält sich an die Gedanken des menschlichen Autors selbst, natürlich nicht um einer historischen Rekonstruktion willen, sondern um sie tiefer in das Herz eindringen zu lassen. Man nimmt mit ihm eine Art Gespräch auf, um von ihm nicht etwa einen beliebigen, leicht assimilierbaren Sinn zu erhalten, sondern den Wesenskern seines Denkens. So läßt man sich nach und nach von der tief reichenden Erfahrung durchdringen, die weiterzugeben der Geist ihn beauftragt hat.« [87]

Bei Richard von Sankt Viktor gegen Ende des 12. Jahrhunderts »genügt eine geringe Anzahl von Fakten aus der Zeit der Patriarchen, um einen Symbolrahmen für eine ausführliche Darlegung der vita contemplativa zu liefern... So entsteht eine Art geistlicher Literatur eigener Prägung, die nicht viel später ihr Eigenleben führen sollte und am Ende kaum noch eine sichtbare organische Verbindung hatte – weder zur Exegese noch zur Theologie im eigentlichen Sinne. Welche Gewinne und welche Verluste daraus erwuchsen, läßt sich in unserem Zusammenhang hier nicht bewerten. Richard von Sankt Viktor steht indessen noch am Anfang einer solchen Entwicklung. Er bleibt stark an die *mystica lectio* gebunden. Er verbindet weiterhin prinzipiell Schrifterklärung und kontemplatives Verfahren, und seine Mystik ist und bleibt stark mit Lehrmaterial belastet.« [88] Diese Entwicklung war jedoch nicht geeignet, die Übertreibungen einer gegenstandslosen Allegorie zu beseitigen. Hinfort »hatte die alte Formel ihre große Zeit hinter sich – oder vielmehr: was Gedanken gewesen waren, wurde zur Formel. Die Allegorie erstarrte. Die Tropologie wurde kraftlos und verwässert. Die eingebrachten Früchte sollten zwar nicht verloren gehen, aber Vorbedingung dafür war, daß eine Erneuerung eintrat. Exegese, Theologie und Spiritualität haben alle ihren Nutzen aus einer Befreiung gezogen, die ihren Aufschwung begünstigte. Die Eroberung ihrer Eigenständigkeit gestattete jeder von ihnen, sich für ihre Zwecke besser geeignete Werkzeuge zu schmieden. Die schwersten Schäden sollten sich erst sehr spät im Gefolge tiefgreifenderer Auflösungserscheinungen und unter der Einwirkung verschiedenster Ursachen zeigen. Vergessen wir vor allem nicht, daß die Scholastik während ihrer großen Zeit – die leider nur von

[87] Ebd. 433
[88] Ebd. 429

allzu geringer Dauer war – auf ihre Weise eine echte Synthese der drei Disziplinen zuwege brachte.«[89]

Von unserem Standpunkt der kerygmatischen Logik aus betrachtet, besteht die Reaktion der Viktoriner Schule darin, daß sie die Bedeutung der dreifachen spirituellen Formel überbewertet und dabei die Lehraussage der vier Schriftsinne im dunkeln belassen hat. Die Geschichte entwickelt sich in Richtung auf die reine Exegese, die Tropologie in Richtung auf die Spiritualität, die Allegorie in Richtung auf die konstituierte Theologie. Das universale Kerygma tendiert dahin, für sich allein das Glaubenskerygma darzulegen. Die Bezugnahme auf das Handeln Christi, der das Alte Testament erfüllt, tritt in den Hintergrund. Die temporale Kontinuität der Geschichte weicht dem Aufbau des christlichen Systems, von dem ein im eigentlichen Sinne kultureller Teil als Theologie kanonisiert worden ist, ohne daß die Integration der heidnischen Strukturen der Theodizee noch in logischem Zusammenhang stände mit den Implikationen des missionarischen Kerygmas. Dieses wiederum ist zwar in dieser Theologie vorausgesetzt, aber nicht mehr wirksam. Die heidnischen Begriffe und Ideen sind von ihrem eigenen kulturellen Kontext isoliert, und ihre christlich kerygmatische Logik bekundet keinen eigenen religiösen Wert mehr. Folglich vollzieht sich die Akkulturation dieser Theologie nach Art synkretistischer Assimilation; nachdem sie einmal in den rationalen christlichen Bau einbezogen sind, reduzieren gewisse *Theologoumena* willkürlich ihren ursprünglichen heidnischen Ausdruck auf die Rolle des Gegners des christlichen Gedankens. Die Feindschaft, die daraufhin eintritt, ist nicht mehr die, die Origenes den Gnostikern gegenüberstellte, sondern einfach eine Auseinandersetzung zweier Kulturen.

Neben den Keimen dieser neu-paganistischen Abweichung und zur gleichen Zeit wie sie macht sich der Neo-Judaismus in der Bibelinterpretation breit. Mehr noch als der eben erwähnte Verlust der dynamischen Einheit der vier Schriftsinne scheint uns die Nivellierung der beiden Testamente zur Zerstörung der traditionellen Exegese beigetragen zu haben. Während für den Neu-Paganismus die Aktualität des in seiner Person die Schriften erfüllenden Christus zu verschwinden tendiert, wird von den judaisierenden Kräften dieses neuen Typs dasselbe Handeln Christi zwar in bewundernswerter Weise erfaßt und angebetet, ist

---

[89] Ebd. 424–425

aber nicht das Handeln, welches das Alte Testament erfüllt und vollendet. Gewiß, man identifiziert nicht Neues und Altes Testament, aber man liest letzteres unterschiedslos im Kontext der zeitgenössischen Geschichte oder in dem der Evangelien, oder aber – was auf dasselbe hinausläuft – man liest das Neue Testament nach Art des Alten. Initiator dieser Bewegung, deren ferne Ahnen man im Millenarismus des 2. oder im Apollinarismus des 4. Jahrhunderts finden kann, dürfte im 12. Jahrhundert unbestreitbar Joachim von Fiore sein. Sein Einfluß sollte so groß werden, daß selbst seine Gegner unbewußt und ungewollt Erben der neuen Hermeneutik blieben, die der Abt aus Kalabrien anbot.
Joachim führte eine neue Unterscheidung ein zwischen geistlichem Verständnis im eigentlichen Sinne und typischem Verständnis. Das erste teilt sich in fünf Sinne: den historischen, den moralischen und allegorischen und innerhalb dieses letzteren in den tropologischen, kontemplativen und anagogischen Sinn. Die zweite Verständnisform enthält sieben Typen, die den verschiedenen menschlichen Ständen innerhalb der Kirche entsprechen. Somit haben wir eine Fülle von zwölf Verständnisweisen der Schrift. Gewiß war Joachims globale Zielsetzung »im wesentlichen die Harmonie der beiden Testamente sichtbar zu machen bzw. der beiden ›Geschichten‹, der Geschichte vor und der Geschichte nach Christus«[90]. Dabei war er sich der Neuheit dessen, was er brachte, sehr bewußt: »Sein typisches Verständnis will etwas anderes sein als das allegorische, mystische oder spirituelle. Die Harmonie, die er besingt, ist eine andere als die vor ihm besungene. Selbst wenn sie nicht bis auf die Details hinabginge, wäre sie etwas anderes. Sie ist nicht mehr Entsprechung von Geschichte und Mysterium, von Gestalt und tiefer Realität oder von Buchstaben und Geist. Selbst wenn sie das klassische symbolische Verfahren verwendet, besteht sie nur noch in der Parallelität von zwei Buchstaben, von zwei Historien, von zwei Tatsachenreihen. Daher das vorrangige Interesse an Fragen der Chronologie. Daher die Klapptafeln, daher die rechnerischen Kalkulationen, daher die ständigen Berechnungen von Daten. Daher auch die Idee eines Geheimnisses, das zu finden bleibt, eines Rätsels, das gelöst werden muß, eine Idee, die an die Stelle der Idee eines vertieften Eindringens in das Mysterium tritt.«[91] In diesem Rahmen wird die Interpretation der sieben Siegel der Offenbarung des Johannes zum Schlüssel der Ge-

[90] H. de Lubac, Exégèse, III, 442
[91] Ebd. 460–461

schichte. Der siebte, von Joachim angekündigte Zustand ist die Herrschaft des Geistes im Kern einer monastischen Erneuerung, an deren Spitze er sich selbst stellt.
Henri de Lubac stellt den positiven Sinn dar, den diese Botschaft in bezug auf die Vorstellungen dieser Epoche haben konnte: »Langsam rückte an die Stelle der Vorstellung, welche die zehn ersten christlichen Jahrhunderte beherrscht hatte, eine andere. Man begann seit einiger Zeit, jenes große Ereignis der Menschwerdung des Erlösers, jenes einzigartige, alle anderen transzendierende Ereignis – ohne es als weniger einzigartig und weniger transzendent zu verstehen – jetzt weniger als Vollendung der übernatürlichen Geschichte zu begreifen, sondern lieber als diese in ihrem Raum beherrschend und teilend. Nach und nach gewöhnte man sich an diese Art des Verständnisses. Christus, Ziel und Ende der Geschichte, wurde mehr und mehr als Zentrum der Geschichte angesehen. Indessen bestand keinerlei Widerspruch zwischen dieser zweiten und jener ersten Vorstellung. Tatsächlich ging man, wie wir gesehen haben, nicht so weit, daß man diesen beiden Hälften der Geschichte oder diesen beiden Phasen der einen, einzigen Kirche eine analoge Struktur gab; und man dachte überdies mehr an zwei Hänge von einem Gipfel aus gesehen: den einen ansteigend, den anderen absteigend, symmetrisch nach beiden Seiten dieses zentralen Gipfels hin geordnet... Mit einem solchen Schema läßt sich die lange Zeit herrschende Idee eines gewissen verhängnisvollen Abstiegs innerhalb des Christentums selbst verbinden, der dem Offenbarungsfortschritt zur Zeit des alten Israel mehr oder weniger analog war. Die Parallelität der sieben Epochen, wie Joachim von Fiore sie bestimmte, wappnete ihn nicht allein gegen einen derartigen Pessimismus; er lieferte ihm ganz im Gegenteil durch eine Übersteigerung im entgegengesetzten Sinne einen neuen Rahmen, der ihm gestattete, eine Entwicklung der Offenbarung auch im Schoße der gegenwärtigen Geschichte zu konzipieren – eine Entwicklung ähnlich der, welche die aufsteigende Geschichte des Alten Testaments markiert hatte; ja mehr noch: analog der Geschichte, die das Menschengeschlecht vom Alten Testament zum Neuen hinübergeführt hatte.« [92]
Das Echo dieser neuen Exegese sollte ungeheuer groß sein und bei weitem die lautstärkere Einflußnahme der spiritualistischen Mönchskreise

---

[92] Ebd. 549–550

übertönen, die sich auf sie beriefen, um das eschatologische Kommen des siebten Weltzeitalters zu verkünden. Bibel und Geschichte mischten sich in der neuen Exegese so stark, daß es notwendig zu Reaktionen kommen mußte. Der Abt aus Kalabrien, der sich zu Lebzeiten einer großen Hochschätzung, ja der Protektion mehrerer Päpste erfreut hatte, wurde auf dem Laterankonzil von 1215 verurteilt. Sein Gegner, Petrus Lombardus, triumphierte mit seinen »Libri Sententiarum«, die von einer beträchtlichen Anzahl späterer Theologen nach Art einer wissenschaftlichen Spekulation kommentiert wurden, deren Eigenständigkeit der Schrift gegenüber eine nur zu natürliche Sicherung gegen die Gefahr des Literalismus oder der unkontrollierten Allegorie abgab. Ein halbes Jahrhundert später schildert Roger Bacon »voll Entrüstung und zweifellos in übertreibender Form die demütigende Situation, in die in Paris der Lektor der Heiligen Schrift dem Kommentator der ›Sentenzen‹ gegenüber gebracht sei. Dieser letztgenannte hat alle guten Stunden des Vorlesungsplanes, er besitzt das Privileg der Diskussionen, den Magistertitel, die Ehren, den Vorrang und die komfortable Unterbringung... Das ist die vierte der sieben Hauptsünden unter denen in diesem Jahrhundert die theologische Unterweisung zu leiden hat. Das bedeutet eine unerträgliche Neuerung. Jede Fakultät muß ihren Text haben, auf dem sie basiert, und für eine theologische Fakultät kann dieser Text einzig und allein die Bibel sein.« [93]

Der soziologische Rückzug der Bibel im Rahmen der Universität entspricht einem bedeutend massiveren Rückzug im Verständnis der Schrift. Sie liefert dem Exegeten nicht mehr das theologische Kriterium für seine Interpretation: Joachims Neuerungen hatten das Vertrauen der Lehrer auf ihre Tradition erschüttert. Selbst ein derart orthodoxer Theologe wie Bonaventura unterliegt seinem Einfluß: »Es ist offenkundig, daß in mehreren Vorlesungen des Jahres 1273 der erhabene Vortragende eine Theologie der Geschichte entwickelte, die, wenngleich sie Joachim von Fiore widerlegen wollte, ihm dennoch viel verdankt. Gerade an der Stelle, an der er eben gegen den Abt aus Kalabrien dargelegt hat, daß das siebte Weltalter dem sechsten koextensiv ist, daß kein anderes Testament und keine andere Form von Verständnis oder Einsicht zu erwarten ist und daß kein einziges Sakrament des christlichen Gesetzes bestimmt ist, aus dieser Welt zu verschwinden, beginnt

[93] H. de Lubac, Exégèse, IV, 311

er mit der Entwicklung einer ausführlichen Parallelsetzung der Zeitabschnitte des einen mit dem anderen Testament.«[94] Ein Kommentator zu Beginn des 14. Jahrhunderts, der ein großer Gegner der Spiritualen war, nimmt nicht minder beständig Bezug auf Joachim von Fiore: »Er empfindet keine Bedenken, ständig den Namen des neuen Propheten mit den Namen der ältesten und ehrwürdigsten Lehrer in Verbindung zu bringen. Im Banne seines schönsten Traumes triumphiert Joachim von Fiore in seiner Hermeneutik nach Art des Nostradamus. Man übernimmt von ihm seinen prophetischen Historismus, ohne etwas von seiner Hoffnung bewahren zu wollen.«[95] In derselben Strömung hat Nikolaus von Lyra mit seinen »Postillen« gestanden, ohne daß sich ein direkter Einfluß Joachims nachweisen ließe. »Schlagen wir zunächst seine »Postillen zur Apokalypse« auf. Da finden wir eine Kritik der gregorianischen Konzeption, die in den verschiedenen Siebenergruppen des Johannes ein Zeichen der Universalität erblicken möchte. Wenn der Autor von sieben Siegeln gesprochen, wenn er dazu erklärt hat, daß diese, eins nach dem andern, geöffnet worden sind, so muß nach ihm diese zweifache – numerische und chronologische Angabe buchstäblich genommen werden: Jedes Siegel hatte ein einzelnes Geheimnis zu hüten, das heißt, der Apostel hat sieben verschiedene Offenbarungen zu sieben sukzessiven Zeitabschnitten erhalten; und dasselbe ist entsprechend von den sieben Posaunen, den sieben Schalen usw. zu sagen. In dieser Weise ist die ganze Geschichte der Kirche, eingeteilt in säuberlich geschiedene Perioden, unter dem Schleier der Symbole vorhanden.«[96] Man steht verwirrt angesichts des sich bietenden Schauspieles: Der Engel, der im 10. Kapitel herabsteigt, ist – nach diesem Verständnis – Kaiser Justin, ihm zur Seite Justinian, und das geöffnete Buch, das er herbeibringt, ist nichts anderes als der »Codex Iustiniani«! So ziehen, hinter den Symbolen des Apostels Johannes verborgen, Benedikt, Papst Hadrian, Karl der Große, die Kirche von Jerusalem, die Moslems, die Mauren, die Hunnen und die Sarrazenen an uns vorüber[97]. »Die *Postillen zum Hohenlied* eröffnen uns womöglich noch seltsamere Entdeckungen. Nikolaus von Lyra bemerkt zunächst, daß die Juden dieses Buch auf eine ganz andere Weise interpretieren als die Christen: Für die erst-

[94] Ebd. 328
[95] Ebd. 344
[96] Ebd. 345
[97] Ebd. 346

genannten geht es darin um das Verhältnis Gottes zu Israel; für die letztgenannten um das Verhältnis zwischen Christus und der Kirche. Er scheint sich nicht darüber klar zu sein, daß diese beiden Interpretationen vom christlichen Standpunkt aus weder im Gegensatz zueinander stehen noch auch einfach in einer Parallele, daß vielmehr die zweite die erste voraussetzt und an ihre Stelle tritt, so wie die junge Kirche den Platz des alten Israel übernommen hat, das sie seinerseits vorbereitet hatte und dessen legitime Erbin sie ist. Nur darauf achtend, daß von der einen wie von der anderen Seite her die Interpretation in manchen Details gekünstelt ist, ersinnt er ein System, das nach seiner Meinung zugleich alles aufeinander abzustimmen und jegliche Willkür zu beseitigen vermag: Das *Hohelied* ›erzählt‹ – nach ihm – die gesamte Heilsgeschichte, vom Auszug der Hebräer aus Ägypten bis zum Einzug der Kirche in den Himmel. Bei dieser Aufteilung erhält Israel den Löwenanteil: sechs von acht Kapiteln des *Hohenliedes*.«[98] Sein Verkehr mit jüdischen Exegeten hat Nikolaus von Lyra offenbar stark beeinflußt. »Ist es nicht symptomatisch, daß man von ihm nicht selten geglaubt hat, er sei jüdischer Herkunft, wie Joachim von Fiore es vermutlich tatsächlich gewesen ist? Allein die Kenntnis des Hebräischen, die zwar selten war, jedoch keineswegs ein derartiger Ausnahmefall, würde nicht ausreichen, um diese Legende zu erklären.«[99] Ein Kommentator der »Postillen«, Paul von Burgos, legt die gewohnte Lehre von den vier Sinnen dar; doch im Anschluß an eine Kontroverse äußert er sich folgendermaßen: »Der Literalsinn reicht aus für alles, was zum Heil notwendig ist. Dieser erste der vier Sinne ist bereits in sich *abyssus multa,* und es ist dieser Sinn, auf den Jesus stets Bezug nimmt, gleich ob es sich darum handelt, seine Jünger zu unterweisen, oder den ihm widersprechenden Juden zu antworten oder gar dem Teufel, der ihn versucht, eine entsprechende Erwiderung zu geben... Was den geistlichen oder mytischen Sinn anbetrifft, so braucht man, um ihn richtig zu finden, keineswegs eine besondere innere Erfahrung zu haben, welche die heiligmachende Gnade voraussetzen und aus der Gabe der Weisheit erwachsen würde: Man braucht nur an der Gabe der Prophetie oder der Deutung Anteil zu haben, die nur *gratiae gratis datae* sind.«[100] So kam es zu einer neuen

---

[98] Ebd. 347
[99] Ebd. 352
[100] Ebd. 356

Polemik, die dazu beitragen sollte, die Exegeten von einem ungenügend definierten spirituellen Sinn zu entfernen.

Judaisierende Krise auf der einen und paganisierende Krise auf der anderen Seite! Unter dieser doppelten Prüfung wurde die Lehre von den vier Schriftsinnen verzerrt und auseinandergerissen. Nicht nur, daß die beiden exegetischen Formeln in der Tradition der Schulen nicht mehr explizit die kerygmatische Norm für ihr Gleichgewicht finden: die verschiedenen Schriftsinne finden sich herausgerissen aus der organischen Gliederung, die ihre umfassende Einheit strukturierte. Ihre unterschiedlichen Rollen treten getrennt auf, ohne auf etwas anderes Bezug zu nehmen als auf ihre eigenen Forderungen – ein wenig nach Art fixer Ideen. Es ist wichtig, diese moderne Zerbröckelung der Schriftsinne, die die Tradition zu einer Einheit zusammengefaßt hatte, zu analysieren, um auf diese Weise negativ die kerygmatische Logik zu erkennen, die der lebendigen Exegese der Patristik und des Mittelalters als Kriterium diente.

So scheint uns, als veranschauliche die Zerreißung des Systems und die gegenseitige »Entfremdung« der Schriftsinne noch die Strenge der immanenten Logik des christlichen Kerygmas. Es wird uns so erneut bestätigt, welche hermeneutische Bedeutung und welchen normativen Wert diese kerygmatische Logik besaß.

Es dürfte uns leicht fallen, in de Lubacs Bild die Elemente aufzufinden, die für diese »klinische Analyse« der zu eigenständigen und beziehungslos nebeneinanderstehenden theologischen Funktionen gewordenen verschiedenen Schriftsinne notwendig sind. Für sich allein genommen wird der historische Sinn eine literalistische oder positivistische Geschichte. In diesem neuen Verständnis berichten alle erzählten Ereignisse in der Bibel, »was geschehen ist«, also eine Ereignisabfolge, die der der zeitgenössischen Ereignisse völlig äquivalent ist. Dieses »Verständnis« der Schrift begünstigt eine Art filmartiger Rekonstruktion der Bibel, mag es sich nun um das Alte oder um das Neue Testament handeln. Die Person Jesu wird mit Ehren umgeben wie die eines großen Propheten bei den Moslems. Man sieht in ihm einen neuen Sokrates oder einen großen Revolutionär. Oder eine andere Verirrung: Man versteht die Geschichte vom Paradies, von der Schöpfung, von der Arche Noa, vom Tempel des Ezechiel wortwörtlich. Die kosmologische Vorstellung wird als wesentlich für die Bibel aufgefaßt. Hat nicht Gott selbst gesagt, das

Firmament sei jenes kristallene Gewölbe mit zahllosen Punkten, die zum Feuerhimmel hin geöffnet seien? In Wirklichkeit aber müssen wir sagen: »Wie auch für jede Generation der Stand der Wissenschaft sein mag – der christliche Glaube ist seinem Wesen nach etwas anderes als Kosmographie. Die wahren Mystiker begreifen dies von jeher. Aber in einem späteren Zeitalter hatten die Theologen es allzusehr vergessen. Sie hielten für unwandelbare Wahrheit, was in Wirklichkeit nur gelegenheitsbedingte Synthese war, und wenn sie sich plötzlich mit den Entdeckungen der Astronomie konfrontiert sahen, wurden sie von einem Schwindel erfaßt, von dem ihre Vorfahren nicht bedroht waren.«[101] Die Folgen dieser Verwechslung waren so groß, daß heutzutage der Konkordismus, die behelfsmäßige Synthese, vollends in Mißkredit geraten ist. Aber dieser Mißkredit ist ebenso unpassend wie ein strikter Literalismus. Denn was historisch ist, ist nicht die Antwort auf ein bestimmtes kosmologisches Problem, es ist vielmehr innerhalb der Strukturen einer konkreten Gesellschaft die Ratlosigkeit, die sie in jeder Epoche den unterschiedlichsten technischen Ebenen gegenüber hat. Doch damals wie heute erfordert die beiden Zeiten gemeinsame Notwendigkeit, dieser Aporie Herr zu werden, ein Wiedererfassen des Sinnes in der Konfrontation der Kosmologien. Erfolgt dies nicht, so sinken die alten Texte ganz und gar mit ihrer Kosmologie in die Allegorie; das Unheil ist nicht geringer als im naivsten Konkordismus. Das letzte Leiden des Literalismus, das zwar weniger gefährlich, aber Gott gegenüber ehrfurchtsloser ist, ist jenes, das den Exegeten nötigt, Gott wegen gewisser Handlungen zu entschuldigen, die ihm scheinbar zugeschrieben werden müssen, wie zum Beispiel wegen des schlechten Verhaltens des Oseas. Hier wird Gott auf die Ebene einer menschlichen Psychologie herabgedrückt, während doch Jesus Christus allein uns ihn offenbart.

Doch nicht allein die Geschichte wird positivistisch, sondern auch die Allegorie. Die für die Allegorie eigentümliche Entstellung wird in der Gnosis sichtbar: Denken wir *mutatis mutandis* an die Ambitionen eines Rimbaud oder eines René Guénon ... Seit der Frühzeit des Christentums, namentlich seit Irenäus, sieht man periodisch – jeweils den neuen Umständen entsprechend in neuer Form – den alten Gegensatz auftauchen zwischen Gläubigem und Gnostiker – oder Pseudo-Gnostiker – einem nahen Verwandten des Magiers im vollen Sinn des Wortes. Man sieht,

---

101 Ebd. 154

wie sich beim Gläubigen die alte Idee des Häretikers hält, der auf geheimes Wissen aus ist und die Schrift behandelt, als wäre sie der Baum der Wissenschaft. Man sieht, wie er gegen jene *altitudo cordis* kämpft, die einen vollendeten Gegensatz zum Geist des Evangeliums darstellt; gegen jenen Götzendienst mit dem eigenen Denken, der unvereinbar ist mit der Anerkennung des Schöpfers; gegen jene negative Unbegrenztheit des menschlichen Verlangens, die das Streben nach Erkenntnis unterhöhlen kann, da sie sich ebenso im Streben nach Vergnügen, Besitz oder Macht auswirkt; gegen jene adamische, beim Heresiarchen schlechthin luziferische Ambition derer, die dadurch wie Gott werden wollen.«[102] Ein großer Repräsentant dieser mangelnden Unterscheidungsfähigkeit ist der namhafte Gräzist und Hebraist Johannes Reuchlin, der 1522 starb. Er befragt die Bibel in kabbalistischer Weise und tut von da aus den Schritt zur Astrologie, zum Rätselhaften, zur Sinnbildlichkeit, zur Magie und zur Nekromantie. »Man ist weniger überrascht über die okkultische Tendenz, die dieser überlegene Geist an den Tag legt, wenn man sich vergegenwärtigt, daß diese Tendenz zu seiner Zeit allenthalben verbreitet war, nicht selten noch bedeutend stärker und wirrer, Hand in Hand mit Astrologie, Wahrsagerei, Alchimie, Magie, Loswerfen, Dämonologie, Astralmedizin... Die Verbreitung dieser okkulten Wissenschaften und der verschiedensten Phänomene, die damit zusammenhängen, ist charakteristisch für diese Epoche, die wir im allgemeinen als das Ende des Mittelalters und das Aufkommen des Humanismus betrachten, der sich dann siegreich durchsetzt: die Epoche des Paracelsus, des Doktor Faustus, Guillaume Postels und des Nostradamus, die Generationen von Hieronymus Bosch und Pieter Brueghel... Es ist, entgegen dem, was man nur zu oft annimmt, nicht das christliche Mittelalter, in dem die Zahl der Hexenprozesse anschwillt, sondern das Zeitalter der Renaissance.«[103] »Man hat von der großen satanischen Flut des 16. Jahrhunderts gesprochen.«[104] Der gnostische Virus ist immer vorhanden gewesen, aber wenn er nicht auf die bereits aus dem exegetischen Gefüge herausgerissene biblische Allegorie gestoßen wäre, hätte seine Virulenz zweifellos keine derart weitreichenden Verwüstungen angerichtet.

---

[102] H. de Lubac, Exégèse, III, 312–313
[103] H. de Lubac, Exégèse, IV, 404
[104] Ebd. 405

Außer der literalistischen Geschichte und der sich anpassenden Allegorie erfährt auch die Tropologie beträchtliche Entstellungen. Die rechte Tropologie war voll und ganz auf die Realität der *allegoria Christi* hin orientiert. Weil der Leib Christi der Tempel des Neuen Bundes ist und der Alte Bund wahrhaft historisch war, können die Christen im geistlichen Sinne Steine dieses Tempels sein, den der Auferstehungsleib Christi darstellt. Und durch diese Einfügung in seinen Leib, nämlich die Kirche, wirkt sich die Anerkennung Christi durch den Heiligen Geist im Menschen frei aus. Auf diese Weise bringt der Christ durch seine brüderliche Liebe allen gegenüber auf dem Altar seiner Seele geistige Opfer dar, deren historische Vorbilder die Widder und Stiere waren, die im Tempel zu Jerusalem geopfert wurden.
Aber losgelöst von den beiden Sinnen, die ihr diese Realität verliehen, geht die Tropologie in die Irre. Einer positiven und fortlaufenden Geschichte, die ihre Quelle in Adam hat und bis zu ihm selbst hinaufführt, sollte Heinrich VIII. die Argumente für seine Wiederheirat entnehmen: Hat nicht Jakob mehrere Frauen gehabt? Bewertet nicht das Buch Leviticus die Heirat mit der Frau des Bruders als Blutschande? Doch gewinnt die Abirrung in dem Augenblick beunruhigende Ausmaße in dem sie sich auf eine bereits in die Irre gegangene Allegorie aufpfropft. Das eindrucksvollste Beispiel ist die berühmte Zwei-Schwerter-Theorie. Was vom 8. bis zum 10. Jahrhundert nichts anderes war als ein Symbolbild, wird zu einem Argument zugunsten der Theokratie. »Ein Turrecremata sollte es als vollends beweiskräftig ansehen, daß Jesus zu Petrus, als dieser von den zwei Schwertern sprach, sagte: ›Es ist genug‹ und nicht ›es ist zuviel‹. Nach demselben Verfahren sollten manche sogar die Unerbittlichkeit der Inquisition rechtfertigen, indem sie den Psalm zitierten, in dem es heißt, der Messias werde die Völker mit eiserner Rute zähmen, sowie das alte römische Prinzip, demzufolge der Satz *›Prima sedes a nemini iudicatur‹* bewiesen wird durch ein Argument aus einem Paulusvers über den geistlichen Menschen, der alles richtet und von niemandem gerichtet wird... Das geistliche Verständnis wird von seinem Ziel abgelenkt und eben dadurch entstellt.«[105] »Die Theologen, die das päpstliche *imperium* von biblischen Allegorien herzuleiten suchen, sind in Wirklichkeit von dem geistlichen Verständnis so weit entfernt, daß sie versuchen, jenes *imperium* von den Institutionen des

---

105 Ebd. 381

Alten Testaments her zu begründen, und behaupten, die Kirche müsse diese nach ihrer Auffassung genau imitieren.«[106]

Es gibt noch eine andere Art von Folge, die derjenigen entspricht, welche dadurch eintrat, daß die christliche Theologie gewisse heidnische Theodizeen übernahm[107]. Ebenso wie manche von ihnen von den Christen gebraucht worden sind, ohne vom Kerygma assimiliert zu sein, entwickelt sich nun selbständig innerhalb der Theologie eine autonome Moral. Nun bot aber gerade in dem Augenblick, als die Schriftsinne zerfielen, der Aristotelismus ein System natürlicher Tugenden, die kein Christentum brauchten, sondern aus sich selbst heraus Forderungen stellten. Ihre Einbeziehung ins Christentum bot natürlich für den Glauben kein Problem, wenn sie auf dem Weg über die kerygmatische Sendung ihren Eingang darin fanden. Der Geist weht, wo er will, und er ist es, der dazu bewegt, Christus zu erkennen und anzuerkennen. Doch mußte das Eindringen heidnischer Frömmigkeit in den christlichen Raum in einer ekklesialen Gesellschaft, die der expliziten Bezugnahme auf das Kerygma beraubt war, eine gewisse Unruhe auslösen. Bezeichnend in dieser Hinsicht war die 1277 durch Erzbischof Etienne Tempier von Paris erfolgende Verurteilung einer Anzahl von Sätzen die von Lehrern mit aristotelischen Tendenzen vertreten wurden, zu denen auch Thomas von Aquin gehörte. Die Moraltheologie sollte sich hinfort auf einer Basis natürlicher Prinzipien aufbauen, deren Wert nicht mehr ausdrücklich an der Universalität der christlichen Botschaft gemessen wurde. Solange man die Gesamtheit der moralischen Strukturen eines heidnischens Systems achtet, indem man danach forscht, wie das Christentum dieses schließlich mit seinem Kerygma in Einklang bringt, gewährt man ihm zugleich Gerechtigkeit und Vollendung.

Auch der letzte der vier Schriftsinne, die Anagogie, ist jeglichem Gesamtorganismus fremd geworden. In seiner »Entfremdung« verbinden sich und kulminieren zugleich der Neo-Paganismus und der Neo-Judaismus, der Neo-Paganismus in der abergläubischen Jenseitsvorstellung. Die dionysianische Allegorie hat stark dazu beigetragen, daß diese Materialisation entstand. Losgelöst von dem Kerygma, das sie trägt, ist die christliche Religion nur eine unter anderen Religionen und durch den Glauben an ein Jenseits, den eine naturalistische Tropologie nicht in Anspruch nimmt, jeder Art sozialen Mißbrauchs ausgesetzt. Paradies

[106] Ebd. 386

[107] Vgl. oben 138–139

oder Hölle sind nicht mehr ansatzweise in das moralische Verhalten des Menschen *in via* eingefügt. Die Objektivation der spirituellen Werte führt zu ihrer Leugnung: Man errichtet ein abgestuftes Paradies, ein örtlich festgelegtes Fegefeuer, aber ihre unmittelbaren Verbindungen mit dem Alltagsleben verschwinden. Den Neo-Judaismus haben wir vor allem bei Joachim von Fiore. Gewiß, es folgt ihm niemand in der Inkarnation des Heiligen Geistes. Seine Exegese wird nichtsdestoweniger weiter gelehrt: Der große Tag des Gerichtes wird ganz ans Ende der Geschichte, an den äußersten Rand einer linearen Zeit verwiesen. Die Anagogie ist ein Jenseits, das keinerlei Kontakt mehr mit dem Diesseits hat, außer im Licht der Privatoffenbarungen, die hier und da auftreten. Der Kult und die christlichen Pflichten werden einerseits Tugendakten gleichgestellt, die mit denen frommer Heiden vergleichbar sind; auf der anderen Seite ist man darauf bedacht, daß sie zusätzliche Früchte bringen, deren Wert dem Jenseits entnommen ist. Der Ausgleich zwischen äußerer Handlung und Lohn wird Gegenstand von Berechnungen und Spekulationen, die bestimmt sind, eine Brücke zwischen hier und dort zu schlagen. Derartige Konstruktionen sind nur allzu notwendig für Christen, deren Glaube nicht mehr die lebendige Einheit in der Erfüllung des Alten Testaments durch Christus wahrnimmt. In dieser Perspektive erschrecken den Volksglauben Jenseitsdarstellungen und -vorstellungen, die ihm die Religionsgeschichte anbietet, weil dieser sich als identisch mit einer einzelnen Kultur ansieht, die er nunmehr für sein eigenes Wesen hält.

Diese Abirrungen erklären die atheistischen Reaktionen, ob sie ihre Inspiration nun aus der Mystik eines zur Verwirklichung stehenden Ideals nehmen oder ob sie von einem Materialismus ausgehen, dessen Ziel es ist, unmittelbare Interessen zu befriedigen. Es ist verhängnisvoll, wenn man nicht mehr erkennt, daß Christus die Energien ihrer Verantwortung bewußter Menschen frei gemacht hat, wissend, daß ihr Handeln einen ewigen Wert schafft und daß Fehlschläge also niemals entmutigen können. Die von Christus auf die Erde gebrachte Hoffnung ist höher und stärker als die, welche die Heidenvölker sich zu geben wagten. In ihr gründet sich die eine, heilige, katholische und apostolische Kirche. So bleibt nun unter hermeneutischem Aspekt die Bedeutung dieser paradoxen Attribute zu untersuchen, die der Gläubige regelmäßig im Credo seiner Liturgie bekennt.

Die gegenseitige Entfremdung der vier Schriftsinne scheint die Lehre zu bestätigen, die aus der Zerstörung des traditionellen exegetischen Systems des Mittelalters zu ziehen war, wie uns de Lubac sagt. In das, was die Geschichte der Theologie oder der Volksfrömmigkeit an besonders Doppeldeutigem vor Augen führt, bringt die Lehre von den Schriftsinnen ein Licht. Die Verdoppelung der exegetischen Formeln, die sie enthält, erklärt in der Tat eine Anzahl von gegenseitigen Beeinflussungen oder gegenseitigen Ausschließungen. Die doppelte – doktrinale und missionarische – Funktion des Kerygmas erklärt unschwer diese dem christlichen Denken innewohnende »Seinsschwierigkeit« (difficulté d'être).

So ist uns die hermeneutische Bedeutung der kerygmatischen Verkündigung auf negativem Wege erschienen. Sie zeigt sich in der Organisation der Disziplin der Schriftsinne mit noch mehr Glanz, wie wir vorhin gesehen haben. Wir glauben schließen zu dürfen, daß diese die christliche Exegese nur artikulieren, indem sie das Kerygma entfalten: Dessen doppelte Funktion findet ihre Sprache und ihre Aktualität in der doppelten Entfaltung der verschiedenen exegetischen Formeln.

Das ist die Frucht, die wir aus dem Studium von de Lubacs Werk gewinnen. Die traditionelle Lehre der Schriftsinne erscheint uns als adäquater Kommentar der kerygmatischen Aussage, ihrer doktrinalen Wahrheit und zugleich ihrer missionarischen Realität. Diese doppelte Bedeutung des Kerygmas war uns in logischer Weise auferlegt worden durch die Unterscheidung der reziproken Antinomien von zwei zeitgenössischen Hermeneutiken, der von Ricœur und der von Lévi-Strauss. Der erstgenannte bestätigt die entscheidende Bedeutung der kerygmatischen Aussage, aber er erklärt sie nicht struktural. Der zweite konzipiert das Kerygma als Struktur, anerkennt jedoch nicht den Anruf eines (gesprochenen) Wortes, das ihn betrifft. Für Ricœur weckt das Kerygma Glaube und Hoffnung; aber die kerygmatische Aussage läßt sich nicht analysieren. Lévi-Strauss strukturiert die Realität dieser Aussage, aber sie ist nicht mehr wirklich kerygmatisch, weil sie kein Opfer mehr impliziert. Wenn wir das Kerygma meditieren und die Aussage, die seine Komplexität zum Ausdruck bringt, insgesamt strukturieren wollen, brauchten wir daher einen Rückgriff. Auf Anregung von Ricœur selbst ist uns die traditionelle Exegese wie ein ungeheures Bemühen erschienen, diese Frage höchst präzise zu stellen und zu lösen. Henri de Lubac legt diese Frage auseinander und artikuliert sie in sehr bedeutsamer Weise. So genügt es uns formaliter, ihre allgemeine Bedeutung

herauszulösen, um Ricœurs Frage zu beantworten, ohne deshalb die Forderungen von Lévi-Strauss zurückzuweisen.
Dieser Versuch ist, da er sich gleich dem von de Lubac in die katholische Tradition hineinstellt, nur eine neue Verkündigung dieser Tradition. Es ist von neuem die Verkündigung des missionarischen Kerygmas. Ricœur mag hierin mit gutem Recht die hermeneutische Wiedergewinnung des Sinnes einer Tradition erblicken. Lévi-Strauss kann genauso unsere Arbeit als ein diachronisches Geschehen innerhalb einer strukturalen Ganzheit ansehen. Wenn jeder auf diese Weise hier sein Bestes finden kann, so ist das möglicherweise weniger Widerlegung als Zeichen einer gelebten Akkulturation[108]. Unsere soziologische Situation ist also streng definiert. Diese Arbeit drückt einen aktuellen Glauben aus, der aus dem Innenraum einer sozio-historischen Tradition heraus gelebt und in einem rituellen Opfer verkündet wird. Wir wollen diesen ekklesialen, einen, heiligen, katholischen und apostolischen Glauben verkünden. Diese Erklärung bietet sich Ricœurs Hermeneutik an wie ein Einsatz für eine bestimmte Tradition innerhalb der Wahrheit einer gemeinsamen Symbolik. Dieselbe Erklärung bietet sich Lévi-Strauss als ein Denken an, das struktural innerhalb einer soziologischen Ganzheit situiert ist, deren geographische und kulturelle Ausbreitung realiter die Bestätigung der Katholizität sichtbar macht.

In Gemeinschaft mit Ricœur sind wir struktural impliziert in dem auf Beobachtung beruhenden Denken von Lévi-Strauss. Eine zweifache Zugehörigkeit, bei der die Wahrheit unseres Wortes nur noch in ihrer Wiederholung durch einen anderen sichtbar wird.

[108] Dieser Begriff war Thema der 29. Missiologischen Woche, die 1959 in Löwen stattfand. Er versucht, die paradoxe Stellung des Missionars den Kulturen gegenüber zum Ausdruck zu bringen. Vgl. Mission et cultures non chrétiennes, Paris–Brügge 1960. Bericht davon in: Nouvelle Revue Théologique 82 (1960), 996

IV

DIE ALLGEMEINE HERMENEUTIK IN DEN VIER SCHRIFTSINNEN

Die allgemeine Hermeneutik, die Paul Ricœur als integrierenden Teil der Philosophie zu entwickeln bestrebt ist, traf auf die philosophischen Forderungen und Ansprüche des Strukturalismus. Dessen Universalität läßt sich nicht zurückweisen, selbst wenn ihre Realisierung für immer Menschenmögliches übersteigt, weil der unparteiliche Beobachter seinen Platz außerhalb der Gesamtheit menschlicher Kultur beziehen müßte. Die beiden Blickrichtungen würden einander in vollendeter Weise ergänzen, wenn der Beobachter zugleich außerhalb und innerhalb sein könnte.

In der allgemeinen Hermeneutik geschieht die Sinnerfassung von innen her. Innerhalb der hermeneutischen Fragestellung gewinnt der Hermeneut dank der philosophischen Einlassung (pari) und der Wahl des bedeutungsstärksten Symbols den ihn umgebenden Mythen ihren Sinn ab. Doch dieser Sinn ist eine Spannung zwischen ständig außer Kraft gesetztem Diesseits und dem Herantreten eines Ganz-Anderen im Kern des Symbols. Die Ebene, auf der der Strukturalist arbeitet, bildet einen Ausdruck dieses Ganz-Andern in einem unvermeidlichen, aber aus sich selbst nicht-signifikanten Bereich. Der Anruf durchdringt die soziologische Struktur der Sprache, hat aber nicht in ihr ihren Sitz. Auch der Strukturalist trifft eine Wahl, aber eine Wahl ganz anderer Art. Indem er seine Untersuchung auf eine einzelne Primitivgesellschaft beschränkt, fügt er sich nicht einer prinzipiellen Beschränkung, sondern einer praktischen Unmöglichkeit. Prinzipiell bieten sich alle Gesellschaften, ja die ganze menschliche Gesellschaft, dem Strukturalismus an. Aber praktisch machen nur diejenigen Gesellschaften, bei denen der Abstand zwischen Natur und Kultur nicht zu groß ist, die Analyse auch wirklich durchführbar. Die Wahl, die sich der Philosoph seinerseits auferlegt, ist die Wahl eines Engagements: Wählt er nicht, so optiert er damit für eine Signifikationsminderung; er schließt sich ein in den Pessimismus des Un-Sinnes; er begibt sich praktisch in einen Raum, der ihm grundsätzlich nicht zugedacht ist.

Die Stärke der hermeneutischen Philosophie liegt in dieser Anwartschaft auf die Hoffnung, die sie dem Symbol entnimmt; die Stärke des

Strukturalismus liegt in der kulturellen Gegebenheit, die sie in ihrer Totalität aufnimmt. Für die erstere stellt die Kultur die prinzipielle Totalität des Sinnes dar, für den zweiten die Totalität der kulturellen Gegebenheit. Doch handelt es sich dabei nach unserer Meinung nicht um zwei antinomische Standpunkte, vorausgesetzt, man entfernt sich von Lévi-Strauss, indem man der sinn-losen Achse des Geheiligten (sacré) den ihr eigenen und eigentümlichen Sinn wiedergibt und damit der Hermeneutik Gerechtigkeit wiederfahren läßt; vorausgesetzt aber auch, man ergänzt die Interpretation von Paul Ricœur, indem man eine philosophische Bedeutung der Struktur als solcher einräumt. Dann wird die Materie zum Ursprung für den Sinn, den die Kultur entwickelt. Der im sprachlichen Ausdruck am Werk befindliche Determinismus wirkt mit am Zutritt des Ganz-Anderen durch die Wahl des Hermeneuten. Das Tatsächliche und das Prinzipielle sind ausgesöhnt. Nur fordert diese Hermeneutik im eigentlichen Sinne die Möglichkeit, daß man sich als Philosoph innerhalb des kulturellen Bereiches befindet und als Strukturalist außerhalb.

Doch muß man sich nun fragen, ob das möglich ist. Zwischen der prinzipiellen Totalität, welche die Kultur darstellt, und der faktischen Totalität, welche die vorhandenen naturnahen Kulturen bilden, bleibt der Konflikt bestehen. Und dennoch gibt es hier eine Vermittlungsmöglichkeit. Das Ganz-Andere, von dem der Hermeneut sich anrufen läßt, kommt nicht durch den unbegrenzten Zutritt zu anderen Kulturen zu ihm, deren ständig neue Signifikation er in sich selbst aufnimmt. Das hermeneutische Postulat ist das der Übertragbarkeit aller Sprachen. Der Strukturalist postuliert dagegen eine Unübertragbarkeit der Sprachen. Für ihn begrenzt sich die einer Kultur eigene Originalität wesenhaft auf das System der Verknüpfung der Elemente, aus denen sie besteht. Durch sein Eingreifen erhöht der Übersetzer nur die Komplexität der Struktur; er beseitigt nicht ihre unreduzierbare Einzigartigkeit. Er enthüllt stets einen reicheren Sinn, den die natürliche Umwelt zu reintegrieren gestattet. Am Ende ist die vom Strukturalismus ins Auge gefaßte Totalität nunmehr ein universaler Formalismus, in dem alle Einzelheiten berücksichtigt sind, weil sie alle am Sinn des Ganzen teilhaben.

Während der Philosoph ständig zu einem Synkretismus in der Ausdehnung verurteilt zu sein scheint, lehnt es der Strukturalist ständig ab, in sein ihm eigenes System das kulturelle Element, den Gegenstand seiner Untersuchung, zu integrieren. Diese Berücksichtigung der konkreten

Unmittelbarkeit verleiht dem Strukturalisten gegenüber dem Vertreter der reflexiven Philosophie einen beträchtlichen Vorteil. Aber der letztgenannte kann ihm immer erwidern, daß er die Vermittlung verkennt, die unbewußt zwischen seiner eigenen Kultur und derjenigen, die er beobachtet, eingeschoben ist: Seine eigenen methodologischen Vorurteile verbergen ein Weltbild, das sich nicht auf diese kultisch sinnlose, materiell keiner anderen Struktur assimilierbare kultische Achse reduzieren läßt.

Die Vermittlung der Totalität, deren beide sich bedienen, ist bei jedem von beiden verschieden. Das Ganz-Andere des Philosophen ist nicht allein völlig verschieden, es ist die Totalität des Anders-Seins, das total Andere. Als dem gegeben, der auf es hört, besteht es dank der Vermittlung des Äußeren, das es niemals ausschöpfen kann, im Innern dessen, der sich ihm öffnet. So ist das Werk der Entmythologisierung die Ablehnung einer Reduktion auf die objektivierten Formen im Namen eines Anrufs, der den Diskurs re-mythisiert. Die Äußerlichkeit ist das Maß einer radikalen Innerlichkeit. Die hermeneutische Sicht läuft auf ein Symbol hinaus, das konkret geworden ist durch die Wahlentscheidung, die den Beobachter dem ihn umformenden Gegenstand gegenüber verpflichtet, wobei die Elemente dieses Gegenstands jedoch zutiefst abstrahiert sind von den materiellen Bedingungen ihrer Entstehung. Der Strukturalist dagegen hat die Innerlichkeit als Maß der grundlegenden Äußerlichkeit. Es geht darum, ins Herz der anderen Kultur einzudringen, um ihre Objektivität zu achten, soweit dies möglich ist, selbst wenn der Beobachter notwendig außerhalb bleibt. Die Beobachtung eines kulturellen Teilbereichs bildet auf diese Weise eine Arbeit, die zu einem im höchsten Maße abstrakten Formalismus führt, garantiert durch die Materialität seiner Elemente, deren Wahl den Beobachter seinem Gegenstand gegenüber nicht engagiert. Determinismus des natürlichen Grundstoffes und Freiheit kultureller Invention kreuzen und ergänzen sich. Der Techniker fragt nach dem einen, der Philosoph reflektiert das andere. Der erstgenannte ist Philosoph, ohne es zu wissen – dabei soll hier keineswegs gegenüber Lévi-Strauss Stellung bezogen werden –, der andere ist Techniker, der sich in dieser Eigenschaft verleugnet; das Material, dem er den Sinn entnimmt, ist für ihn ohne Bedeutung.

Integriert man diese beiden Perspektiven in ein Ganzes, so stellt man fest, daß beide Arten des Herantretens an die Wirklichkeit ihre Berechtigung besitzen, jedoch unter folgenden Bedingungen: der Beobachter steht zugleich innerhalb und außerhalb; das Beobachtete wird zugleich von innen und von außen her angegangen; dieses Ganze ist zugleich konkret und abstrakt; und schließlich fällt das Prinzipielle mit dem Faktischen zusammen, das heißt, der Vorteil der Wahl des Philosophen verbindet sich mit der Aufhebung der Grenzen, wie wir sie bei dem Kulturanalytiker haben.

Die von dem doktrinalen Gebrauch der vier Schriftsinne implizierte Hermeneutik wird diesen vier Imperativen der allgemeinen Hermeneutik gerecht. In dem Akt, in dem er das Alte Testament erfüllt, ist Jesus Christus zugleich Exeget und Exegese. Durch das missionarische Kerygma befindet er sich innerhalb und außerhalb der Kulturen. Von innen und von außen her hat er durch seinen Geist und seine Menschwerdung die Wahl der Hoffnung vollzogen. In dem eschatologischen Glauben hat er die Grenzen der strukturalen Wahl gesprengt und zugleich in seiner Eucharistie die materielle Wirklichkeit des universalen Systems von Relationen gewahrt, die er organisiert.

Die in diesen vier Schriftsinnen wirkende Hermeneutik läßt sich zurückführen auf die Analyse der Dimensionen dieses missionarischen Glaubens. Es bleibt innerhalb dieser um das Kerygma organisierten Hermeneutik die allgemeine Bedeutung jedes einzelnen seiner Sinne herauszukristallisieren: Sie wurzeln in der Realität des Glaubens, dessen kerygmatische Struktur sie logisch bekunden. Genauer gesagt zeigen sie die Reichweite der Ausstrahlung der ekklesialen Wahrheit an. Jeder Sinn ist also letztlich nach den wesenhaften Bestimmungen der Kirche charakterisiert. Ihre allgemeinste Ausdehnung ist durch das konkreteste kirchliche Verständnis gekennzeichnet. Jeder einzelne Sinn ist ein Merkmal der Kirche.

Das doktrinale und damit universale Kerygma bildet in der Tat einen Operator von ungewöhnlicher Dichte. Die katholische kerygmatische Verkündigung ist die Matrix von universalster Signifikation. Was sie von sich selbst sagt, sagt sie von jedem Diskurs. Die Schriftsinne sind die *notae Ecclesiae*, sie sind die Chiffren jeden sprachlichen Ausdrucks.

1. Der historische Schriftsinn

Auf irgendeine beliebige Geschichte angewandt, reichen die beiden hermeneutischen Methoden, die den Gegenstand unserer beiden ersten

Kapitel bilden, von vornherein über den einfachen Positivismus hinaus. Mit der materiellen Objektivität der Synchronie verbindet sich die spirituelle Sinngewinnung; dieser Sinn verkörpert sich in den geheiligten (sacrés) Gegenständen, deren Bedeutung die Diachronie verdichtet und sie synchronisch »lesbar« macht [1]. Lévi-Strauss veranschaulicht dieses Zusammenwirken der Diachronie mit der materiellen Signifikation, indem er auf den Wert aufmerksam macht, den für die Menschen die Archive ihrer Geschichte darstellen: »Wenn alle veröffentlicht sind, ändert sich nichts an unserem Wissen und unserer Lage, wenn irgendeine Katastrophe die Originale vernichtet. Dennoch würden wir einen derartigen Verlust als nicht wiedergutzumachenden Schaden empfinden, der uns zutiefst betrifft. Und das keineswegs ohne Grund: Wenn unsere Interpretation richtig ist, rührt ihr sakraler (sacré) Charakter von der Funktion der diachronischen Signifikation, die nur sie zu bestätigen haben, und zwar in einem System, das, weil es klassifikatorisch ist, vollständig ausgebreitet ist in einer Synchronie, der es sogar gelingt, die zeitliche Dauer zu assimilieren.« [2]

Der Sinn, den der Hermeneut in der Geschichte wiedergewinnt, ist einzig die Materialität des Symbols in ihrer Unbestimmtheit. Aufgrund dessen findet er sich bereit, sich zur Tradition in Synchronie zu setzen, indem er der kulturellen Achse des Mythos folgt, dessen kultische

---

[1] Lévi-Strauss schildert die *churinga* in Zentralaustralien folgendermaßen: »Die churinga sind bekanntlich steinerne oder hölzerne Gegenstände von mehr oder minder ovaler Form und mit spitzen oder abgerundeten Enden, häufig mit Symbolzeichen bedeckt; bisweilen sind es einfache Holzstücke oder unbearbeitete Kieselsteine. Wie es auch aussehen mag, jedes churinga stellt den physischen Leib eines ganz bestimmten Vorfahren dar und wird von Generation zu Generation feierlich demjenigen Lebenden zugeteilt, von dem man annimmt, er sei die Reinkarnation des betreffenden Vorfahren. Diese churinga werden in natürlichen Verstecken, fern von begangenen Wegen, gesammelt und verborgen gehalten. In bestimmten Abständen werden sie herausgenommen, um sie zu prüfen und sie in die Hand zu nehmen; bei jeder dieser Gelegenheiten werden sie poliert, eingefettet und gefärbt, wobei gleichzeitig Gebete und Beschwörungen an sie gerichtet werden. Durch ihre Rolle und die Behandlung, die man ihnen vorbehält, bilden sie somit überraschende Analogien zu unseren archivierten Dokumenten, die wir in Kästen und Truhen verwahren oder der Obhut der Notare anvertrauen und die wir von Zeit zu Zeit in Augenschein nehmen mit einer Behandlung, wie sie sakralen Gegenständen gebührt, um sie – wenn notwendig – wieder herzurichten oder sie neuen und schöneren Aktendeckeln anzuvertrauen. Ja, bei solchen Gelegenheiten rezitieren auch wir gern die großen Mythen, an die uns die Betrachtung der zerrissenen und vergilbten Seiten neu erinnert: Taten und Handlungen unserer Vorfahren, Geschichte unserer Behausung seit ihrer Errichtung oder ihrer ersten Übernahme.« Vgl. C. Lévi- Strauss, La Pensée sauvage, 316–318

[2] Ebd. 320

Quelle und metonymischen Ursprung der Opferritus bildet. Diese Synchronie wirft jedoch die Frage nach dem Zusammenhang zwischen Symbol und Beobachter auf; es muß auf jeden Fall – so denken wir – irgendwo in der jeweils betrachteten Geschichte ein »churinga« geben oder einen mythischen Ausdruck, mit dessen Hilfe der Historiker in eine gleiche Synchronie eintreten kann, die beiden Seiten als diachronischer Kondensator dient. Der Zusammenhang zwischen der Archäologie und der Teleologie muß sich in einem Punkt materialisieren, der die Gemeinschaft sichtbar macht, in der sich Vorfahre und Neophyt befinden. Auf der Ebene der Eidetik der Mythen wird nach Ricœurs Auffassung diese Funktion von dem adamischen Mythos übernommen, der insofern ausgewählt ist, als er die Freiheit des Menschen in einer bereits von seinem Sturz in Mitleidenschaft gezogenen Verfassung zum Ausdruck bringt. Außerdem aber betrifft nach unserer Meinung der Mythos in seinem letzten Gehalt die Verheißung eines Erlösers[3], und die soziologische Analyse des Entstehungsraumes des Mythos würde vermutlich noch weitere Gegebenheiten ans Tageslicht bringen. Doch auf der hermeneutischen Ebene verliert das Symbol seine Grundlagen. Es enthüllt sich stets im voraus. Somit verbindet nur noch die Materialität der Sprache die Entmythologisierung des Historikers mit der mythischen Geschichte. Aber ist der sprachliche Ausdruck nicht allenthalben verbreitet? Nichts scheint uns die Gründe für den Sprung eines Sich-Einlassens (pari) anzuzeigen, der gemacht wird, um das Ganz-Andere an einem bestimmten Ort des Diskurses mehr aufzunehmen als an einem anderen. Von diesem genauen methodologischen Gesichtspunkt aus kann, wie uns scheint, Paul Ricœur keine hinreichende Begründung dafür bieten, daß das christliche Kerygma sich ihm in einem anderen Licht darbietet, das bestimmender und ausschlaggebender ist als das des Krishna, der sich dem Arjuna offenbart, oder das der Wahrheit, die sich in dem Gedicht des Parmenides enthüllt, oder auch das Jahwes, der einmal auf dem Sinai erschienen ist. Wir haben hier eine Diskussion, die die Hermeneutik nicht abschließen kann: Muß der *Sum*

[3] Vgl. P. Barthel, Interprétation, 324 ff. Dieser Autor betont den Mangel der Eidetik der Mythen, die die Adamsgeschichte nur im Kontext der Urgeschichte liest und sie unter dem Aspekt der Heilsgeschichte nur aufgreift, um das Problem des Kerygmas in der Christologie aufzuwerfen: »Man ist überrascht, wenn man feststellt, wie Paul Ricœur mit seiner phänomenologischen Analyse an der Schwelle des Bereichs der kerygmatischen Behauptungen Halt macht«. Ebd. 337. Ricœurs Standpunkt scheint dieser Konzeption besonders im Vorwort zu R. Bultmann, »Jésus«, 11, nahe zu kommen.

qui sum im Lichte des *Cogito, sum* der Philosophie erhellt werden? Oder besteht in der Perspektive des Kommens des Ganz-Anderen hier kein Anlaß, den Anspruch des *Cogito,* seinen Sinn zu bestimmen, umzuwandeln?

In dieser schwierigen Situation bietet uns der Strukturalismus ein Hilfsmittel an, denn das Alte Testament ist voll von diachronischen Kondensatoren, von denen Ricœur nur die expliziten Wiederaufnahmen zur Geltung bringt. Aber ob sie nun bewußt sind oder nicht, diese doktrinalen Wiederaufnahmen stehen in einer Entsprechung zu jenem natürlichen Determinismus, der das Bewußtsein eines Volkes dazu veranlaßt, seine Identität aus den Wiederholungen früherer Motive abzulesen. Im Alten Testament entsprechen diese Relektüren der aufeinander folgenden Gesellschaften den verschiedenen redaktionellen Schichten; sie sind nicht allein signifikativ durch den Akt, in dem sie sich einen künftigen Erfolg versprechen; sie sind es auch synchronisch durch die progressive Anhäufung einer stets wachsenden Anzahl kultureller Elemente, die von den benachbarten Gesellschaften übernommen sind. Israels Wachstum läßt sich also nicht allein im Sinne einer metonymischen Auswechslung der Gestalten und Symbole durch andere verstehen, sondern auch als eine ständige Neubestimmung der anderen Religionen im Verhältnis zu ihm selbst. Dem Auftreten des *Sum qui sum* vom Sinai folgt der Tempel aus Stein, der kanaanäischen Ursprungs ist, und der kosmische Tempel iranischer Struktur. In einer vollständigen Perspektive ist das Auftreten dieser neuen Formen auch Ergebnis einer soziologischen Neustrukturierung, deren synchronische Analyse den Symbolen objektive Signifikationen auflädt. Die einfache reflexive Wiederaufnahme ihres Sinnes reduziert nach unserer Meinung diese objektive Wirklichkeit auf die dem Philosophen eigentümliche Interpretation. Wenn dieser sich andrerseits nicht dem Hören auf das Ganz-Andere öffnete, bliebe er allein der Garant seiner Interpretation.

Nun erfolgt aber zwischen diesen beiden Momenten der historischen Evolution die Veränderung einer Religion durch Operatoren, die um so wirksamer sind, je einfacher sie sind und je mehr durch sie hindurch das neu bestimmte Ganze das vorherige System homomorph reproduziert. Im Alten Testament folgt auf Abrahams Auserwählung die Auserwählung der gesamten Menschheit in Adam durch die Verheißung eines Erlösers. Den historischen Sinn des Alten Testaments im Verhältnis zu den Nachbarreligionen kennzeichnet weniger die Realität seiner missionarischen Assimilationen und seine Ausrichtung auf die Zukunft hin als die erstaunliche Adaptation, in der über Katastrophen, Schismen und soziologische Umwandlungen hinweg die Tradition Abrahams sich in Raum und Zeit verewigt hat – bis zum Kommen Christi, ja bis auf unsere Zeit. Schon im Alten Testament wirkt die äußere Religion mit, die definitive Auserwählung Israels darzustellen und zu kennzeichnen. Jahwe lenkt den Arm des Pharao und gibt Kyrus die Salbung; Joseph und Daniel leiten die Geschicke der beiden Reiche; in Adam sind alle gleich. Was viel mehr beeindruckt als der Anstoß oder der Stolz auf die Auserwählung, ist in Israels Geschick der Raum, der den äußeren Religionen eingeräumt ist als ein Ausdrücken der inneren Treue in der Synchronie des Jahwismus.

Natürlich wirft eine die beiden Hermeneutiken – die reflexive und die strukturalistische – beachtende Analyse der Bibel eine große Anzahl technischer Fragen auf. Wir brauchen hier nur zu bemerken, daß die Legitimität der Wiedergewinnung des Sinnes dem Verständnis der soziologischen Ebenen unterworfen ist, auf denen sie sich ausdrückt. Wenn der Philosoph in einem alten Text die Frage seines Vorfahren erkennen kann, so ist diese Erkenntnis begrenzt durch die soziologische Einheit, die sie zwischen dem, der den Sinn wiedergewinnt, und der Gesellschaft, die diesem Sinn zu Anfang seinen Wert verliehen hat, schafft. Die Verbindung zwischen Archäologie und Teleologie liegt also nicht allein in der Materialität des Symbols, sondern darüber hinaus in allem, was dieses an materieller Geschichte für die Weitergabe seiner Botschaft voraussetzt[4]. Wenn man vom historischen Sinn des Alten Testaments spricht, so ist diese ständige Verwurzelung in dem beweglichen Grund der Kulturen, denen es seine kosmologischen Mythen entnimmt, absolut wesenhaft. So gibt nach dem Muster jeder anderen Gesellschaft die des Alten Testaments sich in sich selbst eine Darstellung der Totalität, ein Zentrum in den Personen des Propheten, des Königs und des Priesters, der Repräsentanten Jahwes. In diesem zweifachen Verständnis des Mythos als Repräsentation und als Symbol ist die Adamsgeschichte ein königliches Gleichnis mit der Bestimmung, das junge judäische Königtum vor gefährlichen Synkretismen zu bewahren, und zwar im Namen des stets siegreichen Glaubens an die Kontinuität der kultischen Verehrung Jahwes. Trotz so harter Prüfungen wie der

---

[4] So ist der »churinga« Träger eines Mythos, der vorgetragen wird, jedesmal wenn man ihn um Rat fragt. Vgl. oben S. 163, Anm. 1.

der Zerstörung des Tempels durch Babylon und seiner Schändung durch die Griechen hält dieser königliche Glaube sich noch zur Zeit Christi. Doch indem die Wiedergewinnung des historischen Sinnes diesem adamischen Mythos die einzige Bedeutung gibt, die ihm eine reflexive Fragestellung verleiht, wahrt sie – so reich diese auch sein mag – nur die formale Signifikation des sprachlichen Ausdrucks. Durch seine Entmythologisierungsarbeit reduziert Paul Ricœur den Buchstaben auf die bildliche Darstellung des historischen Sinnes. Die soziologischen Zusammenhänge, die diesem Buchstaben seine Bedeutung in der historischen Realität seines eigentlichen Sinnes geben, bemerkt er nicht oder betont er zumindest nicht eigens. Was er wiedergewinnt, droht ständig eher Gegenstand einer Spekulation zu sein als das Ganz-Andere, dessen Wort und Begegnung er sucht.

Die allgemeine Hermeneutik gibt dem historischen Sinn der traditionellen Exegese seine ganze Bedeutung. Sie verbindet effektiv in einer bezeichnenden Weise die diachronische Abhängigkeit von den materiellen Bedingungen einer Gesellschaft mit dem Ausdruck eines Glaubens, der ihre Synchronie ausmacht. Auf dieser Ebene verkündet sich ein missionarisches Kerygma, das im Sinne von Lévi-Strauss für jede Gesellschaft angenommen werden kann[5]. Die äußeren Religionen liefern die notwendigen Darstellungselemente für die Verkündigung des Glaubens und der Hoffnung auf der kultischen Achse des Jahwismus: *Jahwe malak* – der Herr ist König, aber Moloch ist nicht Jahwe; *Jahwe sedek* – der Herr ist gerecht, aber Sedek ist nicht Jahwe[6]. Dieser kerygmatische Satz läßt sich nicht willkürlich umkehren. Hier Subjekt und Prädikat miteinander verwechseln würde zu einem üblen Synkretismus führen, denn Jahwe ist kein Attribut der realen Könige und Götter; er ist noch realer, und er ist Subjekt der Attribuierung jeglichen Königtums und jeder Gerechtigkeit. Das Kerygma enthält nicht allein einen »totemistischen« Operator, mit dessen Hilfe sich eine Taxonomie

---

[5] Vgl. oben S. 75–76

[6] Die Sadokiten, die den Auftrag hatten, die Bundeslade in dem *maqôm* auf dem Jebusiterhügel zu bewachen, sind durchaus die davidischen Vorfahren der ungläubigen Sadduzäer, die zur Zeit Jesu Christi im Tempel ihre Geschäfte machten. In Is 42,1 heißt es bezüglich des Kyros, der den Tempel widererrichten ließ: »*Sedek* hat ihn zu seinen Füßen gerufen«, was der Targumist feinsinnig glossiert: *Abraham, der Erwählte Jahwes,* verließ, weil er Ahnherr der Auserwählten war, die beiden Ströme, um auf dem Berg Moria, den die Tradition nach Jerusalem verlegt, dem Malki-Sedek ein Opfer anzubieten.

der Manifestation des Geheiligten (sacré) erstellen läßt; es bedeutet ebensogut die Vornahme eines Ersatzes, der die Namen des Geheiligten (sacré) interiorisiert im Namen Dessen, der Ist.

Historisch gesehen ist der kerygmatische Satz von universaler Verwendung. Strukturell gesehen impliziert er ein Zentrum kultureller Koinzidenz der soziologischen Metapher und der kulturellen Metonymie. Lévi-Strauss hat recht, wenn er die historische Universalität des kerygmatischen nachdrücklich betont, doch kann er seine Behauptung nicht begründen, da er die sakrifizielle Achse, die ihn bildet, für sinnlos erklärt. Ricœur anerkennt die bezeichnende Bedeutung dieser kulturellen Metonymie, bemerkt aber nicht ihre formale Universalität, weil er sie nicht in die strukturale Realität der historischen Gesellschaft hineinstellt.

Die materielle Kontinuität, die die Wiedererfassung des Sinnes gestattet und trägt, erfordert diese Einheit, damit die soziale Gemeinschaft, die historisch davon abhängig ist, weiter lebt und verkündet. Das ist die Einheit schaffende Funktion des Kerygmas. Sie bringt in die Geschichte eine materielle Sinneinheit hinein, die sich über einen beträchtlichen Zeitraum erstreckt. So hat also die Geschichte eine Richtung, einen Sinn, weil das Kerygma Einheit schaffend wirkt. Der historische Sinn manifestiert innerhalb einer bestimmten Tradition stets die Einheit, die diese Tradition verkündet – zugleich als gegeben und als angestrebt. Er ist logisch gesehen das Subjekt einer gläubigen Anamnese und einer Vorwegnahme in der Hoffnung. Die kerygmatische Logik des historischen Sinnes enthüllt dessen Einheit: Das wird, soziologisch gesehen, sichtbar in dem liturgischen Ritus, in dem das Opfer der Kirche die Universalitätsstruktur und die strukturale Wirklichkeit ihrer Einheit als symbolische Totalität einsetzt.

Die soziologische Totalität der Tradition und der ekklesialen Versammlung bleibt indessen historisch gesehen im Verhältnis zur symbolischen Totalität inadäquat, deren Realität sie objektiviert. Daher impliziert die historische Einheit der ekklesialen Gesellschaft ein ständiges Neuaufgreifen ihres Sinnes. In der Kirche, wie übrigens in jeder Historie, ist die Einheit des Sinnes historisch vor die Notwendigkeit der ständigen Reinterpretation gestellt: Sie impliziert strukturell gesehen die Bezugnahme auf dieses Außensein des Sinnes, der sie verifiziert, weil sie bereits seine innere Realität ist. Der historische Sinn ist, weil er einer ist, immer allegorisch.

2. Der allegorische Schriftsinn

In dem traditionellen System der Schriftsinne ist der allegorische Sinn die Handlung, durch die Jesus Christus das Alte Testament erfüllt. Welche logische Bedeutung hat dieses kerygmatische Ereignis in einer allgemeinen Hermeneutik? Gewiß, das Faktum Christi ist einzigartig in der Geschichte, aber diese Einmaligkeit ist es, die ihm die Universalität gibt, welche hier in kerygmatischer Weise eine allgemeine Hermeneutik in Bewegung setzt. Sie greift eine kerygmatische Bewegung auf, die sich im Alten Testament Ausdruck schafft, sie bringt sie auf ihren Kulminationspunkt, indem sie sie erfüllt, indem sie ihre Signifikation zusammenfaßt. Das geschieht dadurch, daß Jesus Christus dem Alten Testament gegenüber die Rolle eines Hermeneuten spielt; seine Exegese ist nicht allein eine interpretierende Anamnese, sie ist aktuell. Sie ist nicht allein ein Relais in der Kette der Wiederaufnahme, in der sich der Sinn ankündigt bis auf unsere Tage, weil sie die Realität des Sinnes ist. Sie beschränkt sich nicht darauf, dieses oder jenes Element der Achse des Geheiligten (sacré) der alttestamentarischen Gesellschaft wieder aufzugreifen, sie greift sie alle in erschöpfender Weise auf. Es bleibt nicht ein Iota des Gesetzes, das unerfüllt bliebe. Eben dadurch aber bildet die Exegese Christi in ihrer Materialität und in ihrem Akt die synchronische Struktur des universalen Geheiligten (sacré). Auf diese Weise bewirkt der allegorische Sinn eine Umkehrung des hermeneutischen Problems.

Außerhalb der metonymischen Gesamtheit, die sein Opfer in symbolischer Weise begründet, besitzen die verschiedenen Stadien des historischen Sinnes eine Einheit nur in der synchronischen Adaptation ihrer diachronischen Wiederaufnahme: So gesehen sind sie wesenhaft retrospektiv und geben eine Rückübertragung früherer Hoffnung in eine soziologische Verheißung. Jesus Christus erfordert durch sein Handeln und sein Schweigen – hat er doch nichts geschrieben! – eine Exegese, die nur diejenigen realisieren können, die ihm vorausgegangen sind. Das Paradox des Kerygmas des christlichen Glaubens besteht darin, daß die Interpreten des Geheiligten (sacré) in Israel – ohne es zu wissen – die Person Christi wirklich vorausgesagt, geschildert und gedeutet haben, bevor sie gekommen war. Da Jesus Christus das Gesetz und die Propheten historisch gesehen erfüllt, haben die Propheten und das Gesetz allegorisch von ihm gesprochen. Daher beschreiben die Evangelisten, wenn sie von Jesus sprechen, diesen in einer Sammlung von Zitaten aus dem Alten Testament. Die Evangelisten und die Apostel, die ersten Zeugen des kerygmatischen Glaubens, könnten von Jesus nicht sprechen, hätten sie nicht die vorausgreifende, das heißt die allegorisierende Exegese des Gesetzes und der Propheten zur Verfügung, denn was sie von dem Menschen, den sie persönlich gekannt haben, verkündeten, ist Der, der er war.

Indem er sich zum Exegeten und zur Exegese macht, bildet Jesus Christus eine absolute Hermeneutik[7]. Den Propheten gegenüber, die ihn ankündigen, steht er innerhalb der Bedeutung des Symbols. Aber denselben Symbolen gegenüber ist er, indem er sie erfüllt, in actu außerhalb. Vom Standpunkt der Apostel und der Evangelisten aus ist er Urheber des Kerygmas, an dem sie aktuell teilhaben, doch ist er auch Gegenstand ihrer Exegese, nämlich den äußeren Religionen gegenüber. Denn weil er als der gesehen wird, der die Schriften erfüllt, gibt ihm die Verkündigung des Glaubens – weit davon entfernt, die allgemeine historische Assimilationsbewegung der übrigen Religionen zu unterdrücken – im Gegenteil in allegorischer Weise seine universale Bedeutung. Unter dem Aspekt der Wiederaufnahme des Sinnes gewährt diese Allegorie dem Hermeneuten einen absoluten Anknüpfungspunkt, der den objektiven Wert seiner Entmythologisierung garantiert; vom Standpunkt des Strukturalismus aus definiert er eine der Natur und der Kultur koextensive Totalität.

Indem er die Hermeneutik im *Cogito sum* verwurzelt, hat Ricœur die philosophische Reflexion auf den Weg in das Unbestimmte des Symbolmaterials gewiesen. Gewiß erkennt er zugleich im apostolischen Kerygma den besten Offenbarer des *Cogito sum,* aber das Ganz-Andere, das sich offenbart, wird in diesem *Cogito* nicht minder angetroffen. Wie uns scheint, dürfte es Ricœur daher schwer fallen, die bevorzugte Sonderstellung des Christentums als höchste Offenbarung zu begründen. Überdies droht das *Cogito* ständig, die Annahme dieses Ganz-Anderen auf die Normen einer Einzelphilosophie zu reduzieren[8].

---

[7] Bei der Darlegung der ursprünglichen Hermeneutik des Christentums anerkennt Paul Ricœur gleichsam in einem ersten Arbeitsgang eine erkennbare Verbindung zwischen beiden Testamenten: »Das Ereignis wird Erscheinen, Kommen: Indem es Zeit gewinnt, gewinnt es Sinn. Indem es sich indirekt selbst begreift durch die Übertragung des Alten auf das Neue, öffnet es sich für ein Verständnis der Beziehungen; Jesus Christus, selbst Exeget und Exegese der Schrift, zeigt sich als Logos, indem er das Verständnis der Schrift eröffnet.« Vorwort zu R. Bultmann, Jésus, 11–12

Aber in dem System der traditionellen Exegese ersetzt die Allegorie Christi das *Cogito sum* durch das johanneische *Ego sum.* Außer der Wiederaufnahme des Sinnes des *Sum, qui sum* aus der Jahwe-Religion, schließt dieses aktuelle und allegorische Sinnurteil in dieses *Ego* das paulinische *non vivo ego, vivit Christus in me.* Anstatt sich auf seine persönliche Reflexion zu beziehen, wählt der Vertreter der traditionellen Exegese Christus als einzigen Interpreten, als alleinigen Exegeten: Wirkt er mit an der Exegese, so geschieht dies dank dem Geist, den Jesus als Zeugen seiner selbst in der ekklesialen Allegorie hinterlassen hat.

Vom strukturalen Standpunkt aus beschränkt sich die Signifikation nicht auf ein Wiederaufgreifen des Sinnes, vielmehr wirkt die natürliche Umwelt mit an der kulturellen Signifikation. Zwischen der mythischen und der soziologischen Gesamtheit bewirkt eine Achse des Geheiligten (sacré) die Verbindung auf dem Weg über materielle diachronische Kondensatoren. Gerade die Originalität der christologischen Exegese besteht darin, daß sie in sich selbst die Gesamtheit der Elemente des Geheiligten (sacré) aufnimmt: Christus ist selbst der Tempel, das Manna, der Opferpriester, die Opfergabe, der Prophet, der Text, der Lehrer, der König der Juden. Eben dadurch aber wird der Abstand zwischen der mythischen und der soziologischen Ganzheit aufgehoben, da es in allegorischer Weise die Totalität des Symbols ist. In ihm fallen Natur und Kultur in eins.

Diese beiden Ganzheiten – die mythische und die soziologische – stehen am Fundament jeder Religion. Indem sie sich in Jesus Christus miteinander verbinden, wandeln sie den Sinn ihrer früheren Vermittlungen. Das Faktum, die Allegorie Christi, bestreitet jene historischen Mittlungen als notwendige Ganzheit, aber nur dadurch, daß es darin die Ganzheit des Sinnes enthüllt. Die alttestamentliche und im übrigen universale Funktion der Mittlung durch das Symbol wird durch ein soziokulturelles System erfüllt, dessen Universalität jeder Partikularität ihren Platz anweist, indem sie die Notwendigkeit, das heißt die Unreduzierbarkeit jeder einzelnen in Abrede stellt. Alle werden in dem

---

[8] Auf Seite 28 seines Vorworts zur französischen Ausgabe von Bultmanns Jesus-Buch scheint Paul Ricœur uns auf dem Weg zu einer größeren Unabhängigkeit der Philosophie gegenüber: »Ich behaupte nicht, die Theologie müsse den Weg über Heidegger nehmen. Ich sage nur: Wenn sie den Weg über Heidegger nimmt, dann muß sie ihm damit und bis dahin folgen«, nämlich bis zum Kommen des Seins in der Sprache. Und er schließt: »Das alles bleibt noch zu durchdenken.«

Maße anerkannt, in dem sie sich auf ihre Universalität einstellen. Das ist die christliche Allegorie.

Die beiden Ganzheiten, die für jede natürliche Religion das Fundament der Kosmologie, der Magie und der Religion bilden, heben den Wert aller früheren Mittlerfunktionen auf, indem sie sich in Jesus Christus miteinander verbinden. Sie heben sie faktisch auf, jedoch ohne damit ihre auf Christus gerichtete Funktion im Alten Testament zu entwerten. Denn das Verhältnis Mikrokosmos–Makrokosmos, zu dem alle klassifikatorischen Systeme mehr oder weniger die Voraussetzungen geben und das auch im Alten Testament nicht außer Kraft gesetzt ist, geht einem kulturellen System natürlicher Theodizee auf den Grund, dessen Mittler nur die Welt oder die Gesamtumwelt der jeweiligen Gesellschaft bilden. Im Auftreten Christi als Exeget beginnen alle diese Strukturen als Offenbarer seiner diesmal universalen Mittlung zu dienen. Als partikuläre Exegesen zielten diese gleichen Strukturen bereits in symbolischer Form auf den Ausdruck Dessen hin, an dem sie in actu teilnahmen. Der bevorzugte Ausdruck dieser Ganzheit der in Jesus Christus wirksamen Allegorie ist die Wiederaufnahme der Schöpfungssymbole im Hinblick auf das irdische Handeln Jesu[9]. Aber das Alte Testament bleibt der bevorzugte Offenbarer des universalen Mittlers, weil es die unmittelbare Synchronie der Gesellschaft bildet, in der er geboren wurde.

So kommt die universale Mittlerschaft Christi für die Einheit im Symbol und die reale Einswerdung der Kulte und Kulturen nur auf dem Weg über das allegorische Verhältnis zwischen Altem und Neuem Testament zum Ausdruck. Dabei verifiziert jedoch das Anfangskerygma des christlichen Glaubens die universale Sendung, die ihm Wirklichkeit verleiht. Die Singularität des konkreten Universalen ist in Jesus Christus die Gewähr für die gegenseitige Achtung der Kulturen. Eine Übersetzung einer Kultur in die andere ist um so besser, je weniger sie einem Synkretismus Raum gibt und, anstatt Kulturbruchstücke zu importieren, die organischen Zentren der Kulturen aufnimmt. Dazu aber darf der Brennpunkt, in dem die Kulturen zusammenlaufen, die man sich nach Art konischer Teilstücke vorstellen könnte, nicht im eigentlichen

---

[9] So sagt man zum Beispiel, daß Jesus in die sechs Gefäße der sechs Tage der Schöpfung den neuen Wein seines Blutes hineingießt und das alte Wasser der Taufwaschungen des natürlichen Bundes verwandelt. Von solcher Exegese zeugt das Neue Testament auf allen Seiten.

Sinne einer von ihnen angehören: So kann das Bild der einen sich in der anderen wiederfinden. Gerade das aber bewirkt der christologische Operator: Insofern er allegorisch ist, fallen in ihm Natur und Kultur zusammen. Denn seine Existenz gibt das Licht, und sein Wesen gehört keiner einzelnen Kultur an, da er Durchgang und Erfüllung des Partikularen im Universalen ist. Die strukturalen Anordnungen sind graduell verschieden von dem Zentrum, das er neu schafft, doch in ihm sind die kulturellen Besonderheiten vollständig geachtet und definitiv neu interpretiert.

So zeigt sich ein anderes eigentümliches Merkmal der Kirche: die Universalität des christlichen Kerygmas durch die Einmaligkeit und Einzigartigkeit des Christusereignisses. Der Glaube an diese Botschaft und die auf sie gesetzte Hoffnung bilden die ekklesiale Verbindung derer, die an dieser universalen Exegese durch den Geist des einzigen Exegeten teilhaben. Die Allegorie Christi bekundet historisch die Einheit des Sinnes, die er durch die soziologische Universalität der von ihm versammelten Gemeinschaft hindurch ankündigt. Wie der Sinn der Schrift allegorisch ist, weil er historisch ist, so ist die Kirche katholisch, weil sie eine ist: Der sprachliche Ausdruck ist in universaler Weise symbolhaft, weil er strukturell einigend ist. Als prinzipiell eine und katholische bildet die Kirche die Einheit derer, die an dem universalen Exegeten durch dessen Geist teilnehmen. Der Bibelexegese gelingt es daher nicht, Geschichte und Allegorie unmittelbar zu erreichen. Die Katholizität der Kirche bedroht ständig ihre Einmaligkeit, es sei denn, sie werde von jener geschwächt. Die allegorisierende Fähigkeit eines sprachlichen Ausdrucks und einer Geste fallen nicht zusammen mit der Einheit ihres Verständnisses. Die Universalität des Kerygmas entfaltet nicht mit Notwendigkeit seine prinzipielle Einmaligkeit und Einzigartigkeit.

Die Hoffnung des Glaubens ist notwendig frei. Die Freiheit des Exegeten wird von der Reichweite des Sinnes betroffen. Die Freiheit des Gläubigen ist verantwortlich für die katholische Ausstrahlung seiner Kirche. Wer spricht, hat stets die effektive Aufgabe, dafür zu sorgen, daß der andere die Welt seines sprachlichen und gestischen Ausdrucks versteht. Das Kerygma ist eins, weil es historisch ist; es ist Allegorie, weil seine Wahrheit universal ist; es ist normgebend, weil es sich an die Freiheit wendet.

Während im Strukturalismus keine Wahlentscheidung die Entwicklung einer objektiven Analyse stört, erfährt die Wiederaufnahme des Sinnes bei Ricœur mehrere Ebenen des Engagements. Es gibt den hermeneutischen Einsatz selbst, die Auswahl des bedeutungsreichsten Mythos, die Option für die Aufnahme des Ganz-Andern, das Werk der Entmythologisierung und den Willen, die Hermeneutik selbst in eine Poetik des Willens zu reintegrieren. Im übrigen auferlegt die psychoanalytische Kritik, die das *Cogito* in seinem Zentrum gestattet, gleichsam als ethisches Präliminare ein Realitätsprinzip, dessen Maß der soziologische Raum, dessen Interpret jedoch letztlich in dieser Mittlung der Ganz-Andere ist. Der Hermeneut befindet sich in seinen Symbolen nicht in der Stellung des Psychoanalytikers, sondern in der des der Analyse Unterworfenen. Was das Symbol ihm zu denken gibt, befindet sich durch die Befragung der ihn umgebenden Kulturen jenseits seiner selbst. Ricœur hat in ausgezeichneter Form die Situation des Hermeneuten an der unmittelbaren Schwelle der Moral geschildert: »Man kann sagen, daß der Psychoanalytiker für den Patienten das Wirklichkeitsprinzip in carne et in actu darstellt. Nun stellt er es aber in dem Maße dar, in dem er keine ethischen Urteile fällt und Vorschriften gibt: Diese Enthaltung von jeglicher Moralpredigt, diese analytische Losgelöstheit, könnte zunächst an ein ethisches Vakuum denken lassen... Die Epoche des Wert-Sprechens muß die fundamentale Etappe der Selbst-Kenntnis sein; durch sie wird das Realitätsprinzip zur Richtschnur des Bewußtwerdens. Ist somit jede Ethik aufgegeben? Der Analytiker weiß besser als jeder andere, daß der Mensch sich stets in einer ethischen Situation befindet; er setzt diese bei jedem seiner Schritte voraus... Die Wahrhaftigkeit der wertneutralen Betrachtungsweise, die an die Stelle der Verurteilung tritt, ist nicht die gesamte Ethik ... doch ist sie zumindest die Schwelle dazu.« [10]

Für den Exegeten, der der traditionellen Hoffnung treu ist, befindet sich Jesus Christus in der Position des Analytikers gegenüber der zu heilenden Menschheit; das Evangelium des Heiles ist die Schwelle der Sittlichkeit, weil es Befreiung der Freiheit ist. Jesus verurteilt nicht, weder die Ehebrecherin noch seine Henker; er begnügt sich damit, all

---

[10] Vgl. S. 90–91

denen, die Umgang mit ihm haben, auf dem Weg über das Gute und das Böse, das sie in sich tragen, die Freiheit zu offenbaren, die sie verantwortlich werden läßt. So ist der moralische Sinn in das Vertrauen der Hoffnung eingeschlossen. Die Worte Jesu bekunden sehr deutlich das Böse an der Freiheit. Wer dieses Licht annimmt, erklärt damit offen, daß Jesus Gott ist und an dem wirkenden Licht teilnimmt, das er auf die Erde gebracht hat. Das Kerygma ist nicht allein ein abstraktes Urteil, es ist Bestätigung einer Freiheit im Bekenntnis des Glaubens. Daher ist tatsächlich die gesamte Hermeneutik Christi in jedem Akt der helfenden Liebe (charité) enthalten, der das Anderssein der Freiheit des andern vollkommen respektiert, obwohl er andrerseits das Böse durchaus haßt, das diese Freiheit paralysieren kann. Was ihr dem Geringsten meiner Brüder getan, habt ihr mir getan, sagt Christus.

Weil die christliche Hermeneutik aktuell auf eine einzige und universale Person zentriert ist, ist der Sinn des Symbols notwendig personal: Er ruft auf zur Achtung der Freiheit. So sind die von Ricœur erkannten Notwendigkeiten der Rolle der analytischen Arbeit und der Mittlerschaft des Mitmenschen einerseits und der Aufnahme des Ganz-Andern, dessen Botschaft Schweigen ist, andrerseits gerechtfertigt und motiviert[11]. Die christliche Mystik hat im andern nie etwas anderes als den Ganz-Andern erkannt, der der als Nächster gegenüberstehende Andere schlechthin geworden ist: der einzige und universale Christus, der die Freiheit anruft.

Präsenz und Wirken Christi in der ekklesialen Katholizität erkennen und anerkennen, die in ihm ihre Einheit begründet, heißt sich der schenkenden Liebe und damit der Sittlichkeit widmen. In der *allegoria facti* des Neuen Testaments die Einheit der Geschichte erkennen, heißt die für die effektive Verwirklichung dieses Kerygmas notwendige Weihe (consécration) des Interpreten verkünden. Dadurch, daß er sich im historischen Sinn gründet, auferlegt der allegorische Sinn dem Exegeten die Verantwortung für die Gestaltung der künftigen Geschichte. Der Gläubige ist verantwortlich für die Katholizität seines sprachlichen Ausdrucks und für die effektive Einheit, die dieser soziologisch be-

---

11 Unter einem anderen Aspekt beschreibt J. Lacan, Ecrits, Paris 1966, 247 den Analytiker folgendermaßen: »Wir werden zeigen, daß es kein Wort ohne Antwort gibt, selbst wenn es nur auf Schweigen trifft, vorausgesetzt, daß ein Hörer vorhanden ist und daß hier der Kern seiner Funktion in der Analyse liegt.«

gründet. Die Kirche hat niemals aufgehört, katholisch zu werden. Sie hat es stets zu werden, denn sie ist in dem Einzigen gegründet: Sie ist geweiht in Heiligkeit (sainteté).
Doch die Caritas bleibt immer zu entfalten. Das Kerygma bleibt zu verkünden. Denn die Freiheiten sind noch zu gewinnen und die sprachlichen Ausdrucksweisen zu weihen. Die Heiligkeit der Kirche ist katholisch in Hoffnung. Die moralische Bedeutung der Schrift hat sich unaufhörlich kundgetan. Die durch den Glauben verkündete und in der Hoffnung gelebte einzige eschatologische Erfüllung wird noch nicht universal gelebt in der Caritas, und auch noch nicht anerkannt in der Universalität der sprachlichen Ausdrucksweisen. Daher muß die Kirche, weil sie eine ist, ihr Einssein historisch erfüllen; weil sie katholisch ist, wird sie ihre Universalität enthüllen; als heilige wird sie zu ihrer Heiligkeit bekehrt werden. Die historische Schrift ist das letzte Wort der Geschichte; weil es letzte Allegorie ist, rettet das Evangelium jede Gesellschaft und jeden sprachlichen Ausdruck: Weil es zur Freiheit ruft, söhnt das Kerygma sie schließlich miteinander aus.

4. Der anagogische Schriftsinn

Der anagogische Schriftsinn hat zwei sehr differenzierte Aspekte. Der erste betrifft die Einzelfreiheit, der zweite die menschliche Gesellschaft in ihrer universalen Ganzheit. Diese beiden Aspekte sind mit dem tropologischen Sinn verbunden, da sie in seiner definitiven Wirklichkeit die einzige Wahrheit des historischen Glaubens vollenden. Tatsächlich kann man den moralischen und den katholischen Sinn nicht verstehen, ohne ihren Wert historisch an ein Absolutes zu binden. Das universale Kerygma, dessen assimilatorisches Wesen sich bereits aus dem Alten Testament ablesen ließ, erfüllt sich dank der Verkündigung des christlichen Glaubens. Diese Endwirklichkeit bekundet sich in der Sendung der Kirche und in der apostolischen Ausstrahlung jedes Christen.
Das Kerygma des Alten Testaments rief zu einer freien Treue in der Fortführung des Bundes. Die Schöpfung der Welt erschien wie die universalste Garantie dieses Bundes, während die Erwählung Abrahams die Nahvorbereitung des Reiches darstellte. Innerhalb des christlichen Kerygmas ist jeder Gläubige eingeladen zu einer neuen freien Schöp-

fung durch Teilnahme an der endgültigen Exegese der einzigen Hermeneutik. Denn dieses Wort, welches das Kerygma ist, heiligt und zieht das Urteil – möglicherweise die Verurteilung – nach sich. Im Herzen der christlichen Hoffnung ist jeder Mensch in Christus besonders auserwählt. In Abraham war ein Volk objektiv erwählt worden; heute ist diese Erwählung universalisiert, erweitert auf jeden einzelnen wie auf Abraham und auf alle in der Einheit der menschlichen Bestimmung.

Denn es handelt sich sehr wohl um eine objektive Wahl. Sie ist jener vergleichbar, die sich dem Strukturalisten aufzwingt, wenn er aus einer bestimmten Gesellschaft, die aus dem Netz ihrer Signifikationen eine implizierte Signifikation herauslösen soll. Die vom Kerygma implizierte moralische Forderung stellt den Gläubigen in Frage: Er erfährt sich als bestritten, als analysiert. In Ricœurs Perspektive sagen wir: als einer Psychoanalyse unterworfen. Aber das Kerygma ist auch Verkündigung einer Aussöhnung der Freiheiten, einer Vollendung, die über sie hinausreicht. Es bezeichnet den Herrn als eschatologischen Bezug, in dem sich diese Geschichte und dieses Heil erfüllt. Als eschatologisches Wort (Parole), als letztes Wort der Geschichte verkündet die Schrift einen Gott, dessen Wort, das kommen wird, nie anders als in Schweigen anruft, weil es sich ausgeschöpft hat im Evangelium, das Jesus Christus ist. Dieser ist als Wort Gottes, das in aller Fülle bereits über die Welt ausgesprochen ist, bis zum Ende der Welt der Gott, der durch sein Schweigen spricht. Wir können hier, um Ricœurs Worte zu gebrauchen, von dem göttlichen Analytiker sprechen. Aus der Sicht von Lévi-Strauss spielt der eschatologische Herr gewissermaßen die Rolle des Strukturalisten im Hinblick auf die soziologischen Realitäten, in denen er methodologisch begrenzende Auswahlen trifft. Die Gesellschaften definieren sich also durch ein Verhältnis bevorzugter Nähe zu Christus, aber die willkürliche Realität dieser Stellung dem Zentrum gegenüber schließt kein wirkliches Privileg in sich ein. Die Ersten werden die Letzten sein – und umgekehrt, weil die Qualität der Auswahl und die Bedeutung der Verkündigung überall dieselbe ist und es von jedem einzelnen abhängt, sie als solche zu verwirklichen.

Um die Gesamtheit einer menschlichen Kultur zu umfassen, steht der Strukturalist außerhalb des Ganzen. Um die Gesamtheit der menschlichen Kultur zu vollenden, steht der Herr der Hoffnung jenseits, »außerhalb« der Gesamtheit der Kulte wie der Kulturen der Menschheit. Aus dieser Distanz verwirklicht der Herr die eschatologische Gemeinschaft, innerhalb der alle religiösen Strukturen aufgerufen sind, sich zu vervollkommnen. Er wirkt im Schweigen – durch das er sich hütet, so etwas wie verwirrende Übertragungen zu verursachen –, aber auch im Reden derer, die ihre Anhängerschaft an das apostolische Kerygma mit dieser letzten Hoffnung gefüllt haben. Der gläubige Exeget hat also Teil an der Sendung zur endzeitlichen Sammlung des Wortes und des Handelns Jesu Christi. Die ekklesiale Sendung der Christen besteht somit darin, daß sie mit Christus die Exegese seines Wortes vollenden, indem sie von Ihm aus die Stellung der gesamten menschlichen Kultur ihm gegenüber offenbaren. Die apostolische Sprache (langage) kennzeichnet in ihrer unaufhörlich erneuerten Universalität insgesamt die Bedeutung des Schweigens und den Sinn der Schrift von Jesus Christus: Das bedeutet jede Geste und jedes Wort (Parole) erfüllen und vollenden.

Aus einer strukturalistischen Perspektive erscheint Jesus Christus kraft des Totalitätsprinzips als das Ende und das Zentrum der Geschichte – in dem Maße, in dem das Kerygma alle Werte und alle religiösen Ausdrücke der Einzelgesellschaften vollends und vollendet Jesus prädiziert. Doch diese Riten und diese Mythen werden nie anders neu interpretiert als durch die alttestamentliche Funktion eines Kerygmas, das eine Gesellschaft sich über das Material seiner Umwelt hin gibt. Von dem Ausdruck des Schenkens im Frauentausch bis zum Ausdruck des Geschenkes Gottes an alle Gesellschaften ist die Struktur auf diese Weise eschatologisch geschlossen und kohärent. Aber die Koinzidenz von ausgedrückter Totalität des Mythos und sozialer Totalität des Austausches, die einerseits als theoretisch und praktisch unvollziehbar angestrebt wird, ist andrerseits tatsächlich gelebt und in kontemplativer Weise verkündet. Weil es Verheißung eines vollendeten Kerygmas ist, wirkt das menschgewordene Wort aktiv am apostolischen Kerygma mit. Durch das Wirken des Geistes Christi ist der Christ gerufen, diese Hoffnung des konkret Universalen aller Kulturen zu verkünden. Das christliche Kerygma braucht letztlich das eigentliche und materielle Anderssein jeder Religion zur Verifizierung seiner Universalität und zur »Vervollständigung« des konkreten Universalen, auf das hin bereits alle geheiligten (sacrés) Achsen der einzelnen Gesellschaften tendieren. Diese Integration der anderen Religionen ist dem christlichen Kerygma keineswegs akzidentell: Würde das christliche Denken die religiöse Achse einer Gesellschaft, der es begegnet, abweisen, so würde es die Apostolizität seines Glaubens leugnen, indem es ihn mit der Kultur verwechseln würde, in der er sich objektiviert hat. Die Kirche muß ständig den Akt weiterführen, in dem sich am Ende das alttestamentliche Kerygma vollendet. Die Kirche des Neuen Testaments erneuert beständig diese definitive Erfüllung. Die Kirche ist apostolisch, wie die Schrift anagogisch ist.

Die Schriftsinne artikulieren die Wahrheit des Wortes Gottes. Die *notae Ecclesiae* gliedern in der Wirklichkeit sein Handeln in der Geschichte. Die Schriftsinne lassen in der Kirche die historische Wahrheit des Wortes ausstrahlen. Die *notae Ecclesiae* geben der Heiligen Schrift soziologische Realität. Die Bibelexegese ist somit Errichtung der Kirche; Kirche als Gemeinde sammeln und ihr ihre Schrift geben, ist für Gott ein und dasselbe. Denn in Jesus Christus ist das Wort nicht anders Wahrheit als in der Form verwirklichenden Handelns, und das Handeln Gottes ist immer signifikatives Wort, da es reale Präsenz ist. Schrift und Kirche erscheinen also in der Verschiedenheit ihres beiderseitigen Sinnes und ihrer Merkmale wie Verdoppelungen des Wortes und des Handelns, die Jesus Christus kennzeichnen. Eines wie das andere verkünden sie gemeinsam in Rede und Geste das schöpferische und neuschaffende Wort. Dieses wird ausgesprochen im christlichen Kerygma.

Aber die kerygmatische Aussage beruft sich auf den Glauben in seiner Wahrheit nur, indem sie die Hoffnung auf sein wirkliches Verständnis weckt. Sie weckt den Glauben an ihre Wirklichkeit nur, indem sie sich auf die Hoffnung eines vollen Verständnisses beruft.

Daher gibt das biblische Kerygma auch der Hoffnung der Welt Gestalt, indem es den Lehrgehalt seiner Botschaft artikuliert. Daher nimmt das kirchliche Kerygma, indem es sich auf das Ereignis des Evangeliums gründet, auch das Ereignis der Parusie voraus. Die Exegese der Schrift und die Institution der Kirche sind in ihrer Struktur also wie eine doppelte Verkündigung. Die Schriftsinne und die *notae Ecclesiae* sind somit, kerygmatisch gesehen – die einen wie die anderen – auf die zweifache Dimension des Glaubens und der Hoffnung verteilt. In ihrer doktrinalen Funktion strahlt die Schrift aus auf die Vierzahl der Sinne; und der Glaube der Kirche strahlt auf die liturgische Verkündigung der vier Merkmale der Kirche aus. Von der geistlichen Hoffnung getragen, strahlt die Schrift in einem dreifachen Sinne aus: Die Allegorie erscheint für die Hoffnung nur im Gesichtskreis der Eschatologie. Für die missionarische Kirche ist die Katholiziät weniger Gegenstand der Selbstbestätigung als Zielpunkt der apostolischen Hoffnung. Der Glaube der Kirche findet seine Wahrheit im biblischen Kerygma. Dieses verwirklicht sich in der Kirche der Hoffnung.

So erscheint der Glaube wie das meditierende Wiedererfassen des Sinnes des Wortes. In Wirklichkeit aber ist es das Wort selbst, das sich in der Kirche wiederspiegelt als Einsicht in die Metonymie der Symbole. Die Hoffnung bewirkt eine stets erneuerte Akkulturation: In Wirklichkeit objektiviert die Kirche ihre Sendung dank dem Wort. Die doktrinale Wahrheit aktualisiert sich in der historischen Richtung der Metonymie als das Opfer der Kirche; die Hoffnung der Kirche verifiziert sich in der metaphorischen Richtung der Sendung als reale Gegenwart des Wortes. Der Glaube ist Opfer: Weihe im Geist und in der Wahrheit. Die Hoffnung ist Präsenz, Teilnahme an der Realität der Materie. Das Kerygma des Glaubens und der Hoffnung ist somit das Kerygma des wahrhaften Opfers und der realen Präsenz. Glaube und Hoffnung, Schrift und Kirche, sakrifiziales Wort und Materialität der Gegenwart verbinden sich in Jesus Christus, in der Wahrheit seiner Gnade und in der Wirklichkeit seines Handelns, in der eucharistischen Danksagung.

»Das ist mein Leib«, lautet das Wort, dem sich der Glaube zuwendet. Opfer des Geistes, der sich von sich selbst losgemacht hat, in dem die Fülle des Sinnes wiederergriffen und meditiert wird. Verkündigung der Hoffnung, die die Realität des Leibes, der die Menschheit insgesamt darstellt, an die Stelle der einfachsten menschlichen Grundlagen setzt. Das sakramentale Wort ist also selbst ein Kerygma. Als solches analysiert es sich in logischer Weise.

Die verbale Kopula markiert die diachronische Identität des Glaubens und antizipiert die eschatologische Synchronie der Hoffnung. Diese Sinnverdoppelung erscheint im übrigen wieder in den beiden Termini der Aussage. Das Subjekt bezeichnet die konkrete Grundlage, von der aus sich der Leib der Caritas erbaut. Das eucharistische *hoc*, das in der räumlichen und zeitlichen Unbestimmtheit unbegrenzt wiederholt wird, errichtet in der Kontinuität einer sozialen Tradition eine Ganzheitsstruktur. Das eucharistische *hoc*, dies irgend etwas und somit etwas, bezeichnet, damit es schließlich alles (tout) wird, die historische Realität in ihrer unbegrenzten Ausdehnung, in ihrer unmittelbaren Materialität und in ihrer Totalität. Doch diese Totalität der Struktur ist nicht allein postuliert, sie ist real. Denn das ist *mein Leib*, sagt der Herr. Diese Totalität verkündet den Tod des Auferstandenen und vereint auf demselben Weg vom Jenseits ihres Todes her die sukzessiven Menschheiten.

Das ist letztlich die eschatologische Bedeutung des kerygmatischen Prädikats der Eucharistie. Das ist mein *Leib*, sagt der Herr: Der Leib der Gnade und der Caritas entfaltet seine Fülle von neuem in jeder einzelnen Zelebration. Der auferstandene Leib gibt sich in jeder eucharistischen Wiederholung zur Speise und zur Betrachtung. Er ist der volle Sinn, der jedes Anderssein sich assimiliert – das des Brotes wie das des Symbols, dessen Geschenk jede Menschheit erfleht. Der eucharistische Leib ist der Ort der Caritas, die in der Kontiguität des Raumes und in der Kontinuität der Zeiten die Treue der Hoffnung materialisiert und die Auferstehung der verklärten (transfigurés = umgestalteten) Leiber antizipiert.

Die Eucharistie ist ebenso Verheißung, wie sie Anamnese ist: Das ist das Fleisch und das Blut des zweifachen Kerygmas. Sie ist das Opfer Jesu Christi und seines Leibes. Sie ist die Präsenz Jesu Christi und seines Geistes. Als wahrhaftes Wort und zugleich als verwirklichende Handlung ist sie im Innern des Herzens des Gläubigen, und sie rettet von außen her. Die Eucharistie ist in nächster Nähe: Sie läßt sich verzehren; sie ist das Zeichen des Horizontes der Parusie: Sie bietet sich der Anbetung dar. Im Innersten bestreitet sie uns gleich einem gehörten Wort; sie ruft uns mahnend in die Fernen wie eine Stille, die wir betrachten. Ihr Kerygma aufnehmen, heißt auf ein Wort hören und beständig hören, welches das Universum spricht und in der schweigenden Tatsächlichkeit seiner Präsenz in mahnendem Anruf an uns richtet; es heißt, seine Genesung erwarten angesichts des Schweigens des einzigen eucharistischen Gesprächspartners.

LITERATURVERZEICHNIS

Aristoteles, Peri Hermeneias, Opera, ed. Academia Regia Borusica, vol. 1, 16–24

P. Barthel, Interprétation du langage mythique et Théologie Biblique, Leiden 1963[2] und 1967

M. Blondel, L'Action, Paris 1893

R. Bultmann, Jésus, Mythologie et démythologisation, Paris 1968 (darin Vorwort von Paul Ricoeur)

Ders., Das Problem der Hermeneutik, in: Zeitschrift für Theologie und Kirche 47 (1950)

F. Chatillon, L'homme devant Dieu. Mélanges offertes au Père Henri de Lubac, Paris 1964

W. Dilthey, Die Entstehung der Hermeneutik, Tübingen 1900

F. Fénelon, Les aventures de Télemaque, Paris 1699

G. W. F. Hegel, Phänomenologie des Geistes, Bamberg–Frankfurt a. M. 1807

J. Lacan, Écrits, Paris 1966

C. Lévi-Strauss, Anthropologie structurale, Paris 1958 (deutsch: Strukturale Anthropologie, Frankfurt 1967)

Ders., La pensée sauvage, Paris 1962 (deutsch: Das wilde Denken, Frankfurt 1968)

Ders., Le Totémisme aujourd'hui, Paris 1962 (deutsch: Das Ende des Totemismus, Frankfurt 1965

Ders., Tristes Tropiques, Paris 1955 (deutsch: Traurige Tropen, Köln 1960)

H. de Lubac, Exégèse médiévale, I–IV, Paris 1959–1964

Ders., Histoire et Esprit, L'Intelligence et l'Écriture d'après Origène, Paris 1950

Origenes, Peri archon, lib. 1–4, PG 11, 115–414

P. Ricœur, Eidétique des mythes, Paris 1960

Ders., De l'Interprétation. Essai sur Freud, Paris 1965 (deutsch: Die Interpretation. Ein Versuch über Freud, Frankfurt a. M. 1969)

Ders., Philosophie de la Volonté: I. Le Volontaire et l'Involontaire, Paris 1950; II. Finitude et Culpabilité, Paris 1960; 1. L'homme faillible, 2. Symbolique du mal

Ders., Structure et herméneutique. Réponses à quelques questions, in: Esprit 31 (1963) 596–653

Ders., La structure, le mot, l'événement, in: Esprit 35 (196) 816
F. de Saussure, Cours de linguistique générale, Paris [4]1960 (deutsch: Vorlesungen über allgemeine Sprachwissenschaft, Berlin [2]1967)
Fr. Schleiermacher, Hermeneutik und Kritik, Sämtliche Werke, 7. Band, hrsg. von Franz Lücke, Berlin 1838

PERSONENREGISTER